HAMBURGER ROMANISTISCHE STUDIEN

Herausgegeben vom Romanischen Seminar
der Universität Hamburg

B. IBERO-AMERIKANISCHE REIHE

(Fortsetzung der „Ibero-amerikanischen Studien")

Herausgegeben von Hans Flasche und Rudolf Grossmann

Band 36

= CALDERONIANA – Herausgegeben von Hans Flasche

Band 7

1973

Walter de Gruyter · Berlin · New York

HACIA CALDERON

SEGUNDO COLOQUIO ANGLOGERMANO
HAMBURGO 1970

Ponencias publicadas por

Hans Flasche

1973

Walter de Gruyter · Berlin · New York

Gedruckt mit Unterstützung der Universität Hamburg

(C

ISBN 3 11 003871 4
Printed in Germany
Satz und Druck: Wagner, Nördlingen

A Manera de Prologo

En 1969 tuvo lugar en Exeter el Primer Coloquio Anglo-germano sobre Calderón, como anexo de la celebración de la Junta Anual de la Asociación Inglesa de Hispanistas realizada poco antes. Las conferencias allí pronunciadas han sido publicadas en el Sexto Volumen de la serie "Calderoniana" con el título "Hacia Calderón". En dicha Junta Anual, ya mencionada, se acordó celebrar en Hamburgo el Segundo Coloquio, habiéndose sugerido la idea de que este Congreso Calderoniano Anglo-germano, ya existente, fuera convertido, en el futuro, en una institución internacional permanente, con la asistencia y colaboración de investigadores de otros países.

El Coloquio Hamburgués tuvo lugar del 20 a 22 de Julio de 1970, y las conferencias allí pronunciadas hallaron resonancia no sólo en los círculos de los especializados en estos estudios, sino también despertaron vivo interés en el mundo científico y en el ámbito informativo general. Nuestra intención ha sido publicarlas ya antes de que se celebrara el Tercer Coloquio. Una serie de problemas y dificultades imprevistos, no hicieron posible su aparición en la fecha deseada, en un nuevo volumen correspondiente al mismo título "Hacia Calderón". No obstante, confiamos en que todos los estudios recopilados en dicho volumen, serán eficaces para enriquecer y reanimar la investigación calderoniana.

Agradecemos, muy de veras, a todos los participantes de dicho congreso y, muy especialmente, a la Universidad de Hamburgo, la cual ha ofrecido los medios necesarios para cubrir los gastos de publicación, habiéndo apelado al fondo de que dispone el Instituto Ibero-Americano de Investigaciones Científicas para publicaciones.

Tanto en la organización del Congreso Hamburgués, como en la elaboración del volumen que acabamos de mencionar, el Señor Dr. Manfred Engelbert ha ayudado eficazmente al que subscribe estas líneas introductorias. Las indicaciones especiales relativas a los manuscritos (a saber la "Auszeichnung") así como la versión al español del estudio de los profesores Cruickshank y Wilson, se deben exclusivamente a su labor, por cuyo motivo, deseamos expresarle en esta ocasión nuestro sincero agradecimiento.

Con referencia al acuerdo tomado de dar carácter permanente a la celebración de Coloquios Calderonianos y teniendo en cuenta los numerosos y candentes problemas que suscitan el estudio de la imponente obra calderoniana, los hispanistas ingleses y alemanes han considerado oportuno celebrar el Tercer Coloquio el próximo año, 1973, en Londres. Nos aventuramos a asegurar a este respecto que, en el futuro, se organizarán reuniones más frecuentes, es decir, sin que medien lapsos muy prolongados de tiempo de una a otra reunión. Nuestra intención es publicar los resultados que se obtengan en volúmenes consecutivos, siempre con el título "Hacia Calderón", correspondientes a la mencionada serie "Calderoniana". Aparte de los volúmenes a los cuales nos hemos referido, se ha conseguido asegurar la publicación futura de la serie "Calderoniana" mediante nuevos estudios aún inéditos, pero ya listos para salir a luz.

Hans Flasche

Indice

Algunos manuscritos calderonianos de la "Staatsbibliothek" de Munich

Por Margarita Barrio

La "Staatsbibliothek" de Munich posee dos manuscritos calderonianos que me parecen muy interesantes, sobre todo uno de ellos, ya que ateniéndonos a lo que dicen los catálogos, la mayoría de los manuscritos no autógrafos de Calderón son del siglo XVIII, mientras que estos dos, que contienen obras de los últimos años del poeta, pertenecen al siglo XVII.

No me consta que los manuscritos de Munich hayan sido utilizados hasta ahora en ninguna de las ediciones existentes de los autos de Calderón. Valbuena Prat en su tercer tomo de la edición de Aguilar ha seguido fundamentalmente la edición de Pando y Mier y habla también de algunos manuscritos de la Biblioteca Nacional de Madrid, pero no hace ninguna alusión a los de Munich, como tampoco los nombra J. Simón Díaz, a pesar de dedicar varias páginas de su *Bibliografía de la Literatura Hispánica* a la reseña de las ediciones y manuscritos de las obras de Calderón.

Sobre le existencia de estos dos manuscritos, he encontrado solamente una alusión en un breve artículo firmado por el Dr. J. A. Brein, publicado en la *Gaceta de Munich* del 24 de Marzo de 1923 (número 12, pág. 5). El artículo se titula "Joyas españolas de la Biblioteca Nacional de Baviera" y en él, después de enumerar algunas ediciones de obras españolas existentes en la sección "Hispánica" de dicha biblioteca, dice Brein: "Una valiosa herencia de la Palatina son además los dos manuscritos autógrafos de Calderón del siglo XVII; el poeta mismo por su propia mano puso al margen su rúbrica y la siguiente nota: "Si quid dictum contra fidem' . . .". Hasta aquí el juicio de Brein, quien sin duda al ver la firma de Calderón creyó, como podría ocurrir a cualquier lector no familiarizado con la escritura del poeta, que dichos manuscritos salieron de la propia mano de Calderón.

Sin embargo, en la breve nota de Brein hay algunas inexactitudes: la firma de Calderón no está "al margen", sino al final de cada uno de los dos autos sacramentales contenidos en uno de los volúmenes; el otro volumen no está firmado y, sobre todo, dichos manuscritos no son "autógrafos". En efecto, comparando esta escritura (distinta en cada uno de los manuscritos), con la de los oficialmente reconocidos como autógrafos de Calderón, se nota una gran diferencia. Es verdad que entre los mismos autógrafos de Calderón existe cierta diversidad de escritura. Cotarelo y Mori dice que: "Calderón llegó a escribir en su edad madura una letra más ancha y redonda que la de su juventud, y parece influída por la entonces en auge de José de Casanova ...".[1] Efectivamente, en las líneas de protestación de fe escritas, según parece, por Calderón casi al final de su vida en uno de los manuscritos de Munich, la letra es "más ancha y redonda" que la de otros autógrafos anteriores. Pero comparando estas líneas y la firma con el resto de los dos manuscritos, se advierte una notable diferencia: la escritura de ambos manuscritos es mucho más caligráfica e impersonal que la del poeta, que aparece más movida y con una dirección más vertical que las otras.

Para poder establecer la fecha del manuscrito no firmado, me parece interesante el cotejo con él no sólo de las líneas autógrafas de Calderón, sino de todo el resto del volumen, que al estar firmado por Don Pedro, es evidente que corresponde al siglo XVII. Así notamos que, aun siendo tan diferentes, hay en la letra de Calderón y en las de los manuscritos a que me refiero, una serie de rasgos muy parecidos: por ejemplo, los grupos *del* y *rr,* las consonantes *q, p, g, B* etc., lo cual podría probarnos que aun con las evidentes diferencias personales, éste era el tipo corriente de letra en la época del poeta. También el papel de este manuscrito y el color de la tinta, marrón y algo desvaída en algunas páginas, parece corresponder al siglo XVII, dada su semejanza con el firmado por Calderón.

El primero de los mencionados manuscritos, catalogado con el número 548 (Hisp. 29), contiene dos autos sacramentales: *El segundo blasón del Austria y El tesoro escondido,* ambos precedidos de su loa correspondiente. El volumen, escrito todo él con la misma letra, presenta una disposición tan ordenada y precisa, que nos indica que no está escrito al azar y que no ha sido encuadernado posteriormente, reuniendo en un volumen los dos autos que comprende, sino que desde el primer momento salió así, formando una unidad, de la mano de su autor. Al principio hay una hoja que nos confirma que fué escrito pensando agrupar en un volumen estos dos autos sacramentales. Dice así: "Jesus Maria Joseph/ Segundo Blasson de el Austria/ Autto/ Sacramental Historial/ y su loa/ El Thessoro escondido/ y su loa/ fiesta/ que se representó a Su Magestad/ compuesta/ por/ D. Pedro Calderon de la Barca/ cavallero de el havito de San/ tiago, Capellan de Honor, y/ de los Señores reyes nuebos de/ la Sancta Iglessia de / Toledo / Año de 1679".

Como se ve también está aquí claramente indicado que estos dos autos son los que Calderón escribió para el año 1679 y que fueron representados ante el rey Carlos II.

Este manuscrito 29 tiene al principio dos hojas en blanco, a las que sigue la página anteriormente mencionada y después otra hoja en blanco, todas ellas sin numerar. La numeración empieza en el folio siguiente y en él comienza también la loa de *El segundo blasón del Austria,* que termina en el folio 8r. En el folio 9 está la lista de las "Personas" del auto *El segundo blasón del Austria,* el 10 está en blanco y en el 11 empieza el auto propiamente dicho, que llega hasta el folio 50r. Al final de este folio está la protestación de fe autógrafa de Calderón, en latín: "Si quid

---

[1] E. Cotarelo y Mori, *Ensayo sobre la vida y obras de D. Pedro Calderón de la Barca,* Madrid 1924, pág. 59.

dictum contra fidem aut bonos mores quasi non dictum et omnia sub correctione", a la que sigue la firma. El folio 51 está en blanco y en el 52 empieza la loa de *El tesoro escondido*, que termina en el folio 58a. El folio 59 está en blanco, en el 60 la lista de las "Personas" del auto *El tesoro escondido* y en el 61 empieza este auto que termina en el folio 109. Al final, se repite del mismo modo que en el auto anterior y con idéntica fórmula, la protestación autógrafa de Calderón, seguida de su firma.

No es éste el único caso de un manuscrito escrito por otra persona y autenticado por el propio Calderón. J. Simón Díaz al reseñar uno de los manuscritos del auto *Las órdenes militares*, escribe: "Letra del siglo XVII. 35 hs. 4°. Al fin y de mano del autor, la protestación de fe acostumbrada, en latín, firma, rúbrica y fecha de 1662"[2]. En el manuscrito de Munich falta la fecha al final, porque de un modo bien visible la puso el amanuense al principio.

El segundo manuscrito, catalogado con el número 549 (Hisp. 29a), contiene otros dos autos sacramentales: *Andrómeda y Perseo* y *El indulto general*. El carácter de este manuscrito, por lo que a la encuadernación se refiere, es menos unitario: carece de la hoja al principio con el contenido del volumen, no tiene fecha y la numeración de los folios, evidentemente hecha con posterioridad, (la tinta es negra) es irregular. Falta, por ejemplo, la numeración de los folios 37 y 39; del 40 al 60 están numerados sólo de cinco en cinco y falta la numeración del 60 al 69. En el folio 70 empieza la loa de *El indulto general*. Están sin numerar los folios comprendidos entre el 71 y el 86, donde acaba la loa de *El indulto general*. El folio 87 está en blanco y en el 88 empieza el auto *El indulto general*, con una nueva numeración a partir de 1, escrita con la misma tinta del manuscrito, hasta el folio 48 inclusive. Los otros diez folios que comprende este auto están sin numerar. Esta numeración de *El indulto general*, independiente de la del resto del manuscrito, nos prueba que al escribir el copista cada uno de los autos, no pensó probablemente que habrían de encuadernarse en un único tomo. El último folio del volumen lleva la numeración posterior de 144, número mal contado, pues en realidad debería ser 145.

Los dos manuscritos 29 y 29a están escritos con gran pulcritud y son muy escasas las correcciones que hay en ellos: en el 29a encontramos solamente algunas pequeñas tachaduras; en el 29 hay varias correcciones, probablemente debidas a distracciones del copista y corregidas por él mismo (así en el folio 35r hay añadido un verso: "imposible es la subida"; en el folio 52r está tachado "con perezoso" y escrito "en cuio" y al margen "viendo"; en el folio 55 hay añadido un verso: "quando en su lei adulto le comfirma"; en el folio 63, tachado "Idol" y escrito "Gent"; en el folio 108r tachado "en belos" de un renglón y puesto en otro). En el folio 109a, último de este manuscrito, hay una corrección al margen "canta natu" que me parec hecha por Calderón, pues el carácter de la letra es el mismo que el de la protestación de fe escrita al final de la página.

---

[2] J. Simón Díaz, *Bibliografía de la Literatura Hispánica*, Madrid 1967, vol. VII, pág. 77 (*Las órdenes militares*, Madrid, Nac., Ms. Res. 24).

Esto por lo que se refiere al contenido de los manuscritos. Externamente, el manuscrito 29 está ricamente encuadernado en terciopelo rojo, sobre el que hay clavada en cada una de las tapas una plancha de filigrana de plata, que quizás estuviese dorada; al 29ª le han quedado solamente las dos tapas de madera, pero debió tener una encuadernación semejante al anterior, pues en la parte interior de la cubierta hay aún trozos de terciopelo verde y en la madera están los agujeros de los clavos, que probablemente sujetarían el adorno de plata. Ambos manuscritos tienen el canto dorado. No he podido averiguar el origen de esta encuadernación tan lujosa; quizás fueron regalados estos manuscritos a algun personaje importante y se le presentaron de esta forma, o es posible también que el dueño de ellos los tuviese en tan gran estima, que quiso encuadernarlos ricamente.[3]

Estos manuscritos se encuentran en la "Staatsbibliothek" de Munich desde principios del siglo XIX. Fueron llevados allí con los demás manuscritos y libros que constituían la Biblioteca Palatina, trasladada desde Mannheim a Munich después de la muerte de Karl Theodor (1799). Es sabido que en la corte de los Wittelsbach y en los monasterios de Baviera se cultivó mucho el estudio de las lenguas y literaturas. Entre las lenguas extranjeras se aprendía y se leía sobre todo italiano y francés y más tarde español, según la afirmación de Bezzel, que encuentra un testimonio de ello en los libritos de lengua y conversación procedentes de los monasterios, y en las innumerables ediciones de las poesías de los siglos XVI al XVIII, procedentes de las bibliotecas palatinas de Munich y Mannheim.[4]

De este modo podría justificarse el paradero en Munich de estos manuscritos calderonianos.

Comparando los manuscritos de Munich con la edición de dichos autos hecha por Pando y Mier en 1717, encontramos bastantes diferencias. Yo me he limitado a comparar el texto de *El segundo blasón del Austria* y he notado lo siguiente:

1. *Puntuación:* En el manuscrito de Munich falta casi completamente. En Pando y Mier está puesta.

2. *Acotaciones:* Pando añade algunas, que faltan en el manuscrito de Munich. Por ejemplo: "Buelta en cruz", "Juntarse" (en el baile . . .); "Sentándose los tres" (después del verso 624); "Cae el Demonio a los pies del Angel" (después del verso 892); "Sale Maximiliano" (después del verso 966); "Descúbrese en un Monte Maximiliano, y el León" (después del verso 994) . . . etc.

3. *Correcciones que hace Pando:* Hay en el manuscrito de Munich algunas faltas, que se ve evidentemente que son distracciones del copista y que Pando corrige. Por ejemplo: bele M, bale P (v. 21); a*b*elfa M, a*d*elpha P (v. 43); *e*rrores M, *h*orrores P (v. 45); J*u*ves M, J*ue*ves P (v. 273); ora un *momento* M, ora un *Memento* P (v. 606;) *Thessoro* de la vida M, *Theatro* de la vida P (v. 827) etc.

---

[3] Me parece más probable la primera hipótesis, confirmada además por la amable sugerencia del Prof. Alexander A. Parker, quien me ha recordado lo que el P. Juan Ignacio Castroverde dice en la "Aprobación" de la edición de 12 autos publicados por Calderón en 1677: que todos los años eran enviadas regularmente copias de los autos al Emperador de Viena y a la Reina de Francia. Es muy posible que estos dos volúmenes procedan de la Corte de Viena.

[4] I. Bezzel, *Bibliotheksführer: Geschichte und Bestände*, Süddeutscher Verlag, München 1967, pág. 46.

Sin embargo, a pesar de estas pequeñas faltas, la mayoría de ellas más bien de ortografía que de sentido, en su conjunto creo que es más fidedigno el manuscrito de Munich que la edición de Pando y que otros manuscritos posteriores de este auto que se hallan en las Bibliotecas Nacional y Municipal de Madrid. A continuación van algunos ejemplos, en los que se puede apreciar el resultado de la colación hecha entre el texto del manuscrito de Munich, los cuatro de Madrid y la edición de Pando y Mier[5]:

1. Y porque mejor se finxa / *venir* al festejo nuestras / voces con las suyas digan / M(vv. 446–448): *venid* BCDI

Aqui habla el Demonio, que con el Aspid y el Basilisco, disfrazados de labradores, se ha unido a la fiesta del Corpus. Es más lógica la lectura: "Y porque mejor se finja venir [que venimos . . .] al festejo . . ."

2. gozesse el dia en que be / la *piedra de un tronco* herida / dar la charidad el agua / mas pura y mas cristalina / M (vv. 461–464): *en un tronco* herida BDI

Moisés golpeó la piedra con una vara e hizo brotar agua de ella. La lectura: "en un tronco herida", cambia completamente el sentido, pues en este caso sería la piedra la que golpea un árbol.

3. que consuelo mio es / posible le favorezca / humano poder a donde / tan *desamparado* queda / que sin poder socorrerle / de hambre y sed morir es fuerza / *imposible es la subida* / M (vv. 1126–1132): *desesperado* ABCDI; el v. 1132 falta en BCD, en AI reza *ved, si esta es pena mayor.*

Maximiliano se ha quedado solo en el monte y está "desamparado", sin que nadie pueda socorrerle, pero no "desesperado", porque en medio del peligro su confianza en Dios se mantiene firme. Probablemente A e I se han basado en alguno de los manuscritos B, C o D y al faltar el verso 1132 en ellos, el copista lo ha añadido de esta forma.

4. en que catholico io / como tal devo advertir / *que naci para morir* / mas para matarme no / M (vv. 1168–1171): *que no ay para morir* BD: *que le ay para morir* C

Maximiliano, solo en el monte, busca un camino para bajar de él, pero no ve más que precipicios por todas partes y juzga que es una temeridad bajar por ellos, porque sabe que su vida no le pertenece, sino que la ha recibido de Dios, porque . . . aunque "nací para morir . . . para matarme no".

5. Y assi para tener parte / en esta heredada dicha / *a pessar de la desdicha/* esse consuelo he de darte / M (vv. 1355–1358): *por consolar mi desdicha* A; el v. 1357 falta en B y D, en CI reza *pues la tengo en tu desdicha.*

Habla el emperador Federico: "A pesar de la desdicha" que le ha ocurrido a Maximiliano quedándose perdido en el monte, sin poder bajar de él, quiere darle el consuelo de que lleven el Stmo Sacramento a un sitio desde el que él lo vea y pueda por lo menos adorarlo, ya que no recibirlo.

---

[5] M   = Bayerische Staatsbibliothek, Munich, Cod. hisp. 29
   ABC = Mss de la Biblioteca Nacional
   D   = Ms. de la Biblioteca Municipal.
   I   = Pando y Mier.

6. Caliz de vendicion Dios escondido / influencia divina / de liveralidad y peregrina / dadiva transcendente de yncruento / *Misterio Salve o tu gran Sacramento* / M (vv. 1425–1429): *misterio de la fe, o, gran Sacramento* ABD: *Misterio de la fee Gran Sacramento* CI.

"... de yncruento / Misterio ..." El copista no ha comprendido la relación que entre sí tienen estas dos palabras y ha completado: "Misterio de la fe ..."

7. No señor que no es decente / *templo, una desierta estancia* / el dia que no disculpa / la necessidad la falta / M (vv. 1723–1726): *ni reverente, esta estancia* ACI: *ni reverente estancia* BD.

"... decente / templo ..." Es típico en el estilo de Calderón esta separación de adjetivo y sustantivo, igual que en el ejemplo anterior. Pero de nuevo al copista le ha sonado mal esta separación y ha sustituído el nombre por otro adjetivo.

Adiciones a la bibliografía de
Psalle et sile

Por E d w a r d M. W i l s o n y D. W. C r u i c k s h a n k

I

Las circunstancias que llevaron a Calderón a escribir este poema fueron descritos por Fr. Antonio de Jesús María en su vida del Cardenal-Arzobispo D. Baltasar de Moscoso y Sandoval. Sus palabras pueden leerse en la biografía de Calderón por Cotarelo así como en otras obras de consulta.[1] El poema salió impreso en 1662 – o por lo menos es ésta la fecha al pie de su frontispicio, un grabado elegante por Pedro de Villafranca; la aprobación del Doctor D. Francisco de Arando y Mazuelo muestra la fecha "Toledo, y Diziembre 31. de 1661. años." Esta edición se reprodujo tres veces en facsímil sirviendo de patrón un ejemplar de la biblioteca de los Pardos de Donlebún, en Figueras de Asturias. En el primer facsímil se incluyó una "noticia bibliográfica" por Leopoldo Trénor y otro comentario más por el Señor Entrambasaguas; comenzó a imprimirse en julio de 1936, pero debido a la Guerra Civil (durante la cual murió Leopoldo Trénor a consecuencia de la muerte de sus tres hijos) no se publicó sino en abril de 1939. La edición se hizo en una tirada de 250 ejemplares con el pie de imprenta de Miguel Juan, Valencia.[2] Algunos años más tarde el mismo facsímil, con la noticia de Trénor (pero sin el comentario del Señor Entrambasaguas), se publicó en una edición privada por Castalia, Valencia; lleva la fecha de 1945.[3] Finalmente, en 1968, Don Antonio Pérez Gómez, de Cieza, reimprimió el mismo facsímil en su colección de algunas *Obras menores de Calderón*, en la serie intitulada *El aire de la almena;* este volumen contiene una breve introducción a este poema por Edward M. Wilson.

La edición príncipe es un libro raro. Según las noticias que tenemos los únicos

---

[1] Fr. Antonio de Jesús María, *Don Baltasar de Moscoso y Sandoval*, Madrid 1680; sin paginación, párrafos 2366–2378. Emilio Cotarelo y Mori, *Ensayo sobre la vida y obras de D. Pedro Calderón de la Barca*, Madrid 1924, pp. 287–289. Joaquín de Entrambasaguas, apéndice a la edición en facsímil de *Psalle et sile*, descrita más abajo, pp. 80–81.

[2] *Psalle et sile – poema de D. Pedro Calderón de la Barca – Reproducción en facsímil – Seguida de una noticia bibliográfica por Leopoldo Trénor y un comentario crítico por Joaquín de Entrambasaguas*, Miguel Juan, Valencia 1936. Precisiones acerca de la fecha de publicación se hallan en el colofón.

[3] *Psalle et Sile (Poema)*. Edición en facsímil, seguida de una noticia bibliográfica por Leopoldo Trénor. Edición de 300 ejemplares no venales. Valencia, Castalia, 1945.

otros ejemplares son el de la Biblioteca Nacional de Madrid, el de la biblioteca de The Hispanic Society of America en Nueva York y el de la colección de Wilson. (Wilson debe este volumen a la generosidad de Don Antonio Rodríguez-Moñino quien se lo regaló hace unos doce años.)

La segunda edición conocida del poema se publicó en Madrid con un título cambiado, "En la imprenta de Lorenzo Francisco Mojados. Año de 1741". Esta edición fue descrita por Leopoldo Trénor, el cual reimprimió sus preliminares en su "noticia bibliográfica" contenida en la primera edición en facsímil.[4] Existen ejemplares en la Biblioteca Nacional y en el British Museum.

Dos ediciones más se imprimieron en el siglo XIX: en el tomo IV de las comedias de Calderón editadas por Hartzenbusch *(Biblioteca de Autores Españoles,* XIV, 731–734) se incluye una versión muy defectuosa del poema, la cual deriva de la reimpresión de 1741; en las *Poesías inéditas de Calderón,* editadas por F. P. (Felipe Picatoste) en la *Biblioteca Universal* (tomo LXXI), reaparece la edición de Hartzenbusch. Los dos volúmenes han sido reimpresos varias veces después de su primera publicación en 1850 y 1881 respectivamente. Los textos que presentan no tienen ninguna utilidad.

El propósito del presente estudio es doble. La edición príncipe no tiene pie de imprenta. Si, mediante la investigación tipográfica, se pudiera identificar al impresor, esto podría permitirnos decir si el mismo Calderón vigiló la producción del libro. Nuestra segunda intención es describir una edición del poema desconocida hasta ahora, impresa casi con seguridad en Valencia antes de terminar el siglo XVII.

II

La edición original de *Psalle et sile* no contiene ni fecha, ni lugar, ni nombre de impresor. La fecha aproximada se desprende de la aprobación, fechada en el último día de diciembre de 1661, así como de la fecha del grabado destinado para la edición. Este es obra de Pedro de Villafranca, quien firmó su trabajo con "Petrus de Villafranca, sculptor Regius, sculpsit Matriti, 1662".

La primera edición contiene dos grabados en madera, una A en [§]3^r y una D en 2§1^r. No importa que la parte de Villafranca se haya hecho en Madrid: como lugar de impresión se ha sugerido Toledo.[5] Según Pérez Pastor el único que imprimía en Toledo hacia 1662 fue Francisco Calvo.[6] Hemos visto sólo dos libros con el pie de imprenta de éste. Ninguno de los dos tiene ni los grabados ni semejanza tipográfica alguna con *Psalle et sile.* El examen de libros madrileños ha resul-

---

[4] El título original fue: *Exortacion panegirica al silencio. Motivada de su apostrophe Psalle, et sile.* La edición de 1741 llama el poema: *Discurso Metrico-Ascetico, sobre la inscripcion Psalle, et Sile, que esta gravada en la verja del choro de la Santa Iglesia de Toledo, Primada de las Españas.* Fue editada por D. Antonio Fernández de Azevedo, Escudero de la Reyna nuestra Señora.

[5] Véase A. Rodríguez-Moñino & M. Brey Mariño, *Catálogo de los manuscritos poéticos castellanos de The Hispanic Society of America,* New York 1965–66, 3 vols., Vol. II, p. 73.

[6] C. Pérez Pastor, *La imprenta en Toledo,* Madrid 1887, p. XX.

tado más fructuoso. El grabado de la letra A se ha utilizado en dos libros con el pie de la Imprenta Real de Madrid: en la *Descripcion breve del monasterio de S. Lorenzo el Real* de Francisco de los Santos, 1657, en ¶ 2^r (ejemplar de la University Library, Cambridge, F165.b.8.1); y en una edición de 1669 de la *Silva de varia leccion* de Pedro Mexía, también en ¶ 2^r (ejemplar de la U.L.C., W.5.4). Otros grabados empleados en los dos libros se hallan en otra parte bajo el nombre de la Imprenta Real. Estos libros corresponden con bastante precisión al período en el cual debe haberse impreso *Psalle et sile*. Que la A es la misma se comprueba mediante una pequeña muesca en medio de la parte exterior de su pierna derecha. (La muesca no es visible en el facsímil de Pérez Gómez). Un examen detenido de algunos cincuenta libros salidos de la Imprenta Real no reveló otras muestras de la D, pero sí enseñó que la A forma parte de un alfabeto de grabados correspondientes del mismo tamaño (altura de 25mm, la anchura varía). Aparentemente se han empleado dos de estos alfabetos: es seguro que hay dos A, muy semejantes pero diferentes. La segunda A se emplea en A1^r de *El devoto peregrino* de Antonio del Castillo (1664), así como en varios otros libros.

Se han utilizado tres grados de letra para imprimir *Psalle et sile*. La de los preliminares es *parangona*, 149.5mm por 20 renglones. El poema mismo se ha impreso en letra redonda *texto*, 131.5mm por 20 renglones. Esta fundición redonda se distingue por contener más admiraciones itálicas que redondas (véase A2^r, última línea, así como A3^r y C1^r). Las notas al margen del texto van en itálica *entredós*, 68.5mm por 20 renglones.

Hemos identificado la segunda de estas fundiciones en los preliminares de la *Visita general y espiritual colirio de los judios* de Benito Remigio Noydens, impresa por la Imprenta Real, con la fecha de 1662 en la portada (ejemplar del British Museum, 482.b.13). Las diversas fechas mencionadas en los preliminares van desde febrero hasta noviembre de 1661, y por eso el material preliminar se imprimió probablemente en este último mes, es decir quizás algunas semanas antes de *Psalle et sile*. Las fundiciones de letra *texto* de *Psalle* y de la *Visita* se corresponden en cada detalle, aunque el material ofrecido por la *Visita* es tan escaso que no puede contener ejemplos de todos los caracteres empleados en *Psalle*. Los caracteres distintivos comunes a las dos obras incluyen à, á, ò, è, ç, j y ñ. La *Visita* muestra una admiración en ¶ 3^r: es el mismo carácter itálico que en *Psalle*, empleado también en la fundición redonda.

Tanto el empleo del grabado como el de la letra en libros de la Imprenta Real significa que la impresión de *Psalle et sile* se puede atribuir con bastante seguridad a esta empresa. Parece que Mateo Fernández fue el impresor que, en 1662, tenía a su cargo la empresa. Ya en 1659 – y todavía en 1664 – éste se llamaba a sí mismo "Impressor del Rey". Un grupo complejo de tiradas y estados del *Don Quijote* contiene partes impresas en 1662 "En la Imprenta Real, por Mateo Fernandez" (véase B.M., Cerv. 203, 1074.g.11 y 12491.e.15). Existen pruebas convincentes de que Joseph Fernández de Buendía, al cual Calderón entregó la impresión de su *Quarta parte* y de sus *Autos*, entró en contacto con la Imprenta Real hacia el final de la década de 1660; pero no hay indicio de una relación anterior.

Por supuesto la Imprenta Real imprimió toda clase de obras, pero parece haber producido por lo menos buena parte de obras literarias. El cardenal Moscoso a quien, como superior de Calderón, fue dedicado *Psalle et sile*, no era escritor. Los únicos impresores de la región de Madrid relacionados con él parecen ser Francisco Calvo, el cual imprimió sus *Constituciones synodales* de 1660 (no. 559 en Pérez Pastor), y Domingo García Morrás, el cual imprimió un memorándum sobre la Inmaculada Concepción (1652: Palau 183375) y la *Regla que nuestro glorioso Padre San Agustin . . . dio a sus religiosas para el Convento de Santa Maria Magdalena de Madrid* (Palau 183378). Esta obra tiene que ser diferente de la registrada por la Señorita Penney sobre la administración de un convento de *monjas recoletas bernardas*.[7] La obra mencionada por la Señorita Penney no está en Palau, pero las dos se imprimieron por García Morrás en 1656. García Morrás imprimió la *Tercera parte* (1664) de Calderón, pero el trabajo le fue encargado por Vergara Salcedo, el editor, y no por Calderón. La relación de García Morrás con Moscoso puede explicarse por el hecho que el impresor se llamaba a sí mismo "Impresor del estado eclesiastico" en 1666 y por la posibilidad de haber ocupado este puesto durante algunos años anteriores a la fecha aludida. Por eso la elección de Mateo Fernández como impresor del libro posiblemente fue más bien la de Calderón que la del cardenal, lo cual puede significar que Calderón controló la impresión del poema. No podemos estar seguros de esto, especialmente porque sólo pocas preferencias ortográficas de Calderón han pasado al texto impreso.

III

Hace algunos años Don Antonio Rodríguez-Moñino mostró a Wilson un ejemplar de otra edición temprana de *Psalle et sile* perteneciente a la Biblioteca Lázaro en Madrid. Con su acostumbrada amabilidad procuró también un microfilm, el cual sirve de fuente a este estudio. No se ha registrado otro ejemplar de esta edición. Ella tampoco tiene ni pie de imprenta ni fecha, pero conocemos algunos detalles acerca de su publicación. Esta reimpresión contiene toda la materia preliminar publicada en 1662 así como una nueva aprobación muy laudatoria por el *Reverendissimo Padre Fr. Ioseph Laguna, Letor Iubilado, segunda vez Provincial de la Orden de San Francisco de Paula, en la Provincia de Valencia, y Examinador Synodal en el Arçobispado de dicha Ciudad*. Este nos dice:

> Este Papel . . . me entregò por singular fineza el Excelentissimo Señor Don Carlos Homo-Dei Moura Corte Real y Pacheco, Marquès de Castel-Rodrigo, y de Almonacir; Conde de Lumiares, Duque de Nochera, &c. Virrey, y Capitan General del Reyno de Valencia, &c. à quien, para regalo de su buen gusto en estudiosos empleos, le avia participado el Señor Don Iuan de la Torre, Cavallero del Abito de Montesa, y Regente

---

[7] C. L. Penney, *List of works printed 1601–1700 in the Library of the Hispanic Society of America*, New York 1938, p. 373.

en la Audiencia Real de este Reyno de Valencia, con fin de que multiplicada en la Estampa, se goze tan preciosa joya en nuestro Pais, que hasta aora ha tenido retirada con generosa cudicia el Castellano Reyno.

El Marqués de Castel-Rodrigo sucedió al Conde de Altamira como virrey de Valencia en 1691, sirviendo en este cargo hasta 1694.[8] La segunda edición del poema calderoniano se imprimió, pues, con toda probabilidad, entre estas dos fechas. (Se pregunta uno si Don Juan de la Torre podría ser un pariente de Francisco de la Torre Sebil, poeta y amigo de Calderón, el cual se halló en Valencia durante el virreinato del Marqués de Astorga.[9]) El nuevo libro merece un estudio detenido. Y como el Padre Joseph subraya la separación cultural de Valencia y Castilla, se imprimió casi con seguridad en Valencia. Sigue aquí su descripción bibliográfica:

Portada
[un marco de ornamentos de impresor rodea la portada]
EXORTACION | PANEGIRICA AL | SILENCIO. | MOTIVADA DE SV APOSTROPHE | PSALLE, ET SILE. | A LA PROTECCION DEL | Eminentiſsimo Reverendiſsimo Señor Don | Baltaſar de Moſcoſo y Sandoval, Cardenal | Presbytero de la Santa Igleſia de Roma, del | Titulo de Santa Cruz en Ieruſalen, del Con-|ſejo de Eſtado de ſu Mageſtad, Arçobiſpo de | Toledo, Primado de las Eſpañas, y Gran | Chanciller Mayorde Caſtilla, &c. | *POR* | *DON PEDRO CALDERON DE* | *la Barca, Cavallero de la Orden de Santiago,* | *y Capellan de ſu Mageſtad en ſu Real* | *Capilla de los Señores Reyes* | *Nuevos.* | [la *B* en *Barca* en letra de fantasía]

Colación
4°. [Después de A2, B y B2 no se ven las signaturas porque en el ejemplar consultado se ha cortado el pie de las páginas; postulamos una colación A-D⁴.] [i – xii] [1] 2 – 20 = xii + 20 páginas.

Preliminares
Verso de la portada en blanco.
A2ʳ–A2ᵛ. [Encabezamiento] Eminentiſsimo Reverendiſsimo | Señor. | [Se trata de una reimpresión, según la edición de 1662, de la carta dedicatoria de Calderón al Cardenal. Se notan algunos cambios menores en cuanto a la ortografía, y la palabra "adornò" se ha corregido en "adorno".]
A3ʳ. *EL DOCTOR DON FRANCISCO DE* | *Arando y Mazuelo, Canonigo Magistral de Sa-|grada Eſcritura de la Santa Igleſia de Toledo,* | *y Predicador de ſu Mageſtad.* |

---

[8] Se tomó juramento al Conde de Altamira como virrey el 2 de enero de 1688. Tuvo el cargo durante tres años y le sucedió el Marqués en 1691; también él tuvo un virreinato de tres años.
[9] Véase E. M. Wilson, "Textos impresos y apenas utilizados para la biografía de Calderón", *Hispanófila* 9, 1960, pp. 5–6.

[Texto como en la edición de 1662 con cambios solamente menores; "proveehoso" se ha corregido en "provechoso". *DAMP* del encabezamiento en letra de fantasía.]

A3ᵛ–B2ᵛ. *APROBACION DEL REVERENDISSIMO | Padre Fr. Ioſeph Laguna, Letor Iubilado, ſegun-|da vez Provincial de la Orden de San Franciſco de | Paula, en la Provincia de Valencia, y Exami-|nador Synodal en el Arçobiſpado de | dicha Ciudad.|*

[Véase el texto más abajo. Las mismas letras de fantasía en el encabezamiento.]

Texto

[?B3ʳ – D4ᵛ] [Línea doble de ornamentos de impresor en la parte superior de la página 1]

PSALLE, ET SILE.

[Sigue el poema]

[termina]

   Te mueſtra, quãto encierra, incluye quã

   La vnion felize de ſilẽcio, y canto. (to

      PSALLE, ET SILE.

Si quid dictum contra fidem, & bonos mo-|res, quaſi non dictum, & omnia ſub | correctione S. M. E. | Don Pedro Calderon | de la Barca. |

[La inicial ornamentada A en A2ʳ desplaza seis renglones; la inicial ornamentada E en A3ᵛ desplaza ocho renglones. Otras iniciales de gran tamaño en A3ʳ, pp. 1, 2, 8, 10 y 16.]

La colación de la edición madrileña de 1662 es la siguiente: [§]⁴ §§² A – C⁴: un total de 18 hojas. La edición valenciana no tiene más de 16, siete páginas de las cuales ocupa la nueva aprobación del Padre Joseph Laguna. La primera edición contiene el grabado elegante de Pedro de Villafranca, el cual no se reimprimió en ediciones posteriores. El reverso del grabado, el de la portada, el de la última hoja de los preliminares y el de la última hoja del texto todos eran en blanco. Así, cuando el impresor valenciano quiso incluir la nueva aprobación en el contenido completo de la edición anterior, tuvo a su disposición cinco páginas. El impresor hizo también otros ahorros en cuanto al espacio: comprimió la dedicatoria de Calderón de tres a dos páginas, la aprobación de Arando y Mazuelo de tres a una; dejó en blanco el reverso de la portada, pero ganó más espacio imprimiendo el poema mismo en 20 en vez de 24 páginas, con 27 renglones por cada página entera, en vez de 24. Concentrando los preliminares primitivos y comprimiendo el poema, se halló con el espacio necesario para imprimir el discurso del Padre Joseph y para ahorrar medio pliego de dos hojas. Como tantas veces ocurre, la segunda edición es menos pródiga que la primera.[10]

Desgraciadamente no hemos podido ver más que un ejemplar de la segunda edición, y en algunas páginas de éste, el verso al pie se ha cortado por el cuchillo del encuadernador. Faltan los versos siguientes:

---

[10] R. B. McKerrow, *An Introduction to Bibliography for Literary Students*, Oxford 1948, p. 184.

Su Eminencia quien le ensalça.)	p. 5
Lo que tu origen callò,	p. 6
Es canto, y Hymno quando a Dios alaba.	p. 11
De quando el canto se introduxo al culto.	p. 12
Del feruor entonados los gemidos.	p. 13
Aplaudidas, del silencio	p. 15
Quanto silencio, y voz se avienen, quando	p. 16
Desuerte, que no està en la consonancia	p. 17
Que à siete horas del dia te dá entrada:	p. 18
Y mas quando el precepto es tan suave,	p. 19

Una referencia marginal (*Adorabimus in loco vbi steterunt pedes eius, Ps.* 131), opuesta al final de la serie de décimas, se ha omitido, probablemente por casualidad; y en otra (*Per quem laudãt Angeli, &c. Cum quibus, & nostras voces. &c.*) falta el lugar (*In praefactione Missae*).

El cotejo de los textos de las dos ediciones muestra que quienquiera cuidase de la reimpresión valenciana, procuró en algo hacer justicia a Calderón. Se han hecho más de cien modificaciones en el texto, principalmente en cuanto a la puntuación, y en muchas de ellas aparece un esquema coherente de corrección. La puntuación de la edición príncipe fue un poco arbitraria; la de la segunda es mucho más cuidada, como lo mostrarán algunos ejemplos:

1662	Valencia
Como compuesto de dos	Como compuesto de dos
Proposiciones contrarias,	Proposiciones contrarias,
Sagrado precepto á vn tiempo,	Sagrado precepto, à vn tiempo
Cantar, y callar me manda. (f. 1ᵛ)	Cantar y callar me manda? (pp. 1–2)
Quando inspirado del mismo	Quando, inspirado del mismo
Boreal iman de mis ansias,	Boreal iman de mis ansias,
Saludè el vmbral, diziendo,	Saludè el vmbral, diziendo:
Salue; basilica santa. (f. 1ᵛ)	Salve, Basilica santa. (p. 2)
Bien, como no interrumpiò	Bien; como no interrumpiò
Al silencio de la helada	Al silencio de la helada
Noche la voz de la paz,	Noche, la voz de la paz,
Que oyò el hõbre en vozes altas. (f. qʳ)	Que oyò el hõbre en vozes altas? (p. 15)

Se podrían citar muchos ejemplos más, pero éstos bastarán. Las erratas evidentes son muy raras: "bonze" en vez de "bronce" en la cuarta línea; una falta de sangría (corregida tácitamente arriba) en la primera página; se ha olvidado la primera parte de un paréntesis tres líneas más abajo del soneto; "sacrificion" en vez de "sacrificio" cuatro líneas arriba desde el pie de la página 13; "Maditas" en vez de "Meditas" seis líneas desde el fin del poema. Si, según sospechamos, el Padre Joseph Laguna vigiló la impresión del libro, no hizo mala obra.

En algunos de los ejemplares que hemos visto de la edición madrileña de 1662 se encuentran enmiendas manuscritas al texto, hechas casi con seguridad en la imprenta. No se puede asegurar si éstas se hicieron siguiendo las indicaciones del mismo Calderón o por el corrector de la casa. En el ejemplar de la Biblioteca Nacional de Madrid la palabra "granado" en el cuarto renglón se ha corregido en "grauado";

la reimpresión valenciana lee "gravado". En fol. 5^r (B1^r, numerado 4 por error) las palabras impresas rezan:

Fuera dexar de sus noticias

En el ejemplar madrileño y en el de Wilson el "de" se ha cancelado con tinta para conseguir un octosílabo regular. La reimpresión de Valencia sigue esta corrección. En fol. 7^v (B3^v) del facsímil el verso acerca de David se ha cambiado con pluma de

Creer, que pastor inuente,

en

Creer, que un pastor inuente,

La reimpresión de Valencia conserva la primitiva lectura impresa. En la penúltima estrofa de la canción al canto, el verso

Si el cantico no acuerda de Maria.

se ha cambiado, en el facsímil, en:

Si el cantico me acuerda de Maria.

También aquí la reimpresión sigue la primitiva lectura impresa. Podemos suponer que, probablemente, el texto-modelo perteneciente a Don Juan de la Torre contuviese algunas de estas correcciones añadidas con tinta. Las dos primeras evidentemente son acertadas; de todos modos, un lector cuidadoso hubiera notado de por sí su necesidad, aun sin corrección previa. La tercera es dudosa, pero la nueva lectura es posible. La cuarta es muy discutible. Damos el contexto:

> Mas si las perfecciones
> Del canto soberano
> Acordar al silencio solicito,
> Para que de opiniones
> Me valgo? Pues en vano,
> Por mas autoridades que repito,
> Su merito infinito
> Dirá la pluma mia
> Si el cantico $\left\{ \begin{matrix} me \\ no \end{matrix} \right\}$ acuerda de Maria.   (fol. 8^v, B4^v)

Si tomamos "acordar" en el sentido de "armonizar" más bien que en el de "recordar" y si consideramos "en vano" como calificación de "dirá", la versión primitiva ("no acuerda") da sentido. Pero si "en vano" se explica como calificación de "repito", la lectura corregida ("me acuerda") es posible. Sin embargo nos parece muy superior la lectura primitiva. Lo cual a su vez significaría que las correcciones añadidas con tinta fueron la obra de algún corrector y no deberían considerarse, en este texto, como autoritativas.

IV

Lo dicho basta para mostrar que Calderón tuvo un buen editor póstumo en Valencia, allá por los años de 1690. No hemos hallado sino pocas noticias más sobre Fray Joseph de Laguna, dejando aparte lo que él mismo nos dice en el encabezamiento de su aprobación. Palau 130068 registra un sermón que debe de ser su obra: *Sermon de los dolores de la virgen predicado a su Excelencia . . . con addicion de tres romances, que refieren los elogios de su Excelencia* [el Marqués de Castel Rodrigo y Almonacid], Valencia, Francisco Mestre, 1692. Además de confirmar la relación entre Laguna y el Virrey, esta obra nos procura un indicio sobre el impresor eventual de la segunda edición de *Psalle et sile.* Pasemos ahora a examinar el nuevo documento contenido en la reimpresión.

A3v.

APROBACION DEL REVERENDISSIMO Padre Fr. Ioseph Laguna, Letor Iubilado, segunda vez Provincial de la Orden de San Francisco de Paula, en la Provincia de Valencia, y Examinador Synodal en el Arçobispado de dicha Ciudad.

ESTE Papel, hermoso retrato del Cielo, que en el campo de su candidèz ofrece à la admiracion curiosas lineas, que sirven de inteligencia à sus partes; siendo Estrellas sus Letras formadas con tinta de luz; y elevada la similitud, es tambien retrato del Cielo, por copiar, aunque en breve mysteriosa seña, el Coro, que en Sagrada imitacion de los Angelicos Coros, ilustra en la Imperial Toledo aquel Sagrario del portento de la gracia, noble Concha de la mas Divina Perla de la Gloria; cuya seña se vè cifrada en estas dos vozes: *Psalle, & sile;* canta, y calla; que como dos Polos sirven de apoyo doctrinal à este Cielo; por donde discurre con eminencias de Sol, Apolo de las Musas, el nunca celebrado ingenio, siempre si admirado, de Don Pedro Calderon; à quien nombro sin mas honorificos titulos; porque aun el eco de su nombre dexa tan llena de incomprehensibles conceptos la noticia, que queda incapaz de oìr otros titulos, al oìr su Nombre.

Este Papel, pues, que es Cielo, por las lineas que le hermosean, por las Letras que como Estrellas le iluminan, por los dos Polos de las dos vozes que le apoyan, por los Canticos celestiales de que avisa, y por el Sol que ingenioso le ennoblece, me entregò por singular fineza el Excelentissimo Señor Don Carlos Homo-Dei Moura Corte Real y Pacheco, Marquès de Castel-Rodrigo, y de Almonacir; Conde de Lumiares, Duque de Nochera, & c. Virrey, y Capitan General del Reyno de Valencia, & c. à quien, para regalo de su buen gusto en estudiosos empleos, le avia participado el Señor Don Iuan de la Torre, Cavallero del Abito de Montesa, y Regente en la Audiencia Real de este Reyno de Valencia, con fin de que multipli-

A4r

cada en la Estampa, se goze tan preciosa joya en nuestro Pais, que hasta aora ha tenido retirada con generosa cudicia el Castellano Reyno. Para cuyo efeto me mandò que le aprobasse, mas como mi presumpcion no es tan neciamente vana, le recibi, ò para elogiarle, ò (lo que es mas cierto) para mi estudio, y enseñança.

Leile con veneracion no menos al Autor, que al Assunto; y al primer viso, la humildad de mi ingenio, que no penetra, ni passa de la superficial corteza, juzgò facil la explicacion del Mote, como estilo que en menos graves exercicios sirve vulgarmente de advertencia. Haz lo que has de hazer, y calla, dizen al que hablando se divierte de lo que deve hazer. Y assi en tan soberano exercicio como es cantarle loores à Dios, serà Catolico aviso, que se cante, y que se calle: *Psalle, & sile;* como quien dize: cantale à Dios dignas alabanças, y calla distrahido en ociosas curiosidades; que es indecencia grande mezclar profanas atenciones con las alabanças de Dios. Dotrina, con q[ue] instruye S. Pablo à qualquier Catolico que assiste en la Iglesia. Calla (dize) pero habla para Dios.[a] Hablar, y callar, manda el Apostol, sin contradiccion; pues no lo es, hablar para Dios, y callar para los hombres. Y assi nadie dudará seguirse de este general precepto, obligacion mas apretada al Eclesiastico, à quien las leyes de su Estado obligan à las circunspecciones de vn Coro, donde deven imitarse las decencias practicadas en el Cielo.

Entre quatro cantos que distinguen los Musicos, llaman Lydio (segun notò Casiodoro) à vno que aviva el entendimiento, y desviandole de las aparentes humanas delicias, le eleva embelesado al dulce hechizo de lo celestial.[b] Afrentoso baldòn para el Catolico, en quien no obra este efecto la Eclesiastica armonia, serà la memoria de la antiguedad. Celebrò à Lamia por su peregrina belleza; y sospechò que tenia hechizado al Rey Demetrio; pero fuè engaño: porque estava ocioso el hechizo de la hermosura, y solo obrava el hechizo de la Musica, en que era muy diestra; engañandole al Rey los sentidos, sin dexarle libertad para otro humano deleyte. Ha de ser menos poderosa la musica con armonias de Cielo, que la musica de vna caduca habilidad?

A4^v.

Afrenta serà del Catolico, y grave injuria de Dios, para execucion de su castigo, que el culto de sus Divinos Mysterios le profanen conversaciones humanas.[c] Aun la Magestades de la tierra miran con aspero semblante este esca[n]daloso desmàn. Bien lo mostrò el Prudente, y Catolico zelo del Español Monarca Felipe Segundo. Oìa Missa en vna ocasion, assistido de algunos Grandes de su Corte; y reparando que dos de ellos hablavan entre si, disimulò, hasta que acabada la Missa les dixo con severidad: Vosostros dos no parezcais mas en mi presencia. Tan agudos filos tuvo esta reprehension, que el vno muriò con brevedad; y el otro viviò muriendo, con el juyzio dañado, lo que viviò. Si los Reyes Catolicos son substitutos de Dios, quan severamente castigarà la Magestad Soberana ofendida las desatenciones à sus Sagrados Mysterios! Sea, pues, el atender, y callar, su mas agradable obsequio; como el cantar, y callar, el mas religioso culto: *Psalle, & sile.*

La cortedad de mi discurso no formò à la primera luz mas alto concepto; pero el

---

a Paul. I. Corinth. cap. 14. *Taceat in Ecclesia; sibi autem loquatur, & Deo.*

b Casiod. in Psalm. *Lydius intellectum obtusum acuit; & terreno desiderio gravatis coelestiu[m] appetentiam inducit.*

c Raphael Colu[m]ba ferm. 2. Dom. I. Quad.

divino ingenio de Don Pedro Calderon en las dos vozes, que como diamantes brillan engastados en el bronce (ya oro por el lugar que ocupa) de aquellas venerables Rexas, descubriò tan no imaginados fondos que admira, instruye, y suspende. Pinta el sitio, autoriza el silencio, celebra el canto, y luego les vne en conformidad ingeniosa, elevando el concepto, y sutilizando el Mote con tantas precisiones devotas, tantas formalidades mysticas, y tantos sentidos mysteriosos, que vencido el ceño obscuro de la contrariedad aparente, resplandecen los diamantes en gloriosas luzes, y campea el mysterio en morales documentos. Parto, al fin, de su fervoroso espiritu, y rasgo de su celestial ingenio.

Què facil se introduce en la mas rebelde materia luziente ardor, si se acerca à las actividades de vna llama! Mi torpe ingenio con la llama que enciende el ayre de la Pluma de Don Pedro Calderon, mira yà à mas elevada luz lo que le impossibilitò su cortedad; y mira tan vniformes el silencio, y el canto para el Eclesiastico Culto en las Divinas Alabanças, que halla en el canto agradable vn silencio apazible; y en las suspensiones del silencio armoniosas consonancias: siendo para Dios el silencio, mudo can-

B1r.

to; y siendo el canto, retorico silencio.

Cantava el mas Real Musico, y dezia en el Psalmo 31. Porque callè se envegecieron mis huessos, llenando el ayre de clamores todo el dia.[d] Ya se vè manifiesta la contrariedad, quando expressa que callò, y que esparciò clamores al ayre. Pero se compone, considerando dos Coros de musica en David; vno en el coraçon, otro en la boca. En el coraçon suele introduzirse el estruendo de las humanas passiones, que turba, y destempla las consonancias de la boca en alabar à Dios; y assi para la dulçura del Coro de la boca, ha de cessar el rumor molesto del Coro del coraçon, cantando en el coraçon el silencio, para que en la boca suene con dulçura el quiebro de la voz. Estilo q[ue] practicava David, clamando con la voz en el Coro de la boca, al tiempo que callava con el silencio en el Coro del coraçon.

En consequencia de esta verdad dixo otra vez David en el Psalmo 64. Decente es, Señor, que en Sion, que es la Iglesia, te canten metricos Hymnos. Donde leyò el Hebreo: Tu alabança es el silencio.[e] No tanto, porque solas las vozes del silencio pueden proporcionarse con tan sublime Magestad; quanto, porque el silencio de los mundanos rumores haze sobresalir las vozes armoniosas de los loores de Dios.

Metaphorica correspondencia à esta dotrina fuè dezir el mismo David en el Psalmo 18. Los Cielos cantan la Gloria de Dios. Como enseñando, que canta la Gloria de Dios la muda eloquencia de los Astros.[f] A que puede añadirse, aver afirmado muchos Filosofos, que los Cielos se mueven à compàs de musica, formando con su movimiento vn rumor sonoro, y vn armonioso estruendo; pero que la costumbre de oìrlo entorpece el sentido, passando el ruydo de su consonancia à imperceptible silencio. En que declarò la naturaleza la forma que observan los Cielos

---

d Psalm. 31. *Quoniam tacui inveteraverunt ossa mea, dum clamarem tota die.*
e Psal. 64. *Te decet Hymnus Deus in Sion. Hebr. Tibi silentium laus.*
f Psalm. 18. *Caeli enarrant gloriam Dei.*

para cantar la Gloria de Dios; valiendose de vna musica, que es silencio mudo; y de vn silencio, que es musica acorde.

Son los Angeles los Musicos mas diestros, que en varios Coros divididos le cantan à Dios eternas alabanças en el Templo de la Gloria. Y deve notarse, que tratando los Theologos de la locucion de los Angeles, enseñan, que ha-

B1ᵛ.

blan sin el vso de las vozes, manifestando con mudo silencio sus conceptos; en fè de que las alabanças de Dios salen dignamente de pechos que hablan con retorica muda, y cantan con silencio eloquente.

Nadie como Christo supo los primores de la Oracion para alabar à Dios; y donde mas heroicamente exercitò esta virtud, fuè en el Calvario, quando al correr borrasca de penas, resignava su voluntad con la del Padre; pero con tanto silencio, que le contemplò Isaìas con mansedumbre de Cordero mudo, sin que se le oyesse vn balido, ni como quexa, ni como ternura.g Verdad es que la piedad de S. Hilario juzgò, que al traspassarle las Manos co[n] el clavo, arrojò vn amargo suspiro.h Y no es facil componerlo. Enmudecer, y gemir; no abrir la boca, y suspirar, como puede ser? Era Christo Piedra; y assi al herirle el azero del clavo despidió vn suspiro, como centella que salìa de su animado pedernal. Que por esso sin duda vsò Hilario de la palabra *accendit;* que es inflamar, y encender. No fuè el suspiro voz que rompiesse el silencio; ardiente llama si, que exalava aquel pedernal Divino; enseñando, que para orar al Padre, resignado en sus penas, hazìa del silencio voz; pero era voz de fuego, que exalandose mudamente, dezia, q[ue] era voz de su silencio, pues era voz que salia del silencio de vna piedra. Què mas dulce estilo de orar, y guardar silencio; siendo ardores mudos del coraçon los que sonavan gemidos articulados de la voz!

De esta eloquencia muda del silencio queda Dios tan agradado, que corresponde en liberalidades, aun mejor que si la voz le solicitàra con porfias. Por esso le dezia à Moyses: Què me estàs dando vozes?i Donde notò San Gregorio, que Moyses no avia hablado palabra; ni del Texto consta que la hablasse.j Pero el mismo silencio de Moyses, advierte Gregorio, que era para Dios porfiado clamor; porque como Moyses tenia sacrificado el coraçon à Dios, en agradable silencio, libre de los rumores de las passiones humanas, le oìa Dios, aunque callava; siendo el callar el mas gustoso idioma para Dios. No escusarè, en apoyo de quan venturoso es el silencio en pedir, hazer memoria de lo que escriviò vn florido Ingenio Español; y lo refiero, por juzgarlo explicacion, ò traslado del concepto de San Gregorio; sin

B2ʳ.

desnudarle la gala del metro, por el alma que le dà. *Sirvamos, pues, y callemos* (dezia) *que al servir sin interès, no falta premio despues; porque el callar, y el servir, es mas discreto pedir, si el dueño tambien lo es.*

Mucho he dicho (en lo dilatado, no en lo discurrido) y he dicho poco; porque

---

g Isai. cap. 53. *Quasi agnus coram tondente se obmutescet, & non aperiet os suum.*
h D. Hil. lib. 10. de Trinit. *Transeunte palmas clavo, gemitus accendit.*
i Exodi cap. 14. *Quid clamas ad me?*
j D. Greg. lib. 22. Moral. quaest. 13. *Moyses quia placet serviens auditur tacens; cum silenti dicitur: Quid clamas ad me?*

iluminado el ingenio con el magisterio de Don Pedro Calderon, cuyo Numen ha hecho doctas tantas ignorancias, siempre dirà poco, aunque diga mucho. Sea, pues (ò yà porque deve desviarse callando de lo menos quien celebra con el canto lo mas; ò yà porque el canto es retorico silencio, y el silencio armonioso ca[n]to) sea el referido Mote Apostrophe, que buelto en elogio del mismo D. Pedro, diga à la admiracion, *Psalle, & sile;* canta el merito de Varon tan insigne, y calla quanto insigne venera la Fama en los demàs. Ca[n]ta sus pre[n]das raras, y calla en fè de q[ue] solo el silencio las puede celebrar. Y enfin, calla qua[n]do cantes; porq[ue] Sugeto tan singular, q[ue] le destinò la Provide[n]cia, para honor vnico del corrie[n]te siglo, entrando con su nacimiento à ilustrar su primera Aurora (aunq[ue] avàra la muerte le vsurpò diez y ocho años de possessio[n] al siglo, por disminuirle essa gloria) ni caben sus elogios en el canto, ni la inmensidad del silencio les puede comprehender. Y no se atribuya à hiperbole lo dicho, qua[n]do su pluma se remo[n]tò à altura tan elevada, q[ue] nadie ha pretendido competirle; y el que con afan le imita, se tiene por feliz; siendo su desvelo mas vtilidad del estudio, que dicha de la imitacion. Para aplaudir sus elegantes escritos en lo humano templò sus acordes instrumentos el Coro de las nueve Musas; y para celebrar lo q[ue] escriviò en lo Divino, ajustaron en dulces co[n]sonancias sus vozes los nueve Coros de los Angeles, al vèr tan enriquecida de aplausos la Catolica Iglesia. Què calificadas se mira[n] las virtudes! Què vltrajados los vicios! Què abatido el Iudaismo! Què avergonçada la Heregia! Què despreciado el Paganismo! Todo lo pinta la valentia de su ardiente espiritu, con tan vivos colores, que casi reduce à visible experiencia los mysterios mas retirados de nuestra Fè. Quien en lo Sagrado fuè tan decorosamente eficàz, como pudo en este Papel, tocando en essa linea, dexar de descubrir lo inflamado de su ingenioso ardor? Y aunque es vn breve rasgo de su erudicion, leve alie[n]to de su Espiritu, Ce[n]-

B2v.

tella de su Rayo, Rayo de su Sol, Atomo de su Luz, y Arroyo de su Mar; todo es Erudicion, todo Aliento, todo Rayo, todo Sol, todo Luz, todo Mar, donde naufrago mi discurso, ignora el Puerto en que ha de pàrar [sic]: porq[ue] si el fiarle à mi examen es para su aprobacion, no es mi ignora[n]cia tan presumida, que se haga Iuez de obra que reconoce como censura indiscreta la mas puntual censura: si es para elogiarle, serà ociosa tarea; pues malogra su desvelo quien le emplea en alabar lo que goza general aclamacion. Y assi co[n]cluyo, con que el aver entrado en el juyzio de este Papel, es solo vn tributo de mi obediencia, vn rendimiento de mi veneracion, vna gratitud sacrificada al Dueño que me lo mandò; y enfin es vna confession informe, que dize mi culpa en no saberlo elogiar, sin la gracia de la aprobacion, por ser de justicia. Assi lo siento, &c.

Aunque la prosa de Laguna sea bastante repugnante, su aprobación merece una lectura cuidadosa. En el primer párrafo alaba los méritos del poema; en el segundo nos refiere las circunstancias de su nueva publicación. Después pasa a discutir la moral evidente que el poema contiene: calla en la iglesia, pero, estando en ella, habla – o canta – a Dios. Si la música terrestre era tan poderosa que Lamia pudo encantar con ella al rey Demetrio, ¡cuánto más eficaz debe ser la música divina! Felipe II despidió con ignominia a dos cortesanos porque habían charlado durante la misa. El Padre Joseph pasa después a resumir los argumentos de Calderón y a alabar la composición de su poema.[11]

En lo que sigue estudia varios textos bíblicos que Calderón hubiera podido utilizar, no haciéndolo en realidad. Cita los Salmos 31 (32 de la versión hebrea), 64 (65) y 18 (19), Isaías 53, Exodo 14. No obstante sus interpretaciones pedantescas de algunos de estos lugares, contribuyó mediante estas glosas a la utilidad religiosa del poema. El lector puede, por así decirlo, incorporar en él otros ejemplos para corroborar los utilizados por el poeta. A éstos podríamos añadir las meditaciones de San Juan de la Cruz sobre

> la música callada,
> la soledad sonora,

de la estrofa catorce (o quince) del *Cántico espiritual*.[12] Las referencias de Laguna pueden adelantar nuestro aprecio literario de los versos calderonianos en cuanto muestran que el poeta no compuso su meditación sobre una serie limitada de citas bíblicas.

Laguna termina con un panegírico pretencioso, pero no completamente huero. Alaba ante todo este poema y los autos sacramentales; pero sabe evaluar también los méritos de las comedias. No se hubiera unido a las turbas clericales tratando de acallar Fray Manuel de Guerra y Ribera cuando declaró que Calderón había "limpiado de todo escrúpulo el teatro".[13]

---

[11] Para una evaluación moderna véase E. M. Wilson, "A key to Calderón's *Psalle et sile*", en: *Hispanic Studies in Honour of I. González Llubera*, Oxford 1959, pp. 429–440.

[12] *Obras*, ed. P. Silverio de Santa Teresa, Burgos 1930, III, pp. 77–79, 281–282. Nos sentimos tentados de añadir otro ejemplo bíblico más. Cuando, después del viento fuerte y poderoso y después del fuego, "la voz calma y sutil" habló con Elías, el texto hebreo – según la versión de Nácar-Colunga (*Biblioteca de Autores Cristianos*, Madrid 1968) – reza "un ligero y blando susurro". La Vulgata: "Et post ignem sibilus aurae tenuis." (Lib. III Regum, XIX, 12.) En la Biblia del Oso de Casiodoro de Reina, s. l., 1569, se lee: "vn siluo quieto, y delicado".

[13] Véase E. M. Wilson, "Las *Dudas curiosas* a la aprobación del Maestro Fray Manuel de Guerra y Ribera", *Estudios escénicos* 6, 1960, pp. 47–63.

Sobre la traducción de autos sacramentales por Joseph von Eichendorff

Por Dietrich Briesemeister

La publicación reciente de los esbozos para la traducción de tres autos sacramentales de Calderón, dentro de la edición crítica de las obras completas de Joseph von Eichendorff,[1] llama la atención de los calderonistas hacia un aspecto todavía no suficientemente tratado en la historia de la hispanística alemana y principalmente de los estudios de Calderón.[2] Apenas pasados veinte años tras la superación de la "manía por Calderón", de la que había hablado Goethe en 1825,[3] se entregó Eichendorff, con verdadera dedicación, al poco rentable proyecto[4] de ser el primero en sacar a traducción alemana autos sacramentales. Aquellos intentos de Eichendorff se fueron a pique casi inadvertidamente por culpa, por ejemplo, de la clara y renovada oposición de Wilhelm Grimm frente a Achim von Arnim, contra la elevación

---

[1] *Sämtliche Werke* (abreviadamente citado como HKA), Band 16. *Unvollendete Übersetzungen aus dem Spanischen*, herausgegeben von Klaus Dahme, Regensburg 1966, pp. 127–249.

[2] La competente presentación del desarrollo y la eficacia del calderonismo alemán de Werner Brüggemann en *Spanisches Theater und deutsche Romantik*, Band 1, Münster 1964, = *Spanische Forschungen der Görresgesellschaft* II, 8, no está desgraciadamente todavía concluida. Harald Eder, *Eichendorff als Übersetzer spanischer Literatur mit besonderer Berücksichtigung der Übersetzung der Fronleichnamsspiele*, Tesis Mainz 1956, investiga sobre cuestiones metódicas y estilísticas basándose en la única edición conocida entonces de doce *Geistliche Schauspiele von Pedro Calderon de la Barca*, Stuttgart, Tübingen 1846–1853. Para las traducciones del español de Eichendorff véanse sobre todo las investigaciones de Hilda Schulhof, "Eichendorff und die spanische Lyrik", en: *Euphorion* 22, 1920, pp. 564–607, y *Spanische Dichtung des Mittelalters. Juan Manuels "Conde Lucanor"*, Prag 1925, = *Prager deutsche Studien*, 34; además Edmund Schramm, "Eichendorff als Übersetzer spanischer Literatur. Die *Lucanor*-Übersetzung", en: *Der Vergleich. Festgabe für Hellmuth Petriconi*, Hamburg 1955, pp. 189–198, = *Hamburger romanistische Studien* A, 42; recientemente Daniel Bodmer, "Eichendorffs Übertragung des *Conde Lucanor*", en: *Typologia Litterarum. Festschrift für Max Wehrli*, Zürich 1969, pp. 325–334.

[3] véase Swana L. Hardy: *Goethe, Calderón und die romantische Theorie des Dramas*, Heidelberg 1965, = *Heidelberger Forschungen*, 10.

[4] Después de la negativa del impresor de Eichendorff, Markus Simion, respecto a la publicación de cinco autos, traducidos ya en 1844 (". . . ich gestehe, daß ich gegenwärtig keinen sehr großen Erfolg davon erwarte", carta a Eichendorff del 28 de octubre, 1844, HKA vol. 13, p. 162) avala también esto la pertinaz y desanimadora negociación con la editorial Cotta, que solamente estuvo dispuesta a correr el riesgo de publicar el segundo tomo de los autos contra la compra simultánea, por medio de la unión católica librera Borromäus-Verein, de 400 ejemplares de la traducción completa (ibid., vol. 12, p. 136). La crítica literaria de la época se abstuvo patentemente de tomar nota de la obra. Por ello Eichendorff escribe, el 17 de diciembre, 1856, a August Reichensperger sobre la versión de Franz Lorinser: "das gutgemeinte, aber weitschichtige Unternehmen wird buchhändlerisch an der Stumpfheit des großen Lesepöbels scheitern" (HKA vol. 12, p. 227).

de Calderón como modelo para el teatro alemán, produciendo también su efecto la situación literaria de a mediados del siglo XIX, cambiada totalmente por el agudo movimiento antirromántico.

Los comienzos de esta intensa ocupación de Eichendorff con Calderón, ya en 1839, se remontan a sus tiempos de estudiante en Heidelberg. Allí se encontró, de 1806 a 1808, el traductor calderonista del momento, Johann Diederich Gries.[5] De este tiempo data también la estrecha amistad que unió a Nikolaus Heinrich Julius (1783–1862), procedente de Hamburgo, como Gries, con Eichendorff, a quien después ayudó repetidamente con sus profundos conocimientos de la lengua y literatura españolas. Todavía más importante para la toma de contacto de Eichendorff con el entusiasmo romántico por Calderón fué su estancia en Viena. Allí frecuentó (1811–1812) la casa de Friedrich Schlegel y oyó sus lecciones sobre la historia de la literatura antigua y moderna (1812). Aquí se acuñaron las ideas literarias de Eichendorff y su comprensión de Calderón como máximo ejemplo de identificación entre cristianismo y romanticismo (véase HKA, t. 8, parte 2, p. 276), como "compendio completo de figuras y símbolos cristianos".[6] Es curioso sin embargo que los exaltados debates teóricos de los románticos sobre el simbolismo cristiano y la universal poesía en Calderón se apoyan menos en un conocimiento exacto de los autos sacramentales y mucho más en la ilimitada admiración por sus comedias, sobre todo las religiosas. La valoración de los autos fué muy escasa a partir de los críticos literarios tardíos de la Ilustración. Karl Friedrich Flögel se ocupa de los autos sacramentales en su Geschichte des Groteskkomischen (1788) y los llama farsas espirituales, a causa de su monstruosa mezcla de lo santo y lo profano. Contra semejantes prejuicios y menosprecios faltos de comprensión toma Eichendorff, en su obra Zur Geschichte des Dramas (1854), la defensa de los autos. "Estos espectáculos verdaderamente maravillosos" habían permanecido hasta ahora como una total "terra incognita" (HKA vol. 12, p. 136).

Que Eichendorff se ocupe de nuevo con Calderón, emerge de sus convicciones personales. Esta ocupación coincide además con un tiempo de vacío creador propio. Eichendorff huye de la "gegenwärtigen Ideenkonfusion" o del "Weltspektakel", del "großen Gedankenkampf des Alten und Neuen". Cara a la literatura del presente, que le repugna tanto por "das Forcierte und Gemachte" como por su "grandiose Affektation", huye Eichendorff "häufig ins Spanische, wo mir dann Cervantes und Calderon über manche Sandscholle hinweghelfen" (carta a Heinrich Theodor Schön, 2 de octubre, 1839, HKA vol. 12, pp. 60 s.). Trabajando desde 1841–1842 más intensamente y con "großer Freude" en la traducción, se queja repetidamente el poeta del lento avance de su difícil cometido por razón de sus cargos oficiales. "Mein Calderon ... schreitet unter der Last der Akten nur langsam vor. Wohl tut es manchmal not in dieser Zeit, sich in eine schönere Vergangenheit zu versenken und für den Flügelschlag einer größeren Zukunft einzupuppen" (HKA vol. 12,

---

[5] Para la estancia de Eichendorff en Heidelberg ver Gerhard Möbus, Eichendorff in Heidelberg. Wirkungen und Begegnungen, Düsseldorf 1954.

[6] "Inbegriff der gesamten christlichen Bildlichkeit und Sinnbildlichkeit", Friedrich Schlegel, Sämtliche Werke, vol. 2, Wien 1822, p. 127.

p. 72, carta de 24 de junio, 1842 a Friedrich Heinrich von Farenheid). "Herzensstärkungen" le brinda la traducción para el segundo tomo de los autos, en 1850, bajo condiciones desesperadas (ibid., pp. 110s., carta a von Schön, 24 de enero, 1850); fortaleza para el corazón, porque Eichendorff ve realizada en los autos calderonianos una unidad entre religión, vida y poesía, y esto, en aquel su tiempo, le llena de una profunda resignación. La poesía se convierte pare él en la "sublime consoladora de los apremios íntimos de un alma indecisa, temblorosa, afligida, y consecuentemente en familiar de la religión" (. . . erhabenen Trösterin in innerlichen Drangsalen eines unschlüssigen, zagenden, bekümmerten Gemüthes, folglich als der Religion verwandt . . . HKA vol. 8, parte 1, p. 46).

Eichendorff tradujo primero algunos romances españoles, muchos más de los que fueron impresos en 1841 – los borradores se encontraban también entre los legajos de las obras póstumas. Siguen después cinco entremeses de Cervantes (1839–1840), sin que a pesar de la buena redacción de ellos, sepamos por qué no merecieron ser publicados en vida del autor (véanse los textos en HKA vol. 16, pp. 1–125). También en 1839 tradujo Eichendorff *El Conde Lucanor*, de don Juan Manuel. El fruto más maduro de los estudios hispanísticos de Eichendorff es la traducción alemana de 12 autos sacramentales. Fueron publicados en dos volúmenes en 1846 y 1853. Se trata de *La cena del rey Baltasar, El gran teatro del mundo, La serpiente de metal, Psiquis y Cupido, La nave del mercader, El pintor de su deshonra, El veneno y la triaca, El pleito matrimonial, El divino Orpheo, La humildad coronada de las plantas, Los encantos de la culpa, y El santo Rey Don Fernando.* A éstos hay que añadir ahora otros tres títulos: una traducción incompleta en prosa de *El sacro Parnaso, El segundo blasón del Austria* y *El gran mercado del mundo.* Un boceto fragmentario del llamado hallazgo de Sedlnitz se ha perdido.

Por qué estos tres autos quedaron sin acabar, no está aclarado. Quizá pareció a Eichendorff *El gran mercado del mundo* demasiado cercano del más famoso *Gran teatro del mundo.* En cambio *El segundo blasón del Austria,* que trata de un episodio del emperador Maximiliano I, hubiera ido muy a tono con la gran estima que Eichendorff sintió por la caballería medieval, como se deduce de sus alabanzas al *Conde Lucanor* por su sentido profundamente humano, junto al honor, el espíritu caballeresco y la devoción religiosa. La disputa difícil por conceptuosa de *El sacro Parnaso* quedó incompleta, quizá, por que Eichendorff advirtió que esta transposición de lo pagano a lo cristiano estaba ya lograda en *Los encantos de la culpa* y en *El divino Orpheo.* Estos trabajos preparatorios son importantes sin embargo porque nos dan una idea del método de proceder y de la conciencia del traductor en comparación con sus otras versiones completas. Más importante que el valor literario que ofrecen es el documental. Como pudo probar Klaus Dahme, (HKA vol. 16, pp. 322s.) sirve de base para la traducción por lo menos de estas tres piezas la edición de los *Autos sacramentales alegoricos e historiales* de Juan Fernández de Apontes (Madrid 1759–1760). Eichendorff poseyó junto a la edición de 1677 la colección de autos publicada por Pedro de Pando y Mier (1717).

Eichendorff había adquirido, a través del propio estudio, un conocimiento bastante sólido del idioma español. El editor citado de la traducción póstuma de los tres autos pudo demostrar, por medio de los variantes presentados facultativamente y a través también de equivocaciones o acepciones especiales, que Eichendorff había manejado exclusivamente el *Diccionario de las lenguas española y alemana* de Tereso Seckendorff (Nuremberg, 1831), lo que resulta forzosamente insuficiente para el escogido y poético lenguaje metafórico de Calderón. También utilizó el libro elemental del idioma español de Johann Georg Keil, *(Elementarbuch der spanischen Sprache für deutsche Gymnasien und hohe Schulen auch zum Selbstunterricht für Studierende*, Gotha 1814). Keil preparó, por lo demás, una edición de comedias de Calderón, Leipzig 1827–1830. No poseemos desgraciadamente una información exacta sobre los fondos de la biblioteca de Eichendorff, muy alabada por su riqueza especialmente en libros españoles. Tampoco hay dato alguno seguro en que podamos apoyarnos para saber hasta qué punto eran suficientes los conocimientos literarios immediatos de Eichendorff a parte de don Juan Manuel, Cervantes, Lope de Vega y Calderón. Como se deduce de numerosas citas y juicios adoptados en *Zur Geschichte des Dramas* (1854), los conocimientos de Eichendorff en materia de la literatura española se basan en August Wilhelm Schlegel (*Vorlesungen über dramatische Kunst und Literatur*), Friedrich Schlegel (*Geschichte der alten und neuen Literatur*) y sobre todo en Adolf Friedrich von Schack (*Geschichte der dramatischen Literatur und Kunst in Spanien*, Berlin 1845–1846), Ludwig Clarus (Wilhelm Volk) (*Darstellung der spanischen Literatur im Mittelalter*, Mainz 1846) y George Ticknor (Geschichte *der schönen Literatur in Spanien. Mit Zusätzen von Nikolaus Heinrich Julius*, Leipzig 1852).[7]

Eichendorff era consciente de las muchas y grandes dificultades (HKA vol. 12, p. 231, ver también p. 183) de traducir a Calderón, tanto por la forma lingüística como por el contenido. Sus manifestaciones sobre los problemas de la traducción son generalmente escasas, pero en las palabras con las que contesta a Franz Lorinser con motivo del envío que éste le hace de su primer tomo de los *Festspiele* de Calderón (HKA vol. 13, pp. 202 s.) se perfilan a la vez sus objetivos personales como traductor: "ein tiefes Gefühl nicht nur des kirchlichen, sondern auch des poetischen Elementes, eine Treue, die, anstatt ängstlicher Nachbildnerei, überall den eigentlichen Sinn kühn erfaßt, eine große Sprachgewandtheit endlich" (HKA vol. 12, pp. 182s.). Eichendorff echa de menos dolorosamente un amplio comentario a la obra de Calderón, y tanto más cuanto que a él mismo le agobiaba la escasez de sus conocimientos teológicos personales (HKA vol. 12, p. 220, véase también p. 232).

En su esfuerzo por seguir el texto fielmente, se circunscribe Eichendorff con frecuencia estrechamente al ya mencionado diccionario de Seckendorff; sin duda los tres bocetos de traducción en prosa datan de los primeros tiempos todavía técnicamente inseguros de las tentativas de Eichendorff virtiendo a Calderón al alemán. Aquí se aprecia todavia muy poco del acierto estilístico posterior. Las interpolaciones y conjeturas del poeta que persigue el significado del texto son excepciones. La compara-

---

[7] véase HKA vol. 8, parte 2, pp. 276–300 y notas a las pp. 529–553; además Hans Egon Hass, "Eichendorff als Literarhistoriker", en: *Jahrbuch für Ästhetik und allgemeine Kunstwissenschaft* 2, 1952–1954, pp. 103–177.

ción entre el texto original y el boceto de traducción muestra continuamente el penoso camino con que Eichendorff busca acercarse al texto. Sorprende sin embargo el comprobar como repetidamente no acierta Eichendorff en el vocabulario de los conceptos teológicos y escolásticos. Es por otra parte disculpable cuando no comprende las alusiones la metafórica barroca y su relación con la emblemática, o los juegos de palabras. La Aurora por ejemplo, como metáfora de la Eucaristía, es interpretada por Eichendroff más a su gusto como el fenómeno natural. Eichendorff desmiembra y simplifica el típico movimiento calderoniano de largos períodos. Sólo en las traducciones impresas intenta reproducir en versos las artísticas ensambladuras del español. El esfuerzo de Eichendorff se dirige aquí preferentemente a mirar por las particularidades lingüísticas del texto original, al contrario de lo que hizo en la adaptación más libre de los romances y entremeses. Sucede que el texto se hace a veces incomprensible, precisamente por esta conservación ocasional – o incomprensión – de la sintaxis complicada o del orden de las palabras. Los tres autos publicados en sus obras póstumas permiten ver cómo al principio se acercaba Eichendorff dificultosamente al curso ideológico de las piezas como palpándolo, en una traducción estrictamente literal. Cuando intenta una visión general del contenido, lo hace todavía frecuentemente de una manera torpe. Por eso es más admirable el logro general de sus posteriores traducciones versificadas. Desgraciadamente no se conservan documentos que permitan una comparación inmediata entre los bocetos y sus definitivas redacciones. En todo caso, la diferencia entre las tres redacciones póstumas y las doce restantes piezas nos revela el paciente y minucioso trabajo del poeta, de un poeta que sin embargo no poseía instrucción escolar filológica. Pero tendría poco sentido ponerse a descubrir las deficiencias de los bocetos, ya que éstos no estaban destinados a la publicación y constituyen más bien una base y un documento para la comprensión de la obra de Eichendorff como traductor.

La dedicación durante años de Eichendorff a Calderón se precipita finalmente, aproximadamente desde 1845, a estudios críticos e históricos. Su fiel amigo Karl Ernst Jarcke (1801–1852), publicista y hombre de confianza de Metternich, le había incluso propuesto (HKA vol. 13, p. 168), carta de 18 de septiembre, 1847) el dar una vez, quizás en una serie de artículos, un estudio de Calderón, que aparecería probablemente en *Historisch-politische Blätter*, de los que era cofundador. Este plan, por lo visto, no llegó a realizarse.[8]

La inclinación de Eichendorff por Calderón está íntimamente relacionada con sus convicciones histórico – y teóricoliterarias, en las que Friedrich Schlegel ejerció un influjo definitivo. Despreocupado completamente de las tendencias dominantes en la época y en el gusto, se pasa al campo polémico con agudos juicios y deslumbrantes frases contra la poesía anticristiana. Sus traducciones de los autos sacramentales son así también expresión de una callada protesta de arte contra la decadencia espiritual del tiempo. Ellas constituyen el intento de estimular aquel difícil y lento proceso de restauración del espíritu católico del que la hablaba el converso Jarcke en carta de 10 de diciembre, 1847 (HKA vol. 13, p. 170); y de estimularlo a través de presentar a Calderón como modelo para la renovación literaria que mirase al futuro desde el pasado.

Para Eichendorff era claro, ya desde 1835, que la poesía cristiana no había producido nada importante desde Calderón (HKA vol. 8, parte 1, p. 1). Para su equiparación entre cristianismo y romanticismo le brindó certeros ejemplos la historia del drama español y principalmente Calderón, mediante la poesía de la teología ("Poesie der Theologie", HKA vol. 12, p. 220) presentada en los autos sacramentales. Calderón personifica junto a Dante una de las dos posibilidades de representar aproximativamente la gran tarea del cristianismo, la mediación entre lo eterno y lo terrenal ("... die große Aufgabe des Christenthums, die Vermittlung des Ewigen und Irdischen ... annähernd darzustellen") en las regiones de la poesía y precisamente "durch eine organische Symbolik, wo ... die im Einzelnen schlummernden Keime, die verhüllte Bedeutung des Irdischen in Leben, Sage, Legende, ja selbst in einzelnen Momenten der heidnischen Mythologie, geweckt und nach dem höhern Licht emporgerankt werden" (HKA vol. 8, parte 2, p. 276). Lo que Eichendorff dice sobre Calderón y en particular sobre sus "Opferdarstellungen" (HKA vol. 8, parte 2, p. 291), significa para él el más alto cumplimiento de su propia concepción poética. Los autos de Calderón aparecen para él como una transfiguración poética de los misterios medievales y, sobre todo, como "eine Poesie des Unsichtbaren", que valiéndose de ejemplos simbólicos y alegóricos, conduce a la visión de lo irrepresentable por sí, de lo que tan sólo en parte se vislumbra, oculto tras lo terrenal (HKA vol. 8, parte 2, p. 296).[9] Como principio de su propia estética encuentra él confirmándose en los autos "unter dem irdischen Schleier ein unergründlich Lied in allen Dingen, die da sehnsüchtig träumen. Calderon aber hat das Zauberwort getroffen, und die Welt hebt an zu singen" (ibid.).[10] La dedicación a Calderón proporciona a Eichendorff la base posible para una renovación religiosa de la poesía y aun del teatro, renovación que le había ya preocupado desde 1824 en la sátira dramática "Krieg der Philister", sin que esto significara en modo alguno propagar un drama

---

[8] Jarcke puso en juego todas sus fuerzas en la búsqueda de una editorial para la traducción de los autos de Eichendorff, proporcionándole al fin en Munich, a través de Oldenburg, la Editora Cotta (HKA vol. 13, p. 163, carta de 15 de diciembre 1844).

[9] véase ibid., p. 296: "Indem das Göttliche menschlich, das Irdische aber, die ganze Natur, gottestrunken in Stern und Baum und Blumen mitredend, zum Symbol des Übersinnlichen wird, spielt das Ganze in einer Höhe, wo das Diesseits und Jenseits wunderbar ineinanderklingen und Zeit und Raum und alle Gegensätze in dem Geheimniß der ewigen Liebe verschwinden". Aquí se desprende claramente la relación con Friedrich Schlegel, Geschichte der alten und neuen Literatur, Wien 1815, S. 285. – „Unter der Allegorie ... ist hier der ganze Inbegriff der gesamten christlichen Bildlichkeit und Sinnbildlichkeit zu verstehen, als Ausdruck, Hülle und Spiegel der unsichtbaren Welt, nach christlicher Erkenntnis derselben. Dieses ist der Geist oder die Seele der christlichen Poesie, der Körper und äußre Stoff ist dann die romantische Sage oder auch das nationale Leben. Diesen Geist der christlichen Symbolik hat nun Calderon auf seinem Wege von dem Einzelnen in der Mannigfaltigkeit des Lebens ausgehend, und von da aus in die Höhe steigend, eben so voll und tief ergriffen als Dante, indem er gleich das Ganze derselben hinstellte und in Eine Gestalt zusammenfassen wollte. – Die allegorisch-christliche Dichtung überhaupt aber ist keine bloße Natur- oder fragmentarisch zerstreute und größtenteils unbewußte Volkspoesie, noch auch eine bloß mit der äußern Bildhülle spielende, sondern eine zugleich den tiefen Sinn erkennende, mithin wohl bewußte und wissende Poesie des Unsichtbaren".

[10] Compárese con la famosa poesía Wünschelrute (HKA vol. 1, parte 1, pp. 534 s.; vol. 8, parte 1, p. 193): "Schläft ein Lied in allen Dingen, / Die da träumen fort und fort, / Und die Welt hebt an zu singen, / Triffst du nur das Zauberwort."

tendencioso y carente de arte[11] que cayera en la vieja moda de hispanizar o en la estética insufrible de hacer catolicismo.[12]

Pero los estudios de Eichendorff sobre Calderón no son solamente importantes por el religiosamente entusiasmado redescubrimiento de la poesía como "geheimnisvolles Organ zur Wahrnehmung wie zur Mittheilung der göttlichen Dinge" (HKA vol. 8, parte 1, p. 122), sino también por su esfuerzo por comprender la literatura desde su armonía con el espíritu nacional. En esta perspectiva fueron precisamente otra vez los españoles y principalmente Calderón quienes le ofrecieron los más convincentes ejemplos. "Alle Poesie ist nur der Ausdruck, gleichsam der seelische Leib der inneren Geschichte der Nation; die innere Geschichte der Nation aber ist ihre Religion; es kann daher die Literatur eines Volkes nur gewürdigt und verstanden werden im Zusammenhang mit dem jedesmaligen religiösen Standpunkt derselben" (HKA vol. 8, parte 1, p. 5). De este modo efectuó Eichendorff indirectamente, a través de sus traducciones de Calderón, una aportación a la historia de la literatura de su tiempo, señalando "konkretisierte Formeln für Kunstindividuen, mit denen er oft die theoretische und historische Beweisführung überhöhend abschließt" (Hass, art. cit., p. 151). Después de un error doctrinal tan fecundo en el pleno romanticismo alemán, llega Eichendorff, en su reacción conservadora, a descubrir otra vez a Calderón, sin poder tal vez evitar en su retorno nostálgico otra equivocación más sobre el "fremden Calderón".

(Traducción: Francisco González Povedano)

---

[11] Es muy significativo para la postura de Eichendorff el final programático de su ensayo *Zur Geschichte des Dramas*, HKA vol. 8, parte 2, p. 422, que deja ver también su comprensión genuina de Calderón: "Wir wollen auf der Bühne kein Dogma, keine Moraltheologie, nicht einmal in moralischer Verhüllung, wenn die Allegorie nicht etwa, wie bei Calderon, durch die Zauberei der Poesie wirklich lebendig und individuell wird. Wir hätten sonst eben wieder nur Tendenzstücke. Wir verlangen nichts als eine christliche Atmosphäre, die wir unbewußt athmen, und die in ihrer Reinheit die verborgene höhere Bedeutsamkeit der irdischen Dinge von selbst hindurchscheinen läßt."

[12] véase también la crítica de Eichendorff dirigida contra la extraña mezcla de misticismo, símbolos católicos y pietismo protestante, "jener conventionelle Jargon altdeutscher Redensarten, spanischer Constructionen und welschen Bilder", en *Zur Geschichte der neuern romantischen Poesie in Deutschland*, HKA vol. 8, parte 1, p. 43.

* *Nota final*. No ha sido posible utilizar para el presente estudio el libro de Ansgar Hillach, Klaus-Dieter Krabiel, Eichendorff-Kommentar, Band 2 Zu den theoretischen und autobiographischen Schriften und Übersetzungen, publicado en Munich 1972.

Lo que es barroco en Calderón

Por Helmut Hatzfeld

Un estudio reciente de Alan M. Boase, "The Baroque Syndrome", nos ofrece nuevos conocimientos, especialmente al establecer una rigurosa delimitación del Barroco frente al Manierismo.[1] Por consiguiente: El Barroco calderoniano no es ni alusión recóndita ni simple trampa construida con brillantes conceptos, para mantener al lector friamente distanciado del contenido ideológico, únicamente llamando la atención al *esprit* de Agudezas. Su Barroco es comprensible, no enigmático en sus circunlocuciones sólo en parte conceptistas; Calderón tematiza preguntas emotivamente sinceras y se dirige no a una *élite* culta, sino a la generalidad del público, al que intencionadamente con sus problemas intriga. En estos puntos estriba la fundamental diferencia, casi nunca puesta bastante de relieve, entre el Góngora pagano y manierista y el Calderón teólogo y barroco, por más que el lenguaje poético de éste se quiera inspirar en giros y versos de aquél.[2] El falso parangón estrecho de Conceptismo y Estilo Barroco condujo a igual callejón sin salida en que desembocó la errónea aplicación de los conceptos fundamentales de Wölfflin sobre el Barroco a las leyes de estructura de la *Comedia*, construcción destruida por el profesor A. A. Parker[3]. Los únicos trabajos que han enumerado ciertos elementos de estilo y motivos de Calderón que podrían resistir al criterio del Barroco, son los estudios de uno de mis primeros alumnos, Wilhelm Michels[4] y del profesor americano Everett W. Hesse.[5] Mas frente al cuadro de las categorías establecidas por Michels y Hesse queda, sin embargo, la duda si ellas se refieren al lenguaje poético individual de Calderón, cuyo análisis ha cristalizado con mayor claridad en los estudios de Max Kommerell[6] y Hugo Friedrich[7], o si tienen a la vista la participación de Calderón en la lengua barroca española. Quizás las siguientes reflexiones puedan contribuir en algo al esclarecimiento de estas preguntas.

---

[1] Alan M. Boase, "The Baroque Syndrome", en: *Essays in French Literature* VI, 1969, pp. 1–17.

[2] Eunice Joiner Gates, "Góngora and Calderón", en: *Hispanic Review* V, 1937, pp. 241–58.

[3] A. A. Parker, "Reflections on a new definition of 'Baroque' Drama", en: *Bulletin of Hispanic Studies* XXX, 1953, pp. 142–151.

[4] Wilhelm Michels, "Barockstil bei Shakespeare und Calderón", en: *Revue Hispanique* 75, 1929, pp. 370–458.

[5] Everett W. Hesse, *Calderón de la Barca.* New York 1967.

[6] Max Kommerell, *Beiträge zu einem deutschen Calderón.* I. Band: *Etwas über die Kunst Calderóns.* Frankfurt 1946.

[7] Hugo Friedrich, *Der fremde Calderón.* Freiburg 1966.

Prisma

Puesto que frente al barroquismo de Calderón cada uno piensa ante todo en su metafórica, cabe preguntarse en primera línea por los rasgos que dan a reconocer el carácter barroco de sus metáforas y no su supuesto conceptismo. Ya August Wilhelm Schlegel ha observado que la razón de ser de las metáforas de Calderón es siempre el establecer una relación de las creaturas con su Creador.[8] Para este fin hace falta disponer de una serie de metáforas mediante las cuales se ponga de relieve[9] la intercambiabilidad de todas las cosas sensiblemente aprehensibles y se facilite mostrarlas en perspectivas de modo "que dejen aparecer el mundo, roto como a través de un prisma"[10] en una multiplicidad de colores, en tanto que su no quebrada blanca luz unitaria existe sólo para Dios y no para los hombres. Calderón se sirve del prisma barroco para mantener temples de ánimo, mediante los cuales se expresan poéticamente cosas esenciales. En este caso no se trata de cifras gongorinas, porque el sentido de las metáforas, como he dicho, llega a ser resuelto, ni se va a caza de metáforas sinónimas a la manera marinista; Calderón elige las metáforas limitándose a campos definitivos, por ejemplo, como ha demostrado el profesor E. M. Wilson, para los cuatro elementos.[11]

Nosotros leemos impasibles las metáforas sinónimas de Marino para el pájaro: un átomo sonante, una voz plumada, un aliento vestido de plumas, una pluma canora, un canto alado.[12] Nos sonreímos del truco de un manierista francés tal como Herbert de Cérisy, al dejar el paisaje espejearse sobre las aguas de un estanque y al constatar después: en este momento cree la vista ver los peces sobre un árbol y los pájaros junto al anzuelo y encantado el espíritu por un ídolo engañador, duda si el pájaro nada o el pez vuela.[13] Pero nosotros somos sacudidos interiormente por las facetas barrocas de la velocidad de un caballo, en el texto conocidísimo de Calderón:

> Hipogrifo violento
>
> . . . .
>
> rayo sin llama,
> pájaro sin matiz, pez sin escama
>
> *(La vida es sueño* I, 1, p. 215 a)[14]

Nosotros asentimos al cambio de aspectos de mar y jardines, tal como se presentan a la princesa Fénix al soplo del suave viento bajo el sol de mediodía:

---

[8] Citado en José Inocencio Tejedor Sanz, *Calderón de la Barca.* Madrid 1967, p. 220. Véase A. W. v. Schlegel's *Sämmtliche Werke. Sechster Band. Dramatische Vorlesungen II.* Leipzig 1846, p. 397.

[9] Heinz Gerstinger, *Calderón.* Velber 1967.

[10] Herbert Cysarz, *Deutscher Barock in der Lyrik.* Leipzig 1936.

[11] E. M. Wilson, "The Four Elements in the Imagery of Calderón", en: *Modern Language Review* XXXI, 1936, pp. 34–47.

[12] Giambattista Marini, *Adone* VII, 37, en: Francesco Flora, *Storia della Letteratura italiana,* vol. II. Milano 1946, p. 667.

[13] Jean Rousset, *Anthologie de la poésie baroque française,* v. II. Paris 1961, p. 245. Más ejemplos en Gérard Genette, *Figures. Essai.* Paris 1966, capítulo "L'Univers réversible", 9–20.

[14] Si no se dice otra cosa, todas las citas de Calderón son de *Obras completas* (Dramas) ed. Luis Astrana Marín. Madrid, 1945.

siendo ya con rizas plumas,
ya con mezclados colores,
el jardín un mar de flores,
y el mar un jardín de espumas
(*El Príncipe constante*, I, 2, p. 896 b)

El aspecto barroco de la alternancia, a menudo recalcado como tal por la partícula disyuntiva *o* y que se repite con insistencia en los textos de Calderón, se diferencia fundamentalmente del fenómeno manierista de la aglomeración de metáforas sinónimas. Por ejemplo:

el ave, flor de pluma o ramillete con alas
(*La vida es sueño* I, p. 217 a);

un águila, rayo de pluma o desasido cometa
(ib. II, 226 b);

pájaros, sois matizados ramilletes vivos, y en los
árboles sois parleras flores
(*Eco y Narciso*, *Obras*, ed. Valbuena Briones, Madrid: Aguilar, I, 1960, p. 1959)

Leo Spitzer ha caracterizado correctamente esta forma estilística como la expresión "de una alegría, fuente de gozo, ante los modos de manifestación de las cosas y de una conciencia triunfante de la unidad de todo lo creado, ... de una armonía católico-ecstática de la existencia".[15]

Paradoja

La concepción prismática corresponde a la paradoja de la existencia según la consideración cristiana. El Barroco pone a funcionar detalladamente las tensiones metafísicas y morales del cristianismo con desconcertantes acentos como la vida es un sueño, la muerte la vida, el vínculo la libertad, el placer esclavitud, el padecer dicha. Eso se lee a cada página en Calderón. El Príncipe constante es realmente feliz en el padecer, "dichosamente padece" (*Príncipe* I, 904 a) y "vive muriendo" (ib. II, 911 a). Segismundo se considera como "un esqueleto vivo siendo un animado muerto" (*Vida es sueño*, 217 b), el pobre del *Gran teatro del mundo* sabe que "penas por Dios pasadas, cuando son penas, son glorias" (ed. Frutos, Anaya, 1958, vv. 1457–58; p. 71). La paradoja alcanza su trifuno estilístico en la sinestesia. Así se dice de Dios, quien castiga a los hombres con el diluvio universal:

... La majestad suma
tal vez con nieve fulmina,
tal vez con fuego inunda   (*La Cena del Rey Baltasar*, vv. 328–30)[16]

---

[15] Leo Spitzer, "Kenning und Calderóns Begriffsspielerei", en: *Zeitschrift für Romanische Philologie* LVI, 1936, pp. 100–102.
[16] Citado en Horst Ochse, *Studien zur Metaphorik Calderons*. München, 1967, p. 48.

Lo paradójico domina también la estructura dramática de comedias enteras; así por ejemplo, *El médico de su honra,* donde como ha mostrado A. A. Parker, la honra recobra su vida mediante la muerte de Doña Mencía, la cual buscaba cómo matarla; donde la tragedia entera se enciende con la manera ambivalente de hablar "curarse en salud".[17] También el motivo dramático central, el amor, se muestra a Calderón y a su Comedia en su paradoja, como también el mismo Parker anota: el espíritu barroco y antirreformista tiende al amor espiritual perfecto, al mismo tiempo que se halla ligado a los sentidos deficientes y llega a ser por ellos ahogado.[18]

Contrapposti

Así la paradoja metafísica se convierte sobre el plano moral y psicológico en una tensión entre dos actitudes, que en el correr de la acción pueden influenciarse recíprocamente hasta el grado que, a través de peripecias, se torne una de ellas en su contrario: soberbia y humildad, brutalidad y humanidad, amor y odio, lealtad y engaño, libertad y coerción, ilusión y verdad.[19] Se trata, por tanto, de contrastes que son compatibles armónicamente o de un paralelismo asimétrico. Estas armonías de contraste hallan un lugar especial en los intermedios líricos del drama calderoniano, recogidos por Wilson y Sage, por ejemplo:

> ¿Cuál más infeliz estado
> de amor y desdén ha sido?
> ¿Amar siendo aborrecido
> O aborrecer siendo amado? *(Amado y aborrecido)*[20]

o:

> En repúblicas de amor
> es la política tal
> que el traidor es leal
> y el leal es traidor *(Darlo todo y no dar nada)*[21]

El arte barroco conoce algo muy parecido, el llamado *Contrapposto,* el cual se dirige a conciliar asimetrías en equilibrio definitivo. En una estatua, por ejemplo, la cabeza da vuelta en dirección distinta a la de la cadera; la pierna de apoyo que soporta el peso del cuerpo se halla extendida, la otra se halla doblada y descansa sueltamente sobre una base.[22]

En tal estructura ejemplar de *Contrapposto* se sitúan Pedro Crespo y Don Lope

---

[17] A. A. Parker, "Metáfora y símbolo en la interpretación de Calderón", en: *Actas del primer congreso de hispanistas,* Oxford, 1964, pp. 141–160; p. 147.

[18] Ibid., p. 157.

[19] Everett W. Hesse, op. cit., p. 140.

[20] Edward M. Wilson-Jack Sage, *Poesías líricas en las obras dramáticas de Calderón. Citas y Glosas.* London 1964, p. 28.

[21] Ibid., p. 66.

[22] John Shearman, *Mannerism,* London 1965, p. 83.

en el *Alcalde de Zalamea*. Ya antes que Calderón, Lope de Vega había logrado destacar en su drama *El villano en su rincón* la armonía de contraste entre nobleza y villanía, que vinculadas por igual concepto de su honra, son unidas a pesar de sus diferencias sociales. En este drama lopesco, los "músicos" formulan explícitamente el *Contrapposto* mediante el símbolo del contrapunto musical:

> Aunque alto y bajo estén, mira
> Que aunque son tan desiguales
> como la noche y el día,
> aquella unión y armonía
> los hace en su acento iguales (11,2).[23]

En el caso de Calderón, el oficial noble y el alcalde de villa se hallan enfrentados rotundamente en cada relación, pero en el fondo se respetan mutuamente e iguales exigencias de su honra los juntan. Menón, el general en *La hija del aire*, al descubrir que Semíramis en su cueva no es ningún monstruo sino una bella mujer, contrasta las cualidades que esperaba ver en ella con las cualidades que realmente posee. Con el fin de recalcar los *Contrapposti* elige, en lo tocante a las formas verbales, *esdrújulos* para designar los aspectos esperados y *lisos* para los aspectos hallados:

> Truecas las señas
> de lo rústico en lo lindo,
> de lo bárbaro en lo hermoso . . .
> (La Hija del aire, I era parte, I, p. 627 b).[24]

En *El Príncipe constante*, Fernando y Fénix, enemigos que se aman, unidos por el destino en vida y muerte, son presentados en paralelos y en oposición como bizarría perfecta y hermosura perfecta.[25] Como sucede a menudo en Calderón, el exacto paralelo estilístico en función de *Contrapposto*, es el quiasmo, forma en que por ejemplo tanto Fénix como Fernando hablan. Fénix se lamenta:

> Sólo sé que *sé sentir*
> Lo que *sé sentir* n o   s é
> *(El príncipe constante, I, 896 a).*

Don Fernando, repasando su vida, llega a la conclusión:

> . . . f u é   c u n a   *boca arriba*
> lo que *boca abajo*   e s   t u m b a
> *(El príncipe constante, III, 920 b),*

En *La estatua de Prometeo*, el supuesto contraste entre las diosas Minerva y Palas Atenea se resuelve como en una unidad con diferentes funciones. Palas deja traslucir esto en paralelos de contraste que asimismo terminan en un quiasmo elegante:

---

23 Everett W. Hesse, *Análisis e interpretación de la Comedia*. Madrid 1968, pp. 39–40.
24 Véase Angel Valbuena Prat, *Calderón, su personalidad, su arte dramático, su estilo y sus obras*. Madrid 1941, p. 34.
25 Leo Spitzer, "The Figure of Fénix in Calderón's *El príncipe constante*," en: Bruce W. Wardropper, *Critical Essays on the Theatre of Calderón*. New York Univ. Press, 1965, p. 138.

Nacimos las dos conformes,
Crecimos las dos opuestas

. . . .

y o *dictando* lides,
dictando e l l a ciencias
(*La estatua de Prometeo*, ed. Aubrun, Paris, 1961, vv. 649–
50 y 654–55, p. 16)

Como otros dramaturgos del Barroco español, así también Calderón se vale de
la relación entre hermano-hermana, como motivo de incesto, puesto que aquí puede
llegar a ser representado el amor carnal pecaminoso de las relaciones entre familia-
res a contrapunto en atracción y repulsión. Este es el caso de Amon y Tamar en
Los cabellos de Absalón, de Eusebio y Julia en *La devoción de la Cruz*, y de *Eco y
Narciso*.[26] En *El mágico prodigioso*, la búsqueda de Cipriano hacia Dios corre
parejas y en dirección contraria a la persecución de placer para los sentidos. Los
quiasmos de esta comedia son especialmente originales e incluso afectan formación
de palabras y estructuras fónicas. Cuando el demonio tentador simula a la vista de
Justina una vid que, trepando, lascivamente se enrosca en un árbol, exclama ella
entonces:

Si así a b r a z a n unas *ramas*,
Como en*raman* unos b r a z o s ;
Si así *lloran* unas *hojas*
Cómo *lloran* unos *ojos* (*El mágico prodigioso*, III, 1074 b)

Engaño-Desengaño

Prisma, paradoja y *Contrapposto* se juntan en los polos *Engaño* y *Desengaño*,
inquietantes fanales más típicos del Barroco, presentes en sus palabras llaves, motivos y acciones. En Calderón hay hasta series enteras de engaño. La mas típica
comedia del Barroco, *La vida es sueño*, representa a la vista, según opinión de
Everett W. Hesse, todo un ovillo de consciente engaño y profundo desengaño:
Basilio engaña a Segismundo, Adolfo a Rosaura, Clotaldo a Violante, Rosaura a
Estrella.[27] La atmósfera del engaño tramposo y falso (enredo y encanto) se halla
ya sugerida en los títulos de muchos dramas y autos, como: *El astrólogo fingido*,
El escondido y la tapada, *No hay burlas con el amor*, *El encanto sin encanto*, *Los
encantos de la culpa*, *Sueños hay que verdad son*, *El laberinto del mundo*. Estos
están en la misma línea de título con *Engañarse engañando* de Guillén de Castro,
Lo fingido verdadero de Lope, *La verdad sospechosa* de Ruiz de Alarcón, *El burlador burlado* de Tirso, En el Barroco de Calderón llega a su ápice una tradicional
polarización de *mentiras* y *veras* que incluso toca problemas lingüísticos.[28]

---

[26] Véase Otto Rank, "The Incest of Amon and Tamar (The Spaniards Lope, Calderón, Cervantes)", en: *Tulane Drama Review* VII, 1962/63, pp. 38–43.
[27] Everett W. Hesse, *Análisis*, p. 87.
[28] Véase Yakov Malkiel, "Ancient Spanish *veras* and *mentiras*. A Study in lexical polarization",
en: *Romance Philology* VI, 1952, pp. 121–172.

A Calderón como a Cervantes, impresiona un *engaño* particular, el *engaño a los ojos*. Por esta razón, en *La cisma de Ingalaterra* Calderón da una variante de los conocidos versos de Bartolomé Leonardo de Argensola[29]:

> El cielo azul que miramos
> ¿habrá alguno que no crea
> vulgarmente que es zafiro
> que hermosos rayos ostenta?
> Pues no es cielo ni es azul.[30]

El *vislumbramiento*, que primeramente no puede distinguir entre el ser y la apariencia y, sin embargo, al fin saca de la falsa apariencia el verdadero ser, conduce al engaño y desengaño del impresionismo barroco. Este llega a ser ignorado de buena gana en Calderón, limitándose los críticos, como por ejemplo Julio García Morejón[31], Luis Rosales[32] y Hansgerd Schulte[33], al desengaño filosófico, metafísico, político, religioso y simbólico en general; están convencidos, con Américo Castro, de que el idealista y, de ahí, mal interpretado *engaño a los ojos* única y exclusivamente se halla en Cervantes, como opina también el erudito francés Maxime Chevalier, quien a este respecto habla de "parti pris d'imprécision"[34]. Pero Calderón, tan entendido en arte y pintura, quien ha escrito un tratado sobre la pintura y trata, en un drama, igual tema que Velázquez, *El sitio de Breda*[35], también domina claramente en su analogía la técnica impresionista de Velázquez. Rosaura descubre paso a paso la cárcel rocosa de Segismundo: "Me parece que veo – un edificio – entre elevadas peñas – una torre – oscura habitación – una prisión oscura" (*La vida es sueño* I, 216 a-b). Más explícita aún, incluyendo las nociones de *engaño* y *desengaño*, es la descripción impresionista que Muley hace del descubrimiento de naves enemigas que se acercan:

> No pudo la vista absorta
> determinarse a decir
> si eran naos o si eran rocas
> . . . .
> que en la perspectiva dudosa
> . . . en países azules
> hicieron luces y sombras
> mil *engaños* a la vista,
> pues ella . . . .
> sólo percibió los bultos
> y no distinguió las formas.
> . . . .

---

[29] Véase Otis H. Green, "Ni es cielo ni es azul", en: *Revista de Filología Española* XXXIV, 1950, pp. 137–150.

[30] Citado en A. Valbuena Briones, *Perspectiva crítica de los dramas de Calderón*, Madrid 1965, p. 108.

[31] Julio García Morejón, *El Barroco. Coordenadas estético-literarias.* São Paulo 1968, pp. 36–45.

[32] Luis Rosales, *El sentimiento del desengaño en la poesía barroca*, Madrid 1966.

[33] Hansgerd Schulte, *El Desengaño. Wort und Thema in der spanischen Literatur des Goldenen Zeitalters*, München 1969.

[34] Maxime Chevalier, *L'Arioste en Espagne, 1530–1650*, Bordeaux 1966, p. 482.

[35] Ernst Robert Curtius, "Calderón und die Malerei", en: *Gesammelte Aufsätze zur Romanischen Philologie*, Bern 1960, pp. 376–411.

Primero nos pareció
... que eran *nubes*.

. . . .

Luego de marinos *monstruos*
nos pareció errante copia;
... más *cerca*
... ya *desengañada*,
la vista, mejor se informa
de que era *armada* (*El príncipe constante* I, 898 a)

Calderón gusta de "apariencias que de dudas se pasen a evidencias" (*El gran teatro del mundo*, vv. 103–105, p. 25). Con este fin explota el motivo típicamente barroco, del disfraz, problema conocidísimo que no desarrollaré aquí. A las posibilidades dramáticas del *disfraz* pertenece, sobre todo, la mujer disfrazada de hombre, que busca a su seductor fugitivo para forzarlo al matrimonio.[36] Calderón maneja el motivo de la *doncella disfrazada*, por ejemplo en *La vida es sueño*, *El José de las mujeres* o *La hija del aire*, pero siempre con moderación, no el genial múltiple *engaño de disfraz* de Tirso de Molina en *Don Gil de las calzas verdes*. Mas asimismo los dramas mitológicos de Calderón son "disfrazada moral filosofía" (*Mágico prodigioso* I, 1053 a). Al problema del *vislumbramiento* pertenece también el arquitectónico y escultural espacio fingido a base de colores, y en particular, la bóveda en las iglesias barrocas. El paralelo literario es la realidad del "como si", la cual llega a ser fingida mediante el irreal de subjuntivo usado con suma frecuencia. A este plano pertenece, por ejemplo, el diálogo en *El mágico prodigioso* entre padre e hija, quienes como neófitos se imaginan por un momento ser aún paganos:

Lisandro: No fueras, bella Justina
quien eres, si no lloraras,
sintieras y lamentaras
esa tragedia, esa ruina
que la religión divina
de Cristo padece hoy.
Justina: Es cierto, pues al fin soy
hija tuya y no lo fuera
si llorando no estuviera
ansias que mirando estoy (*Mágico* I, 1056 b)

Claroscuro

Dentro del campo del engaño cae además el problema del claroscuro, en el sentido propio y simbólico de la palabra. Este corresponde también al gusto de la época barroca. Piénsese en la media luz con que comienza *La vida es sueño*: "La medrosa luz que aún tiene el día" (I, 216 a); piénsese en el comentario psicológico

---

[36] Véase C. Bravo Villasante, *La mujer vestida de hombre en el teatro español*, Madrid 1955 y M. Romera Navarro, "Las disfrazadas de varón en la Comedia", en: *Hispanic Review* XI, 1934, pp. 269–286.

de Rosaura: "está uno entre dos luces cuando duda" (I, 216 b). La violada Isabel reconoce a su hermano "a la dudosa luz que, si no alumbra, ilumina" (*Alcalde* III, 531 b). El Príncipe Enrique, quien a causa de la caída de la noche quiere aplazar el combate, exclama:

> Mira que ya la noche
> envuelta en sombras, el luciente coche
> del sol esconde (*Príncipe constante* III, 922 b)

Entre las dos luces de la tormenta que el demonio causa, pregunta Cipriano:

> ¿Qué es esto, cielos puros?
> Claros a un tiempo, y al mismo oscuros,
> dando al día desmayos? (*El mágico prodigioso* II, 1063 b)

Horst Ochse da algunos otros ejemplos, la dudosa luz (una luz que no era luz), a la entrada al Purgatorio de San Patricio; el "crepúsculo", en el cual "luces y sombras confusamente se mezclan", a saber, en los cabellos de Semíramis, el "crepúsculo de amor", de Serafina en *El pintor de su honra*, cuando "a media luz anda el pensamiento" y el claroscuro de la seducción de Ulises por parte de Circe, cuando "los sentidos torpes crepúsculos son del alma, pues obran entre dos luces"[37]. En la simbolización del claroscuro los intérpretes van naturalmente más allá de lo que Calderón mismo expressa. Según ellos, claroscuro significa la posibilidad de conversión moral, una luz llameante: la capacidad de salvación de la humanidad, la luz ofuscante: la verdad.[38]

Eco

El paralelo acústico al engaño a los ojos es, con un elemento aún más fuerte de engaño, el eco, el *engaño a los oídos*. El eco juega un gran papel en la disposición de los jardines barrocos como Aranjuez y ocupa un puesto de primer rango en la poética barroca de Rengifo.[39] Sobre el plano estructural, la acción secundaria de la comedia calderoniana es temáticamente un eco de la acción principal.[40] Calderón escribe consciente de los efectos del eco. Cuando Epimeteo y Prometeo simultáneamente pregonan: "pastores destas montañas", advierte el gracioso Merlín a Epimeteo:

> El eco te favorece
> pues repite tus palabras
> (*La estatua de Prometeo,* ed. Aubrun, vv. 1218–19, p. 28)

Prometeo mismo vocifera:

> ¡Oíd! ¡Que disonantes ecos
> Las cóncavas articulan! (ib. vv. 390–91, p. 10)

---

[37] Horst Ochse, op. cit., pp. 81–83.
[38] Everett W. Hesse, *Calderón,* p. 145.
[39] Juan Díaz Rengifo, *Arte poética española,* Barcelona 1759, p. 61.
[40] Véase Everett W. Hesse, *Análisis,* p. 19.

Basilio escucha como eco el griterío guerrero en pro y en contra Segismundo:

> ... se oye resonar en lo profundo
> de los montes el eco repetido
> unos ¡Astolfo! y otros ¡Segismundo! (*Vida es sueño* III,
> 240 a)

Se da con frecuencia eco condensado en las repeticiones formales de la *annominatio* y de la *figura etymologica*. Así Aureliano se defiende de su amor hacia la reina Cenobia:

> No, ni su fuego entero
> me hará *querer,* si yo *querer* no *quiero* (*La gran Cenobia* II,
> 173 b)

Parecidamente habla Lelio:

> es otro empeño que haya
> quien quiera a la que me quiere
> . . . .
> de que a otro quiera quien quiero (*Mágico* I, 1055 b)

El pobre en *El gran teatro del mundo* se lamenta de que:

> este mundo triste
> al que está *vestido viste*
> y al *desnudo* le *desnuda* (*Teatro*, ed. Frutos, vv. 605–607, p. 42)

La amplificación de las formas de eco de la *paronomasia* hacia el juego de palabras aparece en el pasaje famoso interpretado por Bruce Wardropper:

> un extranjero ...
> ... apenas llega cuando llega a penas (*Vida es sueño* I, 215 b)

Un continuado juego de eco paronomástico libran el coronel Don Lope y el alcalde Pedro Crespo:

D. Lope: Yo vengo *cansado* y esta
          pierna que el d i a b l o m e d i ó
          ha menester de *descansar*
Crespo: Ahí me d i ó e l d i a b l o una cama
D. Lope: ¿Y d i ó l a h e c h a e l d i a b l o?
          Pues a d e s h a c e r l a voy
          que estoy, v o t o a D i o s, *cansado*
Crespo: Pues *descansad* v o t o a D i o s.
D. Lope: *Testar* udo es el villano
Crespo: *Caprich* udo es el Don Lope (*Alcalde* I, 521 b)

En tales casos se desarrolla muy a menudo en Calderón, poeta de zarzuelas en la época de la ópera barroca, un verdadero dúo y también el coro repite algunas veces a manera de eco, palabras como respuesta a una pregunta.

Dinamismo

Al carácter dinámico del Barroco pertenece la nerviosa aglomeración y exhaustiva enumeración, conocidas particularmente de las recapitulaciones calderonianas, del resumen calderoniano o del *Summationsschema,* como Curtius denomina esta técnica. Este dinamismo se manifiesta también en apóstrofes, así cuando Pedro de Gandía promete al Perú cristianizado una nueva aurora en la figura de María y un nuevo sol en la persona de Cristo:

> Nuevos mundos,
> cielos, sol, luna y estrellas,
> aves, peces, fieras, troncos,
> montes, mares, riscos, selvas,
> buena prenda os dejo . . .
> con mejor sol en sus brazos
> mayor aurora . . . *(La Aurora en Copacabana* I, 398 b)

Dinamismo caracteriza a las *plurimembraciones* de los "vers rapportés", como por ejemplo en el simbolismo del árbol de la Reina de Saba:

> Y así, ciprés, cedro y palma
> declara, explica y contiene
> en Padre, Espíritu e Hijo
> unidad, amor y muerte *(La Sibila del Oriente)*[41]

Psicológicamente más justificado es el trágico relato de Isabella:

> Ciega, confusa y corrida
> discurrí, bajé, corri
> sin luz, sin norte, sin guía
> monte, llano y espesura *(Alcalde de Zalamea* III, 533 b)

La acumulación barroca alcanza formas virtuosas en el auto *El gran teatro del mundo.* Aquí el pobre define su papel con 28 sinónimos de pobreza; aquí también habla el rey en el estilo de repeticiones asindéticas de formas verbales, que yo, en relación a Cervantes, he llamado estilo *veni-vidi-vici:*

> Mandé, juzgué, regí muchos estados;
> Hallé, heredé, adquirí grandes memorias,
> vi, tuve, concebí cuerdos cuidados
> poseí, gocé, aclamé, varias victorias,
> vestí, imprimí, ceñí, en ricos doseles,
> las púrpuras, los cetros y laureles *(Gran Teatro del mundo*
> pp. 1279–1286, p. 65)

Calderón conoce también la técnica dinámica del cierre fulminante, para emplear una expresión acuñada por Fritz Strich, es decir, una enumeración de miembros de comparación, a menudo anafórica, cargada de tensiones, de la cual se desprende

---

[41] Citado en A. Valbuana Briones, op. cit., pp. 293–94.

entonces de modo sorprendente una constatación en superlativo, que reduce hasta el mínimo la significación de los miembros enumerados. Así dice Justina a Cipriano para consolación:

No tiene
tantas estrellas el cielo,
tantas arenas el mar,
tantas centellas el fuego,
tantas átomos el día
ni tantas plumas el viento
como El perdona pecados (*Mágico* III, 1082 b)

De modo parecido se construye la presentación en suspenso de la comparación de las bellezas de la naturaleza, aducida por Cipriano ante la constatación asombrosa de que la hermosura de Justina sobrepasa a todas ellas (*Mágico* II, 1070 a). Lo mismo vale para la conocida meditación de Segismundo con las anáforas: Sueña el rey, sueña el rico, sueña el pobre, sueña el que a medrar empieza, sueña el que afana, sueña el que agravia, etc. y con el cierre fulminante:

y en el mundo en conclusión
todos sueñan lo que son (*Vida es sueño* II, 237 a-b)

El dinamismo barroco es fomentado en medio de pasajes estáticos mediante la intercalación de elementos de enumeración en heptasílabos o endecasílabos. Estos elementos de staccato son ya sustantivos, ya adjetivos, ya verbos. Primeramente algunos ejemplos para los sustantivos, todos tripartitos al menos:

Animal, planta ni piedra	(*Vida es sueño* II, 225 a);
Galas, joyas y vestidos	(ib. II, 236 b);
sin medio, postres ni antes	(*Alcalde de Zalamea* I, 514 b);
Campo, cielo, tierra y mar	(*Príncipe constante* I, 896 b);
árboles, flores y plantas	(*Mágico prodigioso* I, 1051 a);
favor, amparo o recurso	(ib. III, 1079 b);
de hombres, de aves y de brutos	(*Gran teatro*, v. 154, p. 27);
armas, valores y triunfos	(ib. v. 250, p. 30);
libros, escuelas y estudios	(ib. v. 252, p. 30);
gala, envidia y ambición	(ib. v. 750, p. 47);
polvo, cansancio y sudor	(ib. v. 1152, p. 60).

Los modos de aceleración en estas triadas son diferentes: supresión del artículo, simple asýndeton, efecto final de un oxýtonon, etc. Cosa parecida se deja constatar en los adjetivos:

mísero, pobre y cautivo	(*Vida es sueño* I, 623 a);
prudente, cuerdo y benigno	(ib. I, 223 b);
soberbio, osado, atrevido	(ib. I, 223 b);
cruel, soberbio, bárbaro	(ib. II, 231 b);
viejo, cansado y prolijo	(*Alcalde de Zalamea* III, 536 a);
enfermo, pobre y tullido	(*Príncipe constante* III, 916 a);
necio, infame y mal nacido	(*Mágico prodigioso* I, 1095 a).

Rellenos de versos mediante la aglomeración de verbos son más raros, no obstante en particular dinámicamente efectivos:

La ha hablado, tratado, visto	(*Vida es sueño* I, 223 a);
Escucha, aguarda, detente	(ib. I, 225 b);
Oye, escucha, mira, advierte	(ib. II, 235 b);
(Amor) postre, abrase, asombre y hiera	(*Alcalde* II, 522 b);
en temer, sentir y amar	(*Príncipe constante* II, 908 a).

Todas estas formas calderonianas de *staccato* muestran, como dice Valbuena Prat: "una capacidad retórica retorcida en el dinamismo del Barroco".[42]

Solemnidad

Ahora bien, ¿este dinamismo español no quita al Barroco su pesadez proverbial? No, pues la movilidad es mantenida en jaque mediante una grandiosa solemnidad,[43] en la forma, una herencia del Renacimiento italiano, semánticamente, sin embargo, totalmente distinta de éste. Todos los héroes barrocos son humildes ante Dios y sólo en esta actitud, llenos de conciencia propia, hablan de su dignidad humana y ponen de manifiesto su orgullo moral. En ningún autor esto es tan marcado como en Calderón. El comportamiento de los protagonistas Calderonianos engaña y es por otros caracterizado como pomposo. En *El Alcalde* dice el sargento acerca del alcalde de villa:

> ... tiene
> más pompa y más presunción
> que un infante de León (*Alcalde* I, 513 a)

Mas el alcalde sabe simplemente quién es:

> ... de linaje limpio
> más que el sol, pero villano (ib. II, 529 a)

Y sus exorbitantes amenazas en lo tocante al honor no son superlativos retóricos y las formas verbales del irreal (en *-ara*) les otorgan casi la dignidad de versos de romance; ellos son los presagios de una terrible realidad:

> Y aunque fuera el general
> en tocando mi opinión
> le matara (ib. I, 520 b)

o

> A quien se atreviera
> a un átomo de mi honor
> le ahorcara yo (ib. I, 521 a)

---

[42] A. Valbuena Prat, op. cit., p. 37.
[43] Véase Myron A. Peyton, "Some baroque aspects of Tirso de Molina", en: *Romanische Forschungen* XXXVI, 1945, pp. 43–69.

El Infante Don Fernando, viviendo como un santo, conoce el fausto de la fama militar:

> Yo ufano con tal victoria
> que me ilustra y desvanece (*Príncipe constante* I, 902 a).

Con qué ostentosa presunción los reyes de Marruecos y Portugal se amenazan:

> Tarudante: Volcán soy que llamas vierte
> Don Alfonso: Hidra soy que fuego arroja (ib. III, 918 a)

En el *Gran teatro* el rey se vanagloria:

> Viendo estoy mis imperios dilatados,
> mi majestad, mi gloria, mi grandeza (vv. 961–962, p. 54)

En Segismundo todo gira alrededor de la decisión en pro de legítima y en contra de falsa grandeza. En forma pomposa rechaza grandezas fingidas:

> que no quiero majestades
> fingidas, pompas no quiero
> fantásticas, ilusiones (*Vida es sueño* III, 238 b)

Mas también la verdadera grandeza terrena, comparada con la celestial, se presenta, en definitiva, como nada, así enseña Rosaura. Esto, a su vez, llega a ser dicho en lenguaje de un pomposo lento:

> ha de verse
> desvanecida entre sombras
> la grandeza y el poder,
> la majestad y la pompa,
> . . . .
> ¿quién por vanagloria humana
> pierde una divina gloria? (ib. III, 245 a-b)

Los héroes mitológicos como Faetón son presentados "en la gran majestad – de tanto esplendor heróico" *(El hijo del sol, Faetón)*.[44] Si se añade a estas tendencias de *legato* de la pompa y de la representación, que han sido comparadas con los caballos encabritados de los jinetes de la pintura de la época, el lenguaje poético a largos trechos pomposo y metafórico, se destaca así el marco estático solemne de la obra, dentro del cual y en contra del cual las fuerzas dinámicas anteriormente mencionadas operan con efecto. Al lado de la polaridad de las formas del *engaño* y *desengaño*, se coloca así la polaridad dinámica y estática.

Resumiendo se diría que se ha podido observar que Calderón, al emplear poéticamente formas que parecen manieristas, las actualiza únicamente con el fin de lograr representar su mundo poético en perspectivas y como a través de un prisma. Porque lo prismáticamente fragmentado se escapa, en su esencia, a la vista y sólo

---

[44] Citado en A. Valbuena Briones, op. cit., p. 369.

se presenta en la polícroma perspectiva de estrellas y flores, pájaros y peces, lo observado se torna en paradoja. El sentimiento paradójico recurre, entonces, a antinomias de polos opuestos y a paralelos análogos, que correspondieron a los *Contrapposti* en plástica y pintura y al contrapunto en música. Las antinomias capitales que el Barroco en general y Calderón en particular procuran lograr, son fraude y verdad, apariencia y ser, engaño y desengaño. El *engaño a los ojos* se refiere al desarrollo impresionista de engaño visual hacia el verdadero conocimiento; el quitar el velo simbólico conduce al desmascaramiento de los disfraces y al desarrollo de la vista entre dos luces. El paralelo acústico, el *engaño a los oídos,* es el eco que se extiende desde la conciencia de su efecto hasta las retóricas formas de estilo en función del eco. Finalmente, aparece en Calderón la polaridad entre lo alado y lo pesado que rige también todas las formas barrocas de la arquitectura y escultura. Calderón domina la técnica no sólo de las agrupaciones dinámicas en *staccato*, sino también de las descripciones solemnes de la representación, honor y dignidad, en estilo *legato* y lento. Todos estos aspectos del Barroco se presentan como constantes en la Comedia de Calderón, a pesar de su dosificación y distribución diferentes en el cambio de los períodos de creación poética, de los dramas más serios o ligeros, así como también de las tendencias más simbólicas o más realistas. En conclusión diríamos que todos espectos se condicionan mutuamente y constituyen un cosmos unitario: el barroco calderoniano.

Contornos de un cambio estilístico
Tránsito del manierismo literario al barroco, en los dramas de Calderón

Por Kurt Reichenberger

La historia literaria moderna clasifica casi unánimemente la obra de Calderón como teatro barroco. Pero al estudiar las obras tempranas de este autor, salta a la vista que dicha clasificación peca de superficial y arriesgada. Obras como *Luis Pérez el Gallego*, *El purgatorio de San Patricio* o *La devoción de la Cruz*, no acusan, ni por asomo, categorias de estilo barrocas. En ninguna de ellas vemos formas verbales exuberantes o pomposas, ni alegorías exorbitantes, ni siquiera la tan conocida pugna entre la humana inclinación y el deber. Se alegará, en este caso, que Calderón era a la sazón muy joven, y que sus obras tempranas carecen de la madurez literaria de su autor.[1] Por lo menos para una obra como *La devoción de la Cruz* tal explicación es sumamente problemática. Una crítica, que no dispone sino de afirmaciones vagas y improvisadas, calificando las obras juveniles calderonianas *a limine* de imperfectas, nos parece no solamente inadmisible, sino de ligereza comprometida. De todos modos, resulta necesario aspirar a una solución de otra índole.

Los datos existentes nos incitan más bien a partir, en nuestra investigación, del fenómeno de dos épocas literarias diversas: una de estilo literario manierista y otra de estilo literario barroco.[2]

Dado el estado actual de la investigación, esto no significa otra cosa que una hipótesis de trabajo, y nada más. Su exactitud y valor deberán ser demostradas, más tarde, en las estructuras elementales de los dramas tempranos de Calderón. En vista de la carencia de trabajos preliminares competentes, la labor se nos aparece un tanto temeraria, pero hallará justificación en los resultados que se obtengan.

---

[1] El menosprecio de las obras juveniles no es cosa particular. Tambien las obras de última vejez están expuestas a interpretaciones erróneas, especialmente desarrollándose de una manera inesperada por los contemporáneos; compárense obras como *The Tempest* de Shakespeare o *La Pietà* de Michelangelo. Siendo la argumentación "biológica", de otro lado, casi normal, la tesis de que el cambio es de orden estilístico, requiere comprobación especificada.

[2] Usamos el término manierismo en el sentido de estilo epocal, siguiendo los historiadores del arte. Las categorías empleadas, sin embargo, no han de ser artísticas, sino literarias, es decir obtenidas de un análisis de obras literarias. Para las características de barroco literario compárese la ponencia de H. Hatzfeld, y sus demás publicaciones sobre este asunto, en particular "The Baroque from the Viewpoint of the Literary Historian", en: *Journal of Aesthetics* 14, 1955, pp. 156–164 y "Italia, Spagna e Francia nello sviluppo della letteratura barocca", en: *Lettere Italiane* 9, 1957, pp. 1–29.

Nuestra tesis reza como sigue: en Calderón hay que coordinar los dramas tempranos y los posteriores, en otro tipo de estructura. Los primeros se captan con categorías de estilo manieristas, mientras los segundos se manifiestan como rasgos perfectos de pensamiento ordenado y barroco, con voluntad de estilo.[3]

Dada la carencia total de trabajos preliminares de orientación estructural, de que ya hemos hablado, nuestra argumentación se apoyará, ante todo, en el texto propio de las obras. El contraste, entre los dramas primerizos y los tardíos, lo estudiaremos en planos diferentes. La agudeza de los contrastes y el número de planos incluídos, tendrán la virtud de prestar a nuestra tesis su fuerza persuasiva.

Empezaremos con un análisis de la estructura de la oración, buscando para ello un modelo de estructura que pueda producir oraciones del mismo género que el de los dramas tempranos o del de los dramas posteriores.[4] Una señal característica y resaltante, en el tipo de oración de los dramas tempranos es su brevedad, si las comparamos con la enorme envergadura que muestran los períodos barrocos de la oración en los dramas tardíos. La oración de los dramas tempranos no contiene más componentes que los estrictamente necesarios, siendo muy raras las explicaciones accidentales o las oraciones subordinadas. Estas últimas, cuando aparecen, sólo hacen uso, en general, de elementos muy limitados. En la mayoría de los casos, las formas breves sintácticas de que hablamos, aparecen descoyuntadas, casi sin ilación, unas al lado de las otras. Todo el cuadro está redondeado por una red ceñida de correspondencias verbales, de antítesis ocasionales o de anáforas. En suma, lo que acabamos de indicar da la impresión de ser una acción que se realiza apresuradamente, sin descanso, con seguridad consciente y bien orientada, hacia la consecución de los objetivos que se persiguen. Esta impresión no se limita solamente al diálogo, sino que se extiende también a los relatos, en los que podría muy bien esperarse que entraran períodos más extensos. Por el contrario, el discurso o la relación se desmenuza, por decirlo así, en una serie de oraciones sobrias y breves.[5]

En contraste con todo esto, encontramos, en los dramas posteriores de Calderón un nuevo lenguaje, en el que se emplean, sin excepción, períodos ampulosos y extensos, y, a veces, de una amplitud desmesurada. Para darse una idea clara de esta

---

[3] El interés del investigador deberá concentrarse aquí, de un modo muy especial, en dichas fases distintas que acabamos de indicar: de una parte los límites hacia atrás, de otra parte el cambio hacia el barroco literario. Este último se situará, según nuestra opinión, en los primeros treinta años del siglo 17. La fase final del manierismo literario se caracteriza por dos tendencias divergentes de desarrollo. La una se mueve orientada hacia una consolidación lenta, eliminando las extravagancias y las paradojas exageradas. Síntoma de esto es la orientación teórica hacia Aristóteles. La otra dirección, representada por el culteranismo, aparece como postrera y grandiosa exageración de formas constantes manieristas.

[4] El modelo estructural de la gramática generativa se efectúa a base de unos elementos constitutivos de la oración, en número limitados, y que generan una cantidad ilimitada de oraciones gramaticalmente correctas. Dicho modelo del lenguaje cotidiano de una época sirve de base; se modifica por sistemas regulativos secundarios, conteniendo elementos normativos de índole poético-retórica o métrica, y, finalmente, las deviaciones estilístico-personales de cada autor. Detalles no se pueden discutir aquí; para una información detallada sobre dichos métodos véase M. Bierwisch, "Strukturalismus. Geschichte, Probleme und Methoden", en: *Kursbuch* 5, 1966, pp. 77–152 o G. C. Lepschy, *Die strukturale Sprachwissenschaft*, München 1969, pp. 128–138.

[5] Ejemplos muy típicos de este modelo estructural: el discurso expositivo de Lisardo, al principio de *La devoción de la Cruz*, o la respuesta, no menos extensa, de Eusebio.

diferencia de estilo basta actualizar el apóstrofe solemne, admonitivo o suplicante de El Mundo, en *El gran teatro del mundo*, o el discurso de Don Fernando en *El príncipe constante*.

Períodos de la oración de esta índole se componen de sistemas de relación hondamente articulados, tras de los cuales desaparece el verbo, o sea la oración principal, como núcleo de la oración. Nos encontramos aquí con una selección amplia de elementos dependientes de las oraciones de relativo, concesivas, consecutivas, condicionales o temporales, de las numerosas contrucciones gerundiales o de participio, que se actualizan en una plétora de combinaciones, que apenas pueden captarse. Junto a la estructura del contenido aparece una flexibilidad que permite reproducir los pensamientos y su interdependencia con una exactitud luminosa, con una gran riqueza de matices y una escala rítmica y vital del acento.[6]

La impresión general es la de una acción que se realiza con un ritmo mesurado y solemne, a veces hasta con majestad estudiada que no excluye la permanencia sosegada en las cosas banales y que se diferencia fuertemente del ritmo apresurado e incesante de los dramas tempranos, con su *staccato* de frases breves, perdidas y sin ilación coherente, con el séquito rápido de verbos finitos y el nerviosismo febril de los ritmos de la oración. La diferencia fundamental que se manifiesta en ambos modelos estructurales, hasta en los más mínimos detalles, es, en el primero, brevedad nerviosa y dinámica y, en el segundo, suntuosidad verbal mesurada y solemne. Por ejemplo, en los dramas tempranos, la alocución o el tratamiento se hace mediante los nombres patronímicos.[7] Fuera de su función indicadora, en la identificación de

---

[6] Véase la interpretación ingeniosa de R. D. F. Pring-Mill, "Estructuras lógico-retóricas y sus resonancias: Un discurso de *El príncipe constante*, pp. 109–153 de este volumen.

[7] La frecuencia de este estilema se manifiesta en los ejemplos diseminados a menudo en las primeras páginas de *La devoción de la Cruz* (citamos por la edición de L. Astrana Marín, *Obras completas*, Madrid 1941, y en cuanto a los autos sacramentales por la edición de Valbuena Prat (*Clásicos castellanos* 69, Madrid 1951):

> !Buena hacienda has hecho, Gil!
>
> ¡Buena hacienda has hecho, Menga!
>
> > Menga, yo siento
> > ver un animal hambriento,
> > donde hay animales hartos;
>
> Vuelve, Menga, a tu porfía;
>
> Sacad, Eusebio, la espada;
>
> Decid, Lisardo, la queja
> que de mí tenéis;
>
> Quisiera, Eusebio, callarlas;
>
> Tened, Lisardo, la espada;
>
> Eusebio, donde el acero
> ha de hablar, calle la lengua;
>
> Déjame, Arminda, llorar;
>
> Señora, advierte . . .;
>
> Ay, Arminda mía!
> (Ed. cit., pp. 913–917).

las figuras dramáticas, la forma de tratamiento constituye, con los pronombres personales y los elementos estructurales del verbo, un marco de relación personal. La densidad de este marco de relación personal se determina por el número de los verbos finitos. Además, estas formas de tratamiento personal tienen la virtud de proporcionar acentos marcadamente dinámicos.[8]

La estructura sintáctica de los dramas tempranos se halla caracterizada además por una relativa frecuencia de las construcciones interrogativas e imperativas. Preguntas breves, cortantes, empleadas a veces como interrogaciones disyuntivas, constituyen un instrumento favorito en la formación de los diálogos.[9] Asociados a la forma imperiosa y abrupta del uso de los nombres patronímicos en el diálogo, los numerosos imperativos prestan a éste un carácter dinámico en el que el momento dramático se precipita, incontenible y fatal.[10]

Por último, creemos tener que citar, a este respecto, las correspondencias verbales, que, a veces, se acumulan cuando se aproxima el punto culminante de la polémica, o cuando son expresión pragmática de un pensamiento dirigido hacia un fin determinado o de una emoción elevada y sublime. La excitación del ánimo se eleva aquí a un grado sumamente mayor, haciendo uso de exclamaciones entrecortadas o de autointerrupciones más o menos afectivas.

Todo lo que acabamos de indicar pasa a un segundo plano en los dramas posteriores. En lugar de las formas de tratamiento directas se prefieren aquí, en la mayoría de los casos, formas perifrásticas, que muchas veces se amplian con exponentes de un pomposo desarrollo verbal.[11] En lugar de los elementos volitivos constatamos

---

[8] Véase la ponencia de M. Engelbert, "Las formas de tratamiento en el teatro de Calderón", pp. 191–200 de este volumen.

[9] Para las oraciones disyuntivas compárense los ejemplos siguientes, tomados de *La devoción de la Cruz*
¿Qué os suspende? Qué os altera?
Julia, pues . . .
o no supo conservallas
o no llegó a conocellas;

que ni os quiero dar disculpa,
ni os quiero admitir la queja;

que mañana ha de ser monja,
por voluntad o por fuerza.
(ed. cit., pp. 914–916).

[10] Compárese, en las primeras escenas de *La devoción de la Cruz:* Merá por dó va la burra!; Ya merá por dó camina!; Sacad, Eusebio, la espada . . .; Decid, Lisardo, la queja, que de mi tenéis; Arrojadlas en la tierra, y los alzaré. Tomad. (Ed. cit., p. 913/914). Para la frecuencia extraordinaria y sorprendente de las oraciones imperativas en el comienzo absoluto del drama calderoniano véase la ponencia muy instructiva de K.-H. Körner, "El comienzo de los textos calderonianos", pp. de este volumen.

[11] Como ejemplo modelo podemos citar de nuevo el apóstrofe solemne y evocador de El Mundo, en el auto sacramental *El gran teatro del mundo*
Hermosa compostura
de esa varia inferior arquitectura,
que entre sombras y lejos
a esta celeste usurpas los reflejos,
cuando con flores bellas
el número compite a sus estrellas,
siendo con resplandores

aquí un fuerte aumento de los modos descriptivos o declarativos. Es decir, aparecen, a cada paso, extensas descripciones de la naturaleza, exposiciones detalladas y minuciosas de la situación psíquica actual de los personajes, o discursos monologados que van analizando, desde todos los puntos de vista, la nueva situación. A los "apartes" breves y concisos, en su mayoría afectivos, de los dramas tempranos corresponden exégesis detalladas en los dramas posteriores. El deslizamiento del punto de gravedad de los elementos simples de la acción a los componentes líricos, representativos o meditativos halla su expresión en una distribución característica, o mejor dicho, en un coeficiente de frecuencias de los componentes participantes de la oración. Es decir, a la posición resaltante del verbo finito de los dramas tempranos corresponde, en los dramas posteriores, una frecuencia de los elementos decorativos, como adjetivos atributivos, aposiciones, oraciones ampliadas de relativo, entre otras, que roban al discurso el dinamismo agresivo, prestando a la acción y al diálogo del drama un caracter de dignidad y de mesura. Hay que añadir a esto dos modelos estructurales, que aparecen, a menudo, cominados unos con otros: el paralelismo de la oración y la perífrasis. El contenido del discurso de la alocución se revela progresivamente, en una secuencia de correspondencias correlativas.[12] Las figuras retóricas de la oración se usan para acentuar la estructura sintáctica o simplemente también como ornato.

Ocasionalmente emplea Calderón los mismos elementos en los dramas tempranos y en los dramas posteriores, pero siempre ejerciendo funciones muy diferentes. La anáfora de los dramas tempranos es un componente pronunciadamente dramático, y tiene la virtud de producir muy especialmente una sublimación afectiva. Aparece, en la mayoría de los casos, como una fórmula patética, precisamente en el punto

---

humano cielo de caducas flores.
　　Campaña de elementos,
con montes, rayos, piélagos y vientos:
con vientos, donde graves,
te surcan los bajeles de las aves;
con piélagos y mares donde a veces
te vuelan las escuadras de los peces;
con rayos donde ciego
te ilumina la cólera del fuego;
con montes donde dueños absolutos
te pasean los hombres y los brutos:
siendo, en continua guerra,
monstruo de fuego y aire, de agua y tierra.
　　Tú, que siempre diverso,
la fábrica feliz del universo,
eres, primer prodigio sin segundo,
y por llamarte de una vez, tú el Mundo,
que naces como el Fénix y en su fama
de tus mismas cenizas.

(Ed. cit., pp. 69/70). La puntuación de la edición no es convincente: todo el conjunto no es que una sola oración troncada, es decir sin verbo).

[12] Cada uno de los miembros correlativos puede representar un complejo total circunscrito perifrásticamente. Calderón se complace en frases extremadamente enumerativas, tratando de los elementos cósmicos, las estaciones del año o de otras variedades análogas. Para un exemplo espectacular véase la ponencia citada de R. D. F. Pring-Mill (pp. 109–153).

culminante de la situación dramática. En los dramas posteriores, tiene, por el contrario, una función estructural predominantemente sintáctica. Calderón, dentro de los períodos tensos de la oración, acentúa los principios de construcciones coordinadas, haciendo uso de una anáfora. De esa manera se hace resaltar la estructura jerárquica de la totalidad. *Mutatis mutandis*, lo que acabamos de decir ahora respecto a la anáfora, podemos aplicarlo también a la hipérbole. Sus diversas formas de estructura gramatical (comparación de la expresión léxica, oraciones comparativas o consecutivas reforzadas, comparaciones hiperbólicas, fórmula "Taceat" y superación mitológica) ejercen en absoluto funciones alternas. En los dramas tempranos expresan afectividad extrema, produciendo, por vía del aumento afectivo, una tensión escénica. El acontecer dramático se presenta único, señero o sin igual, o por lo menos como insuperable. Si se tiene en cuenta el caracter sanguinario del contenido, esto nos parece casi evidente. En los dramas posteriores, por el contrario, la expresión hiperbólica halla su expresión en la pompa elevada, sea ésta en asociación con la alabanza del Sumo Hacedor, del Rey o del señor. Es decir que las hipérboles forman parte del inventario panegirista.

Para la metáfora de los dramas tempranos son de importancia decisiva los modelos estructurales siguientes: atributos metafóricos del tipo *amorosos papeles, razones lisonjeras, tan loco amor, voluntad tan necia, tirana suerte, crueles deseos, lascivos gustos, plomo violento;* las metáforas de atributo epexegético de genitivo, del tipo *las faldas de la tierra, la aspereza del monte, el rigor de mi desdicha*[13] y finalmente, como medio estilístico más efectivo, el predicado alegórico, es decir, la asociación metafórica relevante de un sujeto no personal, sino frecuentemente abstracto, y cuyo verbo se refiere a una persona.[14]

Los estilemas mencionados tienen dos cosas en común: de un lado la concisión, válido para el atributo metafórico y el predicado alegórico, (y finalmente la metáfora con atributo de genitivo), que descansan en la divergencia semántica de un solo componente de la oración. Y de otro lado, la integración sintáctica, mediante el componente correspondiente de la oración. Esto forma, con otro miembro de la oración, una estrecha unidad sintáctica. El rompimiento semántico actúa, en consecuencia, aún con más vehemencia. Desde el punto de vista estructural, todos ellos son de genial sencillez. La capazidad de frecuencia del predicado alegórico es casi ilimitada. La labor se fija menos en la metaforización constante del texto, que en la

---

[13] Todos los ejemplos citados son de las primeras escenas de *La devoción de la Cruz.*
[14] Compárense los ejemplos siguientes de *La devoción de la Cruz* (ed. cit., pp. 914 y 915):

> Bien excusadas grandezas
> de mi padre consumieron
> en breve tiempo la hacienda,
> que los suyos le dejaron;
> Pero la necesidad,
> aunque ultraje la nobleza,
> no excusa de obligaciones;
> Por si los cielos permiten,
> que yo el infelice sea,
> oíd prodigios, que admiran
> y maravillas, que elevan.

activación o animación de lo inerte. Aparecen conceptos abstractos, actuando como seres vivientes. El mundo inanimado de las cosas reales parece despertar a la vida, a una vida fantasmagórica y extraordinaria, y comienza a actuar en la acción dramática sobre el verbo que se refiere a una persona actuante. Aquí se evita todo lo que pudiera ser negativo o retardatario para el curso ininterrumpido de la acción. Al contrario, en la concisión de los modelos metafóricos estructurales, se dinamiza el acontecer dramático. Su eficiencia dramática no ha sido superada durante mucho tiempo.[15]

A diferencia de ese juego de metáforas concisas, plenamente orientado al dinamismo de la acción que vemos en los dramas tempranos de Calderón, los dramas posteriores nos muestran el estilo pomposo y elevado del barroco, con toda su proverbial suntuosidad y ornamentación poética. También aquí se ha divisado un doble objetivo: desarrollo pomposo verbal por un lado y tendencia de orden barroco por el otro lado. A los modelos de estructura, ya tratados, hay que añadir además comparaciones ampulosas y extensas que, en el cambio de las frecuencias, pueden emplearse en la tendencia o aspiración para la consecución de una pompa verbal metafórica. El género dramático de los autos sacramentales estriba, en su totalidad, en una concepción alegórica de gran amplitud. Las aspiración o tendencia al orden del estilo barroco se nos presenta en el creciente uso de formas de expresión metonímicas. Pero también lo metafórico se convierte en un principio de orden cósmico, siempre donde, sistemáticamente, dominios del ser correspondientes se substituyen unos a otros, como en una permuta recíproca de substancias. El cambio de metáforas barrocas aparece en la acumulación de metáforas manieristas, como un nuevo modelo de estructura.

Ahora vamos a analizar la estructura del contenido dramático. Los dramas tempranos tienen preferencia por las situaciones humanas extremas. En ellos se exponen toda clase de violencia y atropellos: se trafica con la honra, se asalta a fuerza armada, se cometen robos, se raptan personas arriesgadamente, se cometen venganzas sangrientas. Todo este mundo criminal y sanguinario ocupa un gran espacio en los dramas. Se experimenta en ellos una gran propensión o apego a poner de manifiesto la crueldad humana. Incluso los fallos y juicios de la Justicia Real nos dan, a veces, la impresión de estar impulsados por un espíritu inhumano y duro. Basta pensar, a este respecto, en los ignominiosos crímenes de Ludovico Enio en *El purgatorio de San Patricio;* en las violencias que comete el héroe del drama *Luis Pérez el Gallego* o en el horripilante y espantoso fin del jóven Lope de Urrea, en *Las tres justicias en una.* Actos delictivos y reprobables como abandonos de niños recién nacidos, incestos, fratricidios forman el fondo sombrío y adusto de una rebelión contra el orden natural en *La devoción de la Cruz.* Junto a estas escenas, trazadas con una comprensión muy exacta de la realidad, se abre camino desembarazadamente todo un mundo fantástico e irreal, en las visiones infernales de *El purgatorio*

---

15 Para el contenido de las imágenes y metáforas en el drama juvenil calderoniano *La devoción de la Cruz* véase la ponencia de J. E. Varey, "Imágenes, símbolos y escenografía de *La devoción de la Cruz,* pp. 155–170 de este volumen.

de San Patricio. Escenas de fuertes afectos aparecen igualmente, unas al lado de las otras, sin ilación alguna. A menudo se observa también un cambio abrupto, casi una mutación, de un estado de ánimo al contrario.

Los protagonistas de los dramas tempranos aparecen ante nosotros como naturalezas vitales, firmes e inquebrantables. Un hálito de impía maldad los hace interesantes. Actúan como rebeldes y su protesta contra el orden social existente carece, sin embargo, de una idea directriz encaminada a la consecución de un fin concreto. Su actitud rebelde se pierde y agota en una ruidosa protesta y en actos provocativos y arbitrarios. Es un cuadro humano caótico, en el que los personajes que actúan en él, a pesar de sus reacciones brutales, contradictorias y de ciega terquedad, se nos aparecen adornadas de rasgos simpáticos. Luis Pérez el Gallego aparece, en el drama que lleva su nombre, como una persona con un alto concepto de la amistad: amigo de los amigos, les presta, con la mejor voluntad, protección y ayuda, cuando los ve perseguidos, llegando su fidelidad al sacrificio propio. Eusebio, figura principal de *La devoción de la Cruz*, es un hijo expósito, maltratado y despreciado por todos, a causa de su obscuro origen; responde con violencia y odio profundo, al parecer inmotivados, al desprecio de la sociedad que le circunda. Pero no ha perdido aún su ingenua piedad religiosa: conmovido arrastra, haciendo uso de todas sus fuerzas, al herido mortal Lisardo hasta la cabaña de un ermitaño. Don Lope de Urrea, héroe de *Las tres justicias en una,* es también un ser que vive fuera de la ley, y que, bandolero, a pesar de su dureza de caracter protege generosamente la vida de un anciano y de una dama.

También en los dramas posteriores de Calderón aparece, la mayoría de las veces, el personaje aislado y heroico en el punto central del acontecer dramático. Pero ya no es más un ser que vive al margen de la sociedad humana, aunque haya vivido antes fuera de ella. La acción dramática le integra, independientemente de su pasado, en un sistema de orden jerárquico. Su acción no se halla determinada por actos arbitrarios o voluntariosos, sino por una conducta responsable, estructurada en contrapunto de oscilación vacilante, entre el deber o la inclinación humana. Ante un fondo social firmemente ordenado aparece el hombre y todas sus decisiones están medidas o regidas por ideas normativas, aceptadas por la mayoría de las gentes como obligatorias.

En el dominio formal tropezamos igualmente con una fundamental heterogeneidad. La estructura de los dramas tempranos se determina por el principio de composición de series abiertas, o sea que cada serie puede ser ampliada o abreviada a voluntad, sin que cambie esencialmente el cuerpo total. Las escenas adquieren un caracter episódico. Relacionadas entre ellas aditivamente se mantienen juntas con soltura mediante una idea o pensamiento supraordenado, o ya como presentación dramática en las estaciones de la vida de los personajes, cuyas acciones reprobables o heroicas hace pasar revista el autor.[16] Aquí hay que tener en cuenta el carácter

---

[16] Compárese, a este respecto, el drama de "guapeza" *Luis Pérez el Gallego*, o también, como variación ejemplar, para dar más fuerza a una tesis, la inmensidad de la Gracia Divina en *El purgatorio de San Patricio* o en *La devoción de la Cruz*.

turbulento y sangriento de la acción, donde los acontecimientos se suceden unos a otros en una cadena de violencias, ultrajes y prodigios pavorosos. Una serie rápida de escenas y un choque inesperado y repentino de situaciones extremas de conciencia realiza un aumento de los afectos. La continuación en serie de escenas cómicas o serias, acentuada por un rompimiento provocante del estilo, actúa como un choque. Se consigue así, al mismo tiempo, un afecto de contraste. Estos episodios cómicos están puestos allí para dar relieve al dramatismo de la acción. Lo horripilante se nos aparece aún más horrible, lo inhumano aún más inhumano. Por el contrario, en las escenas cómicas retrocede a un segundo plano lo lúgubre o espantoso. Una alegría ingenua se hace visible en la frágil amenaza o en la inconstancia. La imagen del hombre se complica, y las situaciones se hacen impenetrables, caóticas y llenas de contradicciones. Todo se nos presenta como un enigma absurdo, y, por eso mismo, la fascinación ejercida es mucho mayor.

Los dramas posteriores de Calderón se diferencian aquí de los tempranos en un doble aspecto. Un aumento de los elementos constructivos va mano a mano con la eliminación de extravagancias temáticas, así como también de la pavorosa brutalidad. Hay, es verdad, aquí también actos de violencia, pero ya no se acumulan más para sobrepujar en crueldad a los actos violentos que les preceden, sino que, por el contrario, se van ordenando en una mayor relación funcional. Como discrepancia de la manera suelta y libre de la composición dominante en los dramas tempranos predominan en los dramas posteriores las formas de construcciones cerradas. En lugar de las aventuras que aparecen mantenidas juntas, se da una labor conscientemente planeada hacia una decisión moral. La acción se desarrolla en una crisis que es el punto culminante del drama. Cada escena es un elemento funcional, o sea parte de una gran relación de sentido, que debe permanecer invariable y que no puede excluirse, para conservar así la unidad dramática de la obra.

También la estructura personal de la acción ha cambiado fundamentalmente. En los dramas posteriores el individuo, el héroe de la acción, es el punto central del acontecer dramático, pero el punto de gravedad se ha deslizado, como ya hemos dicho antes, de la suma enumerativa a un gran acto único, en su actual realización. La íntima decisión que precede a dicho acto se presenta en todas sus fases, con las alternativas propias de cada caso, en la inseguridad o indecisión, y finalmente en la decisión y actividad. Desde el punto de vista dramático esto significa una traslación del acento exterior hacia el interior, del acento externo al interno, o sea de lo captable y visible a lo misterioso e invisible. Predominantemente aparece en estos dramas posteriores el desarrollo anímico del héroe, y su presentación puede considerarse como del tema central del teatro barroco español.

Tanto en el dominio de la composición total como en el diseño o caracterización de las personas se trata, en la mayoría de los casos, de estructuras fundamentales antitéticas, que chocan o divergen en dos principios dominantes, en los círculos de las personas que ellas representan, como, por ejemplo, la polarización de las personas que actúan en *El Alcalde de Zalamea*, o en *El gran teatro del mundo*. O es, sin embargo, trasladada como pugna de los deberes y de los afectos, en la intimidad de una de las *dramatis personae*.

Por fin, parece aún digno de mencionarse para caracterizar el tránsito del estilo manierista al barroco, el hecho de que no se incluya lo cómico en la tendencia dualista de la formación dramática. En los dramas tempranos de Calderón choca el cambio abrupto de lo cómico y burlesco con el acontecer elevado y supremo de lo trágico. Si comparamos, en *La devoción de la Cruz* por ejemplo, el enojo de los mozos rústicos por la terquedad del asno y la escena del fratricidio que sigue, vemos que ambas acciones, la cómica y la trágica, son autónomas y marchan uniformemente iguales sobre dos planos diferentes, la una junta a las otras, si se exceptúan algunas interferencias ocasionales. En el teatro barroco, por el contrario, retrocede a un plano más remoto el elemento cómico. Los restos se integran: los protagonistas de acciones accidentales autónomas, como los graciosos, se convierten en figura accidental, dentro de la madeja de la acción principal, o sea, se incluyen en un marco total mucho mayor y constructivo, en el que siempre aparecen presentes, comentando humorísticamente la acción capital o actuando en la intriga. No se da más una separación rigurosa de los dos planos de estilo, sino que se manifiestan más bien en una unidad más amplia y compleja. El cambio abrupto de la sublimación estilística, en los dramas tempranos, era consciente y se usaba tecnicamente como choque, al igual que el dinamismo de la estructura de la oración, el metaforismo contrastivo o la insistencia de temas provocativos. El teatro barroco está muy lejano de todo esto. En lugar de la protesta o rebelión titánica contra las normas legales, aparece, como un nuevo amanecer, la incorporación del individuo, como tal, en un orden jerárquico del mundo.

Las comedias regulares de Calderón: ¿unos amoríos con el sistema neoclásico?

Por Duncan Moir

> L'aprésdisnée, luy & monsieur de Barriere me vinrent prendre pour
> aller à une vieille Comedie qu'on avoit rejoüée de nouveau, qui ne valoit
> rien, quoy qu'elle fust de *D. Pedro Calderon.* l'allay aussi voir cet Auteur
> qui est le plus grand Poëte & le plus bel esprit qu'ils ayent presentement.
> Il est Chevalier de l'Ordre de saint Iaques & Chapelain de la Chapelle
> *de los Reyes* à Tolede, mais à sa conversation je vis bien qu'il ne sçavoit
> pas grand'chose, quoy qu'il soit déja tout blanc. Nous disputasmes un
> peu sur les regles de la Dramatique, qu'ils ne connoissent point en ce Pays-
> là, & dont ils se moquent.

Quizá sea lamentable, en un Coloquio de calderonistas alemanes, norteamericanos
y británicos, el empezar una ponencia con las palabras de un hombre a quien sólo
puedo describir como franchute. Sin embargo, este Coloquio llega a ser, de cierto
modo, un Mercado Común intelectual, y conviene admitir en él al pensamiento de
todas las naciones europeas. Sobre todo cuando tiene algo que ver con nuestro tema,
como sí lo tienen las citadas observaciones de François Bertaut, sieur de Fréauville,
quien, en 1659, acompañó al Mariscal de Grammont en su viaje a Madrid cuando
éste pidió la mano de María Teresa de Austria de parte de Luis Catorce.[1]

Ésta no es la primera ocasión en que yo haya empezado un trabajo con la descripción que da Bertaut de la visita que hizo a Calderón. Con ella abrí un estudio hace
algunos años, estudio que intitulé 'The Classical Tradition in Spanish Dramatic
Theory and Practice in the Seventeenth Century' y que se publicó en la *Festschrift*
del helenista Kitto.[2] En aquel trabajo mantuve la tesis de que, cada uno de su propia
manera, tanto Lope de Vega como Tirso de Molina y Calderón fueron escritores
clasicistas. Neoclásicos, no; clasicistas, sí. Me parece, por ejemplo, absurdo el creer
que, en una ciudad tan pequeña como lo era Madrid en 1633, Calderón no leyó con
atención y cuidado la *Nueva idea de la tragedia antigua* de González de Salas en
cuanto esta obra fundamental fué publicada. Y estoy muy lejos de creer que Bances
Candamo, quien escribía entre 1685 y 1694 obras teatrales para la Corte y un im-

---

[1] *Journal du Voyage d'Espagne (1659),* ed. F. Cassan, en: *Revue hispanique* XLVII, 1919,
pp. 151–152.
[2] *Classical Drama and its Influence. Essays presented to H. D. F. Kitto,* ed. M. J. Anderson,
London 1965, pp. 191–228.

portante tratado de preceptiva, *Theatro de los theatros de los passados y presentes siglos*,[3] fue el primer dramaturgo español del siglo diecisiete quien conociera y aplicara, en su teoría y en su práctica dramáticas, la preceptiva del Pinciano, de Cascales y de González de Salas. Al escribir 'The Classical Tradition . . .', encontré un apoyo inestimable en los argumentos del doctor Albert E. Sloman, quien demostró con claridad, en su excelente libro *The Dramatic Craftsmanship of Calderón*,[4] que cuando refundía comedias antiguas o primitivas, creando obras maestras, Calderón *was classicizing*, que empleaba a sabiendas ciertas técnicas de la dramaturgia clásica.

En esta ponencia, quiero dar un paso hacia adelante en este terreno, para mí fascinador, de las técnicas clásicas de Calderón. No puedo ofrecerles a ustedes un estudio definitivo del tiempo y del lugar en su obra dramática. Me limitaré a expresar algunos de los resultados de unas investigaciones que, en colaboración con un grupo de alumnos, empecé durante el curso de 1966, sobre la utilización de las unidades neoclásicas en las comedias de capa y espada de Calderón. Todavía debo comprobar muchas de las afirmaciones de mis alumnos sobre este tema, y les presento a ustedes esta ponencia provisionalmente, como parte de un estudio que sólo está en vía de realizarse.

Las tres unidades, de acción, de lugar y de tiempo, fueron creación de los preceptistas neoclásicos europeos de los siglos dieciséis y diecisiete.[5] Tales unidades no están muertas hoy día. Las vemos observadas con gran frecuencia en el teatro europeo y norteamericano de nuestros tiempos, sobre todo en la comedia doméstica pero también en la tragedia. Sólo mencionaré algunos títulos:

Who's Afraid of Virginia Woolf?, de Albee, magnífica tragedia;

Black Comedy, de Peter Shaffer, obra brillante que es, a mi juicio, una de las mejores y más divertidas comedias domésticas del siglo veinte;

Tres sombreros de copa, de Miguel Mihura, llena de sal, de gracia y de ridiculeces que la hacen una notable precursora del teatro de lo absurdo – historia de los acontecimientos de la última noche de soltero, y del guateque y baile de despedida celebrados en una habitación de hotel modesto, de un joven quien no está, en el fondo, muy seguro de querer casarse pero quien, como todos, por fin se anima cuando llega la mañana fatal;

Madrugada, del mejor dramaturgo trágico español de nuestros tiempos, Antonio Buero Vallejo, obra en que se utiliza la unidad de tiempo con gran maña, lanzándose un como reto o desafío a los actores con la colocación, en pleno escenario, de un auténtico reloj que funciona de veras y teniendo los representantes que guardarse de decir 'Son las tres' cuando el reloj indica que son las tres y cinco o las tres menos uno;

En la red, de Alfonso Sastre, tragedia en que un grupo de colaboradores clandesti-

---

[3] Ed. Duncan W. Moir, London 1970.
[4] Oxford 1958.
[5] Véanse M. Romera-Navarro, *La preceptiva dramática de Lope de Vega*, Madrid 1935, pp. 61–81; Bernhard Weinberg, *A History of Literary Criticism in the Italian Renaissance*, 2 tomos, Chicago 1961.

nos del *maquis* argelino esperan, en una habitación cada hora más sofocante, la liberación o la tortura y la muerte.

¿Y qué me dicen ustedes de *Huis clos,* de Jean-Paul Sartre, obra perfectamente regular si el transcurso del tiempo que en ella se ve no es, en realidad, infinita?

Me parece que la mayoría de los hispanistas no tenemos costumbre de estudiar, ni siquiera de buscar, ni aun, tal vez, de ver, cuando ocurre, la utilización de las unidades neoclásicas en el teatro español del siglo diecisiete. Una variedad de causas ha contribuido a esta indiferencia. En primer lugar, los célebres trozos del *Arte nuevo* de Lope de Vega, publicado en 1609:

> Verdad es que yo he escrito algunas veces
> siguiendo el arte que conocen pocos,
> mas luego que salir por otra parte
> veo los monstruos, de apariencias llenos,
> adonde acude el vulgo y las mujeres
> que este triste ejercicio canonizan,
> a aquel hábito bárbaro me vuelvo,
> y, cuando he de escribir una comedia,
> encierro los preceptos con seis llaves;
> saco a Terencio y Plauto de mi estudio,
> para que no me den voces, que suele
> dar gritos la verdad en libros mudos,
> y escribo por el arte que inventaron
> los que el vulgar aplauso pretendieron,
> porque, como las paga el vulgo, es justo
> hablarle en necio para darle gusto,[6]

y, más adelante,

> Adviértase que sólo este sujeto
> tenga una acción, mirando que la fábula
> de ninguna manera sea episódica,
> quiero decir inserta de otras cosas
> que del primero intento se desvíen,
> ni que de ella se pueda quitar miembro
> que del contexto no derribe el todo;
> no hay que advertir que pase en el período
> de un sol, aunque es consejo de Aristóteles,
> porque ya le perdimos el respeto
> cuando mezclamos la sentencia trágica
> a la humildad de la bajeza cómica.
> Pase en el menos tiempo que ser pueda,
> si no es cuando el poeta escriba historia
> en que hayan de pasar algunos años,
> que éstos podrá poner en las distancias
> de los dos actos, o, si fuere fuerza,
> hacer algún camino una figura,
> cosa que tanto ofende a quien lo entiende,
> pero no vaya a verlas quien se ofende.
> ¡Oh, cuántos de este tiempo se hacen cruces
> de ver que han de pasar años en cosa

---

[6] F. Sánchez Escribano y A. Porqueras Mayo, *Preceptiva dramática española del renacimiento y el barroco,* Madrid 1965, p. 126.

que un día artificial tuvo de término,
que aun no quisieron darle el matemático!
Porque considerando que la cólera
de un español sentado no se templa
si no le representan en dos horas
hasta el Final Juïcio desde el *Génesis,*
yo hallo que, si allí se ha de dar gusto,
con lo que se consigue es lo más justo.
El sujeto elegido, escriba en prosa,
y en tres actos de tiempo le reparta,
procurando, si puede, en cada uno,
no interrumpir el término del día.[7]

En resumen, en 1609 Lope de Vega acepta la unidad de acción, como necesaria en todo buen drama, pero rechaza la unidad de tiempo neoclásica e inventa una unidad de tiempo suya (un día, no más, por acto), unidad nueva que tendrá cierta importancia para los dramaturgos que le imitarán.

En cuanto a la unidad de lugar, conocemos todos lo que la figura de la Comedia dice en *El rufián dichoso* de Cervantes (al parecer escrita alrededor de 1615):

Ya represento mil cosas,
no en relación, como de antes,
sino en hecho, y así, es fuerza
que haya de mudar lugares;
que como acontecen ellas
en muy diferentes partes,
voyme allí donde acontecen:
disculpa del disparate.
Ya la comedia es un mapa
donde no un dedo distante
verás a Londres y a Gante.
Muy poco importa al oyente
que yo en un punto me pase
desde Alemania a Guinea
sin del teatro mudarme;
el pensamiento es ligero;
bien pueden acompañarme
con él doquiera que fuere,
sin perderme ni cansarme.[8]

"El pensamiento es ligero": defensa perfecta e irrefutable de la libertad del dramaturgo en el empleo o en la falta de observación de las unidades neoclásicas.

También, como causa de nuestra indiferencia ante las unidades, tenemos la tradición del pensamiento crítico francés, muy obsesionado, desde la segunda etapa de la carrera dramática de Corneille en particular, y, en ciertos casos, hasta nuestra propia época, con la idea de la regularidad neoaristotélica. Tenemos, por ejemplo, las palabras de Bertaut que ya cité y que tienden a dar la impresión de que en 1659

---

[7] Ibid., pp. 130–131.
[8] Ibid., pp. 140–141.

Calderón sabía muy poco, y quizás nada, de las unidades. Y tenemos la más célebre de todas las defensas de las tres unidades, inspirada en sus primeros detalles en el capítulo 48 de la Primera Parte de *Don Quijote:* quiero decir, aquel trozo del *Art poétique* de Boileau, compuesto en 1674:

> Que le lieu de la scène y soit fixe et marqué.
> Un rimeur, sans péril, delà les Pyrénées,
> Sur la scène en un jour renferme des années:
> Là souvent le héros d'un spectacle grossier,
> Enfant au premier acte, est barbon au dernier.
> Mais nous, que la raison à ses règles engage,
> Nous voulons qu'avec art l'action se ménage;
> Qu'en un lieu, qu'en un jour, un seul fait accompli
> Tienne jusqu'à la fin le théâtre rempli.[9]

Y también tenemos, como causa de nuestra indiferencia, el hecho muy patente de que un gran número de las comedias del Siglo de Oro carecen de las unidades de tiempo y de lugar, si no de la de acción. Por último, tenemos como causa la tradicional pereza de los críticos dramáticos hispanistas en casi todo lo que se refiere a las técnicas dramáticas. Y esta pereza, hay que tomarla en serio y corregirla. Hace tres años, nuestro colega Daniel Rogers, en el Coloquio de Sheffield, advirtió con gran habilidad y con gran tino a los hispanistas británicos los peligros de la costumbre tradicional de discutir, al perecer interminablemente, el tema o contenido intelectual de las comedias del Siglo de Oro, y sus imágenes poéticas, sin decir nada sobre sus técnicas dramáticas.

Si embargo, si consideramos con cuidado nuestras causas tradicionales de despreocupación ante la utilización, o falta de utilización, de las unidades en el teatro español del siglo diecisiete, quizás cambiemos de opinión. El *Arte nuevo* no fué una obra definitiva, ni rígidamente definidora, en la evolución de la dramática española de las nueve décadas que siguieron a su publicación. Lo que influyó en los demás dramaturgos del diecisiete no fue el *Arte nuevo* de Lope sino las obras teatrales de Lope. Y, aunque Lope dió a la comedia española su molde básico como *art-form* (tres jornadas, sistema polimétrico), la preceptiva y las técnicas prácticas de la comedia evolucionaron notablemente entre 1609 y el fin del siglo. En el *Arte nuevo*, Lope confesó haber escrito, hasta la fecha de 1609, seis comedias regulares. ¿Quién sabe si después, entre 1609 y 1635, escribió algunas más? Como ha mostrado Jammes en un estudio sobresaliente, el gran poeta Góngora escribió una comedia regular, *Las finezas de Isabela,* en 1610 y en 1613 empezó la composición de otra, *El doctor Carlino,* que no llegó a terminar.[10] En lo que se refiere a Bertaut, hay que decir que este hombre se muestra, en su relación de la conversación que tuvo con Calderón, como un tonto pomposo en el terreno dramático, como un *intellectual snob* tan rígido como ignorante. Y el famoso Boileau, es muy posible que, a diferencia de

---

[9] Boileau, *L Lutrin et L'Art Poétique,* ed. René d'Hermies, Paris 1945, p. 81.
[10] Robert Jammes, *Etudes sur l'oeuvre poétique de don Luis de Góngora y Argote,* Bordeaux 1967, pp. 467–531.

Pierre Corneille, no hubiese leído ningún libro español aparte de *Don Quijote* cuando escribió su *Art poétique*. Para saber lo que hay en las comedias de Calderón, hay que leerlas o – lo que sería mucho mejor – verlas.

Ahora, al grano. Pero, primero, una pequeña advertencia. La idea de la unidad de acción (o, por lo menos, la de la unidad temática) y de su utilización en casi todas las obras maduras de Calderón, no me parece necesitar de explicación. Los valiosos e imprescindibles estudios de mi primer maestro, el profesor A. A. Parker, han demostrado y van demostrando esto con gran claridad. Pero creo que los hispanistas modernos podemos, quizá, necesitar de un poco de clarificación de lo que significaban las unidades de tiempo y de lugar para los dramaturgos del siglo diecisiete. La definición concisa de Boileau tal vez nos descamine un poco.

> Qu'en un lieu, qu'en un jour, un seul fait accompli
> Tienne jusqu'à la fin le théâtre rempli.

Está bien, pero también hay que saber lo que dijo el gran Corneille sobre *un lieu* y *un jour*. Este genio teatral, buen conocedor de la dramática castellana, no tenía un problema que me parece que sí tenemos muchos hispanistas anglosajones. No creía lo que a mi juicio muchos de entre nosotros creemos que debe significar la unidad de tiempo: *un jour, tout court*. En su admirable *Discours des trois unités, d'action, de jour et de lieu*, publicado en plena carrera de Calderón, en 1660, Corneille dice lo siguiente sobre la unidad de tiempo:

> Beaucoup déclament contre cette règle, qu'ils nomment tyrannique, et auraient raison, si elle n'était fondée que sur l'autorité d'Aristote; mais ce qui la doit faire accepter, c'est la raison naturelle qui lui sert d'appui. Le poème dramatique est une imitation, ou pour en mieux parler, un portrait des actions des hommes; et il est hors de doute que les portraits sont d'autant plus excellents qu'ils ressemblent mieux à l'original. La représentation dure deux heures, et ressemblerait parfaitement, si l'action qu'elle représente n'en demandait pas davantage pour sa réalité. Ainsi ne nous arrêtons point ni aux douze, ni aux vingt-quatre heures; mais resserrons l'action du poème dans la moindre durée qu'il nous sera possible, afin que sa représentation ressemble mieux et soit plus parfaite. Ne donnons, s'il se peut, à l'une que les deux heures que l'autre remplit. Je ne crois pas que *Rodogune* en demande guère davantage, et peut-être qu'elles suffiraient pour *Cinna*. Si nous ne pouvons la renfermer dans ces deux heures, prenons-en quatre, six, dix, mais ne passons pas de beaucoup les vingt-quatre, de peur de tomber dans le dérèglement, et de réduire tellement le portrait en petit, qu'il n'ait plus ses dimensions proportionnées, et ne soit qu'imperfection.[11]

Así, diez u once años después de la composición hipotética de la última comedia de capa y espada de Calderón, habla el mejor escritor trágico francés de los cincuenta o sesenta primeros años del siglo diecisiete. Y Corneille defiende, en el mismo *Discours*, a su comedia *Le Menteur* (que deriva de una comedia española), porque

---

[11] Pierre Corneille, *Writings on the Theatre*, ed. H. T. Barnwell, Oxford 1965, pp. 72–73.

tout l'intervalle du troisième [acte] au quatrième vraisemblablement se consume à dormir par tous les acteurs; leur repos n'empêche pas toutefois la continuité d'action entre ces deux actes, parce que ce troisième n'en a point de complète.[12]

La acción de *Le Menteur* traspasa los límites del día natural. Para Corneille, es comedia regular. Y debo advertirles a ustedes que, según este sentido e interpretación de la unidad de tiempo (un día y parte del siguiente, o una tarde, la noche y parte del día siguiente), varias de las comedias de capa y espada de Calderón son regulares. Hay que añadir que no sólo Pierre Corneille sino otros varios preceptistas dramáticos del renacimiento y el barroco pensaban de igual manera acerca de la unidad de tiempo. Cito una nota del editor de los *Writings on the Theatre* de Corneille, H. T. Barnwell de la Universidad de Edinburgo:

> The interpretation of the unity of time was indeed one of the most contentious aspects of the establishment of the so-called classical doctrine. Although the rule was mentioned by sixteenth-century writers (Jodelle, Grévin, Jean de la Taille, Ronsard, etc.), it appears not to have been observed in the early years of the seventeenth century. About 1630 it reappears in literary controversy, and Mairet and Chapelain, for example, then go back, not to their French predecessors, but to the sixteenth-century Italians. There, they find opinions divided – Robortello requiring the artificial day, Segni the natural day; Maggi insists on the exact coincidence of real and dramatic time, likewise Castelvetro. Scudéry and Chapelain seem to accept Robortello's ruling, and D'Aubignac derives, on his own admission..., from Castelvetro and Piccolomini..., and possibly from Maggi.[13]

En cuanto a la unidad de lugar, Corneille, en su *Discours*, también se muestra liberal:

> Je souhaiterais, pour ne point gêner du tout le spectateur, que ce qu'on fait représenter devant lui en deux heures se pût passer en effet en deux heures, et que ce qu'on lui fait voir sur un théâtre qui ne change point, pût s'arrêter dans une chambre ou dans une salle, suivant le choix qu'on en aurait fait; mais souvent cela est si malaisé, pour ne pas dire impossible, qu'il faut de nécessité trouver quelque élargissement pour le lieu, comme pour le temps... Je tiens donc qu'il faut chercher cette unité exacte autant qu'il est possible; mais comme elle ne s'accommode pas avec toute sorte de sujets, j'accorderais très volontiers que ce qu'on ferait passer en une seule ville aurait l'unité de lieu. Ce n'est pas que je voulusse que le théâtre représentât cette ville toute entière, cela serait un peu trop vaste, mais seulement deux ou trois lieux particuliers enfermés dans l'enclos de ses murailles.[14]

Según esta última interpretación de la unidad de lugar (que tenía apoyo en varios preceptistas renacentistas, incluso Maggi y Julio César Escalígero), muchas de las comedias de capa y espada de Calderón son perfectamente regulares.

---

[12] Ibid., p. 63.
[13] Ibid., p. 238, n. 53.
[14] Ibid., pp. 76–77.

Los preceptistas neoclásicos del renacimiento y el barroco solían defender las unidades de tiempo y lugar apoyándose en el principio de la verosimilitud. Las palabras "el pensamiento es ligero" de Cervantes, ya citadas, parecen destruir la validez de los argumentos que adujeron tales críticos. En tal caso, ¿por qué emplean las unidades neoclásicas, como ya hemos visto, dramaturgos contemporáneos nuestros en esta *permissive society,* en esta sociedad que lo premite todo? La verdad es que las emplean porque las unidades de lugar y de tiempo son muy útiles para crear y aumentar la tensión dramática y para inducir al público teatral a experimentar, física, mental y emocionalmente, una marcada impresión de urgencia. Pensemos en cualquiera de las obras modernas que ya mencioné y que quizás conozcamos mejor que las comedias de capa y espada de Calderón. Encontraremos que el hecho de darnos cuenta de que el tiempo, las horas y los minutos están deslizándose y escapándosenos rápidamente (o de que parecen prolongarse de manera extraordinaria), no sólo da un ritmo urgente a la obra sino que también nos comunica una sensación de tensión, a veces casi febril. Además, la unidad de lugar – la habitación de hotel o de casa particular – puede inspirarnos tensión y hasta producir una sensación de sofoco, sencillamente por el hecho de ser siempre igual, por su *sameness* a veces aterradora.

Lope conoció la teoría de las unidades. Me parece lógico el presumir que también la conoció Calderón. Y el estudio de sus comedias de capa y espada apoya esta idea. Calderón fué dramaturgo demasiado hábil para no darse plena cuenta de las ventajas que podía sacar de la utilización, por lo menos esporádica, de las unidades. En efecto, los ensayos de mis alumnos han sugerido que sí las empleó, a veces cumplidamente y a veces coqueteando con ellas, pero siempre, a mi juicio, teniendo en cuenta la idea de que podían serle útiles.

Fuego de Dios en el querer bien es una de las más divertidas comedias de capa y espada de Calderón. El texto de esta obra contiene frecuentes indicios de lugar y de tiempo. Según un criterio liberal de las unidades teatrales, podría describirse como regular. Toda la acción se desarrolla en Madrid. En la jornada primera, todo pasa dentro de la casa de don Álvaro, causando tensión las numerosas apariciones y desapariciones de los personajes. En la jornada segunda, al ir complicándose el enredo, hay varios cambios de lugar dentro de la ciudad, y en la tercera, después de algunos cambios, la mayor parte de la acción ocurre en casa de don Pedro. En cuanto a la unidad de tiempo, la intriga dura poco más de los veinticuatro horas. La jornada primera dura desde la tarde hasta la noche; la jornada segunda ocupa la mañana del día siguiente; y la acción de la tercera empieza por la tarde del mismo día y termina después del anochecer. También es bastante regular la deliciosa comedia *Mañanas de abril y mayo*. Toda la acción se desenvuelve en Madrid (en varias casas, en el Parque, etc.), y dura poco más de los veinticuatro horas. La jornada primera empieza poco antes del amanecer, y la tercera termina la mañana siguiente, algo después de la salida del sol. Otra buena comedia madrileña, *Los empeños de un acaso*, parece ser completamente regular. Observa con todo rigor la unidad de tiempo, ocupando su acción, al parecer, menos de veinticuatro horas. La jornada primera empieza de noche y continúa durante la mañana del día siguiente.

La acción de la jornada segunda dura hasta la tarde del mísmo día, y en la tercera se resuelven los problemas de la obra al parecer antes de la puesta del sol. En tales comedias como estas tres, las alusiones que se hacen al tiempo ("anoche", "esta mañana", "esta tarde", "ya es tarde", "es hora de acostarse", etc.) dan un ritmo acelerado a la acción y crean tensión continua. No digo que no haya otras comedias calderonianas que sean igualmente o aun más regulares – como queda dicho, mis investigaciones sobre las unidades en la obra de Calderón sólo están en vía de realizarse.

Hasta ahora, he hablado de obras en que la unidad de lugar se observa en un sentido muy amplio, y en las que la acción se desarrolla dentro de una ciudad o pueblo, cambiando el lugar de calle en casa y de casa en casa. La mayoría de las comedias de capa y espada de Calderón son de este tipo, aunque a veces el dramaturgo introduce en alguna comedia una escena situada en los contornos del pueblo o aun fuera de él (buen ejemplo es la escena de *Casa con dos puertas* en la que Fabio y Lelio se encuentran de camino, cerca de Ocaña, lugar normal de la acción). Naturalmente, en algunas comedias no se observa la unidad de lugar: en *Dicha y desdicha del nombre* la acción empieza en Parma y continúa en Milán, y *Cada uno para sí* empieza en Toledo y se termina en Madrid.

Sin embargo, mucho más interesantes, en cuanto a la eficacia práctica de las unidades como fuentes de tensión dramática, son algunas comedias en las cuales se observa la unidad de lugar de manera más rigurosa. Se podría defender la idea de que cuanto más se restringen los límites del espacio en que se desarrolla la acción de una comedia, tantas más posibilidades tiene ésta (a ser compuesta por un dramaturgo hábil) de causar tensión en el auditorio. De aquí que el lugar ideal de la acción de ciertos tipos de obra dramática sea una sola casa o una sola habitación. Calderón se dió plena cuenta del enorme potencial de tal localización restringida. La empleó con buen éxito en parte de *Fuego de Dios en el querer bien;* también se sirvió de ella en *Bien vengas, mal,* una parte considerable de cuya acción pasa en una sala de la casa de don Bernardo. Pero se destacan otras dos obras en las que esta técnica produce efectos de notable interés.

La primera de éstas es la magnífica comedia *La dama duende.* En ella, Calderón no observa la unidad de tiempo; entre el principio y el fin de la obra (como en otras muchas comedias suyas) transcurren varios días y noches. Es obra en que se observa la unidad de lugar en el sentido amplio del término: todo el enredo tiene lugar en Madrid. Pero el gran éxito duradero de esta comedia depende del hecho de que, después de los lances introductorios, casi toda la acción se desarrolla en una sola casa, en dos habitaciones, la de doña Ángela y la de don Manuel, estando entre las dos la célebre alacena misteriosa que permite que pasen de una habitación a otra aquellos personajes que están al tanto de la situación o que van guiados.

La segunda comedia que debo mencionar con respecto a esta técnica de la unidad de lugar restringida es *El escondido y la tapada,* obra escrita después de *La dama duende* y en la que el dramaturgo alude a ella. Así como hizo en *La dama duende,* Calderón hace que el enredo de *El escondido y la tapada* empiece en la calle, pero después toda la acción ocurre en una sola habitación, sala con varias puertas, una de las cuales es puerta disfrazada. Al hacer su comentario sobre esta comedia,[15] don Angel Valbuena Briones la tuvo en menos de lo que merece. Es obra difícil de leer; pero, puesta en escena, debe de ser admirable. Contiene, por cierto, algunos detalles que al leerse parecen inverosímiles, pero tales detalles se aceptarían y se olvidarían muy rápidamente al ir adentrándose el espectador en la maraña cada vez más intrincada de la acción. Los personajes son figuras convencionales, pero eso es lo de menos. Lo que importa en *El escondido y la tapada* son su enredo complicadísimo pero ingenioso y muy divertido, su ritmo acelerado y su ambiente febril, a menudo casi frenético. Es un notable ejemplo de la maestría técnica de un Calderón muy consciente de las unidades y de las ventajas que pueden ofrecerle.

En conclusión, creo que Calderón, mientras escribía sus comedias de capa y espada, se daba plena cuenta de la utilidad de las unidades neoclásicas y que las empleaba cuando a su juicio podían contribuir al valor dramático de determinadas comedias. Y no creo que, en la España del siglo diecisiete, la observación de las unidades se limite a Góngora y a Calderón. Al fin y al cabo, ¿no compuso Coello una comedia intitulada *Los empeños de seis horas?* Me parece, en efecto, muy posible que, cuando examinemos detenidamente la función del tiempo y del espacio en el teatro español del siglo barroco, encontremos un gran número de comedias regulares y que lo que puede parecer coqueteo con las unidades en un dramaturgo sea en realidad amor o, por lo menos, gran aprecio de ellas en muchos.[16]

---

[15] Pedro Calderón de la Barca, *Obras completas. Tomo II. Comedias*, ed. A. Valbuena Briones, Madrid 1956, pp. 671–672.

[16] Debo expresar mi agradecimiento a las señoritas Annette North, Anna Patrice Ware, Rachel R. Whittaker y Lieselotte Martha Trübenbach, y a los señores Christopher D. Coyle y Michael J. L. McEwen, colaboradores en el trabajo preliminar, realizado en 1966, que forma la base de este estudio.

La función del cuento en las comedias de Calderón

Por Uta Ahmed

La presente ponencia se basa en un trabajo de investigación sobre la forma y la función del cuento intercalado en las comedias de Calderón. Nos proponemos exponer a continuación algunos de los resultados más representativos de la problemática, sirviéndonos de base el material cuentístico recogido de 43 de las 112 comedias de autenticidad comprobada del autor.

Para analizar la función del cuento en el drama de Calderón, fué necesario el examen previo de la forma y del contenido de los relatos que designábamos con "cuento", a fin de dejar constatado lo que con este término se daba a entender. Para ello examinamos primero las acepciones del término en las mismas comedias de Calderón, confrontándolas luego con las formas cuentísticas designadas. Encontramos que Calderón usa de una terminología en que la voz "cuento" representa la categoría principal que abarca distintos tipos formales subordinados, tales como el "cuentecillo" o "cuento-chiste" (Schwank, prank), el "apólogo", la "fábula", el "chiste" y el "caso" o "ley". Además de las características propias de cada uno de estos tipos, indicamos las características generales, comunes a todos ellos, que son las que hacen plausible la agrupación conjunta bajo un solo término. Éstas resultan de la determinación del cuento como forma oral, de su uso intercalado en el diálogo y de sus modalidades formales que en mutua dependencia con el contenido determinan la tendencia funcional inmanente de los cuentos.

Para demostrar lo expuesto conviene citar un ejemplo. En '*Hombre pobre todo es trazas*' el galán de la comedia refiere el siguiente apólogo:

> Estaba un almendro ufano
> de ver que su pompa era
> alba de la primavera
> y mañana del verano;
> y viendo su sombra vana,
> que el viento en penachos mueve,
> hojas de púrpura y nieve,
> aves de carmín y grana,
> tanto se desvaneció,
> que, Narciso de las flores,
> empezó a decirse amores;
> cuando un lirio humilde vió,
> a quien vano dijo así;

"Flor, que majestad no quieres,
¿no te desmayas y mueres
de envidia de verme a mí?
Sopló en esto el austro fiero,
y desvaneció cruel
toda la pompa que a él
le desvaneció primero.
Vió que caduco y helado
diluvios de hojas derrama,
seco tronco, inútil rama,
yerto cadáver del prado.
Volvió al lirio, que guardaba
aquel verdor que tenía,
y contra la tiranía
del tiempo se conservaba,
y díjole: "¡Venturoso
Tú, que en un estado estás
permaneciente, jamás
envidiado ni envidioso!
Tu vivir sólo es vivir;
no llegues a florecer,
porque tener que perder
sólo es tener que sentir."[1]

En '*Los dos amantes del Cielo*' el gracioso Escarpín refiere el siguiente cuento:

Enamoróse Vinorre
(nadie en el cómputo muerda
de los tiempos, porque ha habido
Vinorres en todas eras)
de una dama muy hermosa,
a quien Vinorre finezas
iba diciendo al estribo
una tarde. Muy severa
otra dama que allí iba,
dijo: "¿Es posible no tengas
desconfianza de que
te enamore un simple?" Y ella,
muy galante, respondió:
"Nunca he tenido soberbia
de hermosa hasta hoy; porque
no es hermosura perfecta
la que no celebran todos."[2]

Si comparamos los dos cuentos, vemos que ambos presentan la misma modalidad en lo que respecta al esquema formal de la acción. Ambos disponen de dos personajes, representando cada uno de ellos una tesis determinada, opuesta a la del contrario. En la primera confrontación uno de los personajes aventaja a su contrario

---

[1] Don Pedro Calderón de la Barca, *Obras completas*. Ed. A. Valbuena Briones. Tomo I. Dramas. Quinta edición. Madrid: Aguilar 1966. Tomo II. Comedias. Segunda edición. Madrid 1960. II, 209a.
[2] I, 1083b.

por medio de una observación. En una segunda confrontación, sin embargo, el que antes resultó vencedor, es suplantado a su vez por su contrario que toma desquite de su derrota anterior. Si miramos la replicación de cada uno de los adversarios en los dos cuentos, podemos constatar como en el cuento "El almendro y el lirio" la supremacía del lirio se debe a que el viento, interviniendo, confirma las palabras del lirio, haciéndolo aparecer a éste como al más sabio. Al mismo tiempo revela a raíz de la verificación de la tesis del lirio una verdad de fondo que trasciende el sentido inmediato de la acción representada y que es la superioridad de lo permaneciente frente a lo pasajero de la belleza. El cuento "Vinorre y la dama hermosa", en cambio, no presenta en su desenlace esta profundidad de sentido, sino que se basa más bien en una astucia con que la dama logra sobrecoger a su adversaria.[3]

A pesar de la misma modalidad formal de la acción de ambos cuentos, que se basa en la caracterización contrastiva de los personajes y en la polarización de ideas, podemos observar dos tendencias funcionales distintas, típicas y representativas para los demás cuentos y que son la de promover a risa mediante su comicidad, como en el caso de "Vinorre y la dama hermosa", y la de inducir a reflexionar al espectador por medio de un contenido didáctico-simbólico, como en el caso de "El almendro y el lirio". Un tercer grupo de cuentos se distingue en cuanto a que no dispone de una función inmanente propia, sino que la adquiere según el uso a que se le destina. Tal es el caso de "El convaleciente y el dolor" y "El príncipe y el veneno" en '*Para vencer amor, querer vencerle*'[4].

Una vez analizado el cuento bajo el aspecto de forma cuentística autónoma, pasamos a examinar la función que desempeña en las comedias. Observamos como la categoría funcional inmanente del cuento está estrechamente vinculada al tipo de personaje que lo refiere. Mientras que el cuento cómico sirve preferentemente como recurso de caracterización indirecta y tipológica del gracioso, el didáctico y reflexivo determina eminentemente al galán. Haciendo sin embargo la salvedad, de que la cantidad de cuentos serios usados por el galán no alcanza a la de los cómicos usados por el gracioso y que el galán comúnmente prefiere otras formas expresivas como el discurso a base de comparaciones enumerativas de resumen (Summationsschema) en lugar del cuento. En los poquísimos casos en que el galán usa del cuento cómico, lo hace asumiendo algún otro papel ajeno al de galán del drama, como en el caso de '*Con quien vengo, vengo*', donde el galán se disfraza de gracioso, señalando el cuento "El convidador y el dispensero" como característica propia del "humor de criado"[5].

Por otro lado, los cuentos-apólogos de carácter reflexivo referidos por el gracioso son poquísimos, mejor dicho se reducen a dos, debiéndose señalar, sin embargo, que en estos dos casos adquieren un papel decisivo para la exposición y ejemplificación de las ideas de fondo del drama. Tales son los cuentos del "Ciego y la luz" y

---

[3] Cabe señalar que el esquema formal que caracterizamos a raíz de los dos cuentos escogidos como ejemplos representa solamente una de las distintas modalidades formales de los cuentos de Calderón.

[4] Calderón, *Obras completas,* II, 561a.

[5] Calderón, *Obras completas,* II, 1139a.

del "Filósofo, el soldado, Alejandro y la flor"[6] en *La Cisma de Inglaterra*[7]. Asimismo pudimos comprobar una relación entre los cuentos cómicos referidos por el gracioso y las escenas de interpolación. El efecto cómico aquí no sólo resulta de la función inmanente del cuento, sino también de su aplicación. Los cuentos cómicos se hallan en su mayoría intercalados en escenas de tenor serio en que el galán o la dama se encuentran afligidos a raíz de algún asunto amoroso, dando a conocer su estado anímico en largos monólogos. Por medio del cuento el gracioso interpreta la situación bajo su propio punto de vista, resultando de aquí dos posiciones contrarias frente a la realidad representada en el drama. El contraste que marca la diferencia entre ambos tipos de personajes deriva de las distintas leyes del decoro a que ambos deben atenerse. El hecho de que el gracioso no siempre reconozca la barrera social y las causas que impiden al galán o a la dama de seguir otra línea de conducta que la escogida por ellos mismos, causa muchos malentendidos de los que Calderón aprovecha para efectos cómicos. Así en el caso de *El Astrologo fingido*, en que el gracioso Morón trata de convencer al galán, Don Diego, a que emprenda algo y declare su amor a la dama de su corazón. Para tal objeto aduce el cuento de "El médico de una república":

> Una república había
> que al médico no pagaba,
> señor, hasta que sanaba
> el enfermo; y si moría,
> tiempo y cuidado perdía.

Y sigue el gracioso aplicando el cuento al caso específico de la situación del drama:

> Y, esta ley tan bien fundada,
> a nuestro intento aplicada,
> digo que de amor que muere
> el alcahuete no espere
> tener de derechos nada.
> ¡La cadena la das![8]

El gracioso demuestra no entender las causas que impiden al galán de declarar su amor en cuanto a que él mismo decide renunciar a su amor sin que exista una razón plausible que lo induzca a tal comportamiento:

> Beatriz. – Si ya no me quieres bien,
>   bien te puedes despedir.
> Morón. – Yo tras mi amo he de ir:
>   cuando él amare, amaré;

---

[6] Ibid., I, 149a y I, 153a.

[7] A. A. Parker en su estudio "Henry VIII in Shakespeare and Calderón. An appreciation of *La Cisma de Inglaterra*", en: *Modern Language Review* 43 (1948), p. 327–352, ha demostrado la importancia que tienen estos dos cuentos para la trama de *La Cisma de Inglaterra*.

[8] Calderón, *Obras completas*, II, 134b–135a.

que un criado siempre fué
en la tabla del amor
contrapeso del señor.[9]

El tipo de escena a base de contraste ofrece una situación parecida a la que se halla en los mismos cuentos, en que la acción se desenvuelve entre dos personajes de opinión contraria. Pero mientras que en el cuento al final siempre vence una de las dos opiniones, la escena dramática no presenta la verificación de una de las dos tesis, por lo menos no de manera inmediata. Aquí las dos posiciones permanecen sin interferir una con la otra en su carácter oposicional.

Además de esta modalidad, los cuentos cómicos aparecen intercalados en escenas del mismo tenor, caracterizando toda la escena como elemento compositorio contravisto a la escena siguiente y a la anterior. En 'Dicha y desdicha del nombre' el principio de formación de contraste se hace extensivo a toda una acción secundaria, de la que los graciosos son los protagonistas. El contraste se realiza a base de una concepción paralela a la acción principal y secundaria, diferenciándose ambas en el método expositivo y en la intencionalidad. Los personajes de ambas acciones evitan la confrontación directa, valiéndose para ello de recursos expresivos semidirectos como lo son el lenguaje alegórico del galán y de la dama y el cuento de los graciosos. La intencionalidad de las dos acciones difiere en cuanto a que la acción primaria es de tenor serio, representando los protagonistas el ideal estético vigente[10], mientras que la trama de los graciosos aparece en función de contrapuesto cómico.

No siempre el cuento es elevado a la categoría expresiva, pasando a ser elemento constitutivo de toda una trama secundaria como en la comedia citada. La mayoría de las veces el cuento cómico aparece como elemento contrastivo aislado, alternando con otros recursos de igual finalidad.

La interpolación del cuento en el drama cumple además con otras funciones dramáticas, como son las de interpretar situaciones dramáticas, de anticipar acontecimientos a referirse, de llamar la atención sobre sucesos relatados e indicar nexos entre los personajes y pasajes del drama. Estas funciones pueden observarse en la interpolación del cuento "El padre, la hija y el novio" en 'La señora y la criada'.[11] En la primera versión de esta comedia – 'El acaso y el error' – Calderón intercala en la misma escena otro cuento, el de "La dama y el amigo perdido"[12]. La función de este último cuento queda limitada a la formación de contraste con la acción dramática representada en la escena de interpolación, la que cumple a raíz del contenido cómico y de la "falsa" aplicación del cuento, en cuanto a que la graciosa hace extensiva, por medio del cuento, su propia experiencia a la dama. Sin embargo, la situación de ésta es totalmente distinta, limitándose la función del cuento a ca-

---

[9] Ibid., II, 135a.
[10] Compárese Charles David Ley: El Gracioso en el Teatro de la Península (Siglos XVI–XVII). Madrid 1954, p. 206: "Para la sociedad de la segunda mitad del XVII (y del XVIII también), las grandes virtudes iban ligadas al concepto de la aristocracia. El hombre bajo o vulgar era un ser sin honor, sin percepción de los grandes valores éticos nobles".
[11] Calderón, Obras completas, II, 843a.
[12] Ibid., II, 722a.

racterizar a la graciosa, además de la función de contraste cómico señalada. En *'La señora y la criada'*, en cambio, el cuento intercalado presenta una situación nueva, que insinúa el conflicto en que se encuentra la dama a quien se cuenta. El cuento hace así superfluas explicaciones ulteriores acerca de este personaje, contribuyendo a la concentración de los elementos constitutivos de la acción principal, una tendencia que, como señala Valbuena Prat en su nota preliminar a la edición[13], también se observa en otros ámbitos y que caracteriza a la estructura de *'La señora y la criada'* en comparación con la versión anterior del drama.

Los cuentos serios son intercalados preferentemente en escenas del mismo tenor, usándose en forma de ejemplo retórico para subrayar la propia posición y persuadir al personaje a quien se dirige. Algunos de éstos pueden indicar, en forma sucinta, la idea base por la que se rige el protagonista, como es el caso del cuento del "Calvo y la Cabellera" en el *'Alcalde de Zalamea'*.[14]

De lo expuesto se desprende que la función del cuento en el drama no se limita al encauce de la acción dramática, como se ha dado a entender,[15] sino que además acompaña e interpreta el desenvolvimiento dramático desde un punto de vista pragmático en contraste con la visión del protagonista del drama. Esto nos parece muy importante dejarlo constatado para indicar la intención poética de la interpolación del cuento. A nuestra manera de ver, el uso del cuento en forma de contrapuesto a la acción dramática principal, corresponde a la tendencia general en Calderón, de enfocar los sucesos desde dos puntos de vista diferentes, cada uno de validez propia. De esta manera rinde patente la polaridad de las cosas. Esta dicotomía la observan en otros ámbitos entre otros Cioranescu[16] y Ruiz Ramón[17]. La polarización de dos opiniones, expuesta por medio de dos tipos de personajes de distinta categoría social se realiza a base de una diferenciación en las formas expresivas correspondientes, viniendo a ser un recurso del que se vale Calderón para cumplir con una exigencia que el teatro del siglo de oro, basándose en los latinos, pedía, es decir, que la comedia fuera imitación de la vida. En el uso del cuento Calderón se atiene a este postulado, determinando al personaje que lo refiere por medio de una dialéctica específica. Habiéndose aplicado hasta ahora el término "realista" para la técnica de describir al gracioso, consideramos que sólo la constelación galán-gracioso proporciona la correspondencia de la comedia con la realidad vivida en el siglo de oro. El cuento viene a formar parte constitutiva del principio dualista de la comedia de Calderón.[18] El uso de contraste culmina en los

---

[13] Calderón, *Obras completas*, II, 835–836.

[14] Ibid., I, 545b.

[15] *Cuentos españoles contenidos en las producciones dramáticas de Calderón de la Barca, Tirso de Molina, Alarcón y Moreto*, con notas y biografías de Manuel Jiménez y Hurtado. Sevilla-Madrid 1881. (= *Biblioteca científico-literaria*, libro xxxi), p. 201.

[16] Alejandro Cioranescu: *El Barroco o el descubrimiento del drama*. Universidad de la Laguna 1957.

[17] Francisco Ruiz Ramón: *Historia del teatro español*. (Desde sus orígenes hasta 1900). Madrid 1967.

[18] Compárese Ruiz Ramón, p. 289: "El único modo justo de presentación de la realidad es aquél que, sin caer en el exceso del idealismo ni del naturalismo, sabe ver su belleza sugiriendo su

cuentos "El ciego y la luz"[19] y Alejandro, el filósofo y la flor"[20] en 'La Cisma de Inglaterra'. La dualidad se hace aquí extensiva a la misma persona del gracioso, que bajo el disfraz de loco, esconde su verdadera identidad de docto, en contraste con los personajes serios que actúan como "locos" pero no lo denotan en su apariencia.

Si tomamos en cuenta la situación del teatro en el siglo de oro, que es un teatro abierto a todos los públicos, el cuento le resultaba a Calderón sin duda un medio eficaz para allegarse también a aquellos grupos de personas que pertenecían a la clase social de los mismos villanos y graciosos representados en el escenario. De la eficacia del cuento como recurso para convencer al pueblo tenían ya conciencia los retóricos latinos, lo que se desprende de la siguiente expresión de Quintiliano:

> fabellae [. . .] ducere animos solent praecipue rusticorum et imperitorum, qui et simplicius quae ficta sunt audiunt, et capti voluptate facile iis, quibus delectantur, consentiunt.[21]

Además el cuento cumple funciones técnicas dramáticas, como son las de desenlace de situaciones dramáticas en que predomina el énfasis afectivo, la de desviar la atención tensa del espectador y de despejarlo para que mejor se concentre en las exposiciones de la acción principal a seguir. Estas funciones el cuento las cumple a raíz de su función cómica inmanente.[22]

Intercalados en escenas de tenor antagonista, los cuentos cumplen con la catarsis aristotélica, según la cual la comedia debe limpiar el alma de los vicios por medio del pasatiempo y de la risa.[23] En cuanto a su función inmanente cómica y didáctica, los cuentos obedecen al postulado poético que se funda en Horacio, de que la poesía debe reunir lo útil con lo dulce.

Nos habíamos propuesto poner en evidencia que la interpolación del cuento en el drama de Calderón no se limita a la función cómica, sino que responde a exigencias dramáticas bien definidas, algunas de las cuales tratamos de exponer.

---

fealdad [. . .] De ahí esa esencial dualidad de su [de Calderón] teatro, esa necesidad de la antítesis y del paralelismo, y esa insoslayable y honda vocación interrogativa que atraviesa su teatro."

[19] Calderón, Obras completas, I, 149a.

[20] Ibid., I, 153a.

[21] Quint.: Inst. V, II, 19. Véase tambien Heinrich Lausberg: Handbuch der literarischen Rhetorik. München 1960. Bd. 1 § 413.

[22] Compárese Lausberg sobre la función de lo ridículo, ibid., § 257, 2a, α, β, γ.

[23] González Salas: Tablas, p. 351, citado según Margarete Newels: Die dramatischen Gattungen in den Poetiken des Siglo de Oro. Wiesbaden 1959 (= Untersuchungen zur Sprach- und Literaturgeschichte der romanischen Völker Bd. II), p. 27.

Los amores y noviazgos
clandestinos en el mundo dramático – social de Calderón

Por A l e x a n d e r A. P a r k e r

Al tratar yo de definir, hace varios años, una clase de tragedia típicamente
calderoniana analicé lo que llamé el concepto de la responsabilidad difusa o colectiva, de todos los personajes principales de una obra, por el mal que constituye el
desenlace trágico: o sea el hecho de que cada uno es culpable de un yerro que
contribuye a la larga e indirectamente a producir la catástrofe final. En *El pintor
de su deshonra*, una de las tragedias aducidas para probar mi tesis, señalé como
factores causales en el desarrollo de la trama trágica el hecho de que Álvaro y Serafina por una parte, y el Príncipe y Porcia por otra, hubiesen callado sus amores,
manteniendo cada pareja un noviazgo secreto.[1] En un trabajo anterior había dicho
que las dos puertas de *Casa con dos puertas mala es de guardar* simbolizaban "la
disimulación secreta, el salir desapercibido por donde no se ha entrado" y "el amor
que se solicita a escondidas", el cual "fácilmente se hunde en los celos."[2] El clímax
de esta comedia apunta hacia un posible desenlace trágico en que dos parejas ami-
gas, dos hombres y dos mujeres, han llegado a enemistarse y a traicionarse con el
deseo de venganza. Esto se debe al hecho de que cada pareja mantenía secretas sus relaciones amorosas. La clandestinidad ocasiona los celos y en los celos naufragan el
amor y la lealtad entre amigos. Los noviazgos secretos y los celos abren la puerta
a la discordia que trastorna las relaciones entre hombre y mujer, haciendo posible
una tragedia que sólo puede evitarse volviéndose público lo clandestino.

Estas interpretaciones se basan en una conclusión que me parece evidente: que en
el encadenamiento tantas veces minucioso de acontecimientos que construye Calderón para una acción calamitosa, cada factor contribuyente suele ser un error o
falta moral, más o menos grave, que por consiguiente no puede ser para Calderón
un acto de por sí enteramente inculpable.[3] Reconozco naturalmente que esto es una
generalización no comprobada del todo, por faltarnos todavía análisis detenidos de

---

[1] "Towards a Definition of Calderonian Tragedy", en: *Bulletin of Hispanic Studies* XXXIX,
1962, pp. 231–233.
[2] "Metáfora y símbolo en la interpretación de Calderón", en: *Actas del Primer Congreso Internacional de Hispanistas*, Oxford 1964, p. 43.
[3] No todos los casos presentan la "responsabilidad colectiva". Ésta se limita a las obras de ambiente social más a menos contemporáneo. Las tragedias de asuntos clásicos, como *El mayor monstruo
del mundo* y *La hija del aire*, pertenecen más bien a la tragedia de tipo clásico.

las obras completas de nuestro dramaturgo. Habría que comprobar estadísticamente, primero, que donde exista semejante estructura los factores que contribuyen a acarrear el desenlace trágico son de hecho "errores", y segundo, que cada uno es de veras culpable a los ojos de Calderón.[4]

A base de este principio general mantengo que en el teatro calderoniano la clandestinidad en los amores es algo culpable intrínseca y no accidentalmente, por disculpable que pueda ser en casos particulares. Es decir, que es una costumbre o práctica social que Calderón reprueba implícitamente. Supongo que para muchos habrá dificultad en aceptar esto, como ha habido dificultad en aceptar la idea de que Calderón critica el pundonor de su época. A través de todo el teatro del siglo XVII se presentan los noviazgos clandestinos como una realidad *de facto*, como una premisa del comportamiento social. Además, en las comedias de capa y espada estos noviazgos secretos suelen triunfar en el conflicto permanente con la autoridad paterna, lo cual significa que la justicia está de parte de ellos. La objeción, pues, sería que algo tan universalmente aceptado tenía que tomarse por supuesto en el teatro de Calderón. Adentremos un poco en este asunto, y que sea esto una aportación al estudio, que dista mucho de ser completo, del mundo social del teatro calderoniano y de sus ideas acerca de la vida social de su época.

Es cosa sabida que los matrimonios clandestinos habían tenido validez canónica hasta 1563 cuando el Concilio de Trento los prohibió definitivamente.[5] Estos ma-

---

[4] En un estudio reciente, siempre sutil y muchas veces conmovedor, "The Comic and Tragic Melancholy of Juan Roca: A Study of Calderón's *El pintor de su deshonra*" (en: *Forum for Modern Language Studies* V, 1969, pp. 244–261), Alan K. G. Paterson mantiene que el mundo que Calderón nos presenta en este drama carece de orden y sentido por ser desprovisto del concepto de la providencia ("drained of providence"), siendo por consiguiente incoherente y absurdo. Quizá se base esto en una comprensión equivocada del concepto cristiano de la providencia, el cual no ha pretendido nunca penetrar los designios divinos en cuanto a este mundo. La redención de la humanidad y la salvación individual, que son el objeto de la providencia, se refieren al otro mundo: ni entran ni hay para qué entren en una visión de la experiencia humana que se ciñe a la vida social. El que esta visión dramática tenga sentido o no, depende de si el sufrimiento humano se presenta como caprichoso o como parte de un orden superior a los casos individuales. *El pintor de su deshonra* señala un orden existencial en cuanto establece una relación entre los sufrimientos de la vida y los errores, vanidades, egoísmos y pasiones de los hombres. Esto, claro está, es un lugar común de toda visión religiosa del mundo humano. La originalidad de Calderón estriba en que la casualidad maligna (de que habla Paterson) domina la acción por medio de una estructura que no es caprichosa sino cuidadosamente elaborada para hacer que la hospitalidad vanidosa y efusiva de don Luis, que da comienzo al drama, sea la causa primera del efecto final, el asesinato de la inocente Serafina (véase "Towards a Definition of Calderonian Tragedy"). En la marcha de los acontecimientos eslabonados cada causa intermedia está tachada de "la santidad del 'yo'" y de "la imperfección secreta" de todos los hombres, de que habla Paterson sin darse cuenta, al parecer, de que aquélla para un cristiano es el fundamento de ésta, y sin ver que para Calderón, como cristiano, el orden regido por la providencia encamina esta imperfección humana hacia el sufrimiento que expíe los extravíos de la humanidad entera. El dolor individual (la tragedia de Serafina) no tendría sentido para Calderón, ni para ningún cristiano, sino dentro del concepto de la culpabilidad colectiva de la humanidad entera, pasada y presente. A muchos les parecerá esto hoy día un concepto insensato, pero no debieran negar que constituye un "orden" que Calderón hubiera llamado providencial. Esta estructura deliberada es un hecho incontrovertible en *El pintor*; hay que darle una explicación en vez de hacer caso omiso de ella para poder afirmar la incoherencia de la vida en el concepto de Calderón.

[5] Para lo que sigue me baso en el artículo "Mariage" del *Dictionnaire de Théologie Catholique*, especialmente en la sección que trata de la "doctrina clásica" antes y después del Concilio de Trento (tomo IX, col. 2162–2255). En lo que toca a la literatura española hay un estudio interesante y va-

trimonios consistían solamente en la promesa libre y solemne que hacían un hombre y una mujer de unirse, y en la firmeza dada a este voto por la consumación carnal. La validez de semejantes matrimonios estribaba en el hecho de que la esencia del matrimonio es la voluntad de contraerlo y no hay más materia sacramental que el contrato: el sacramento se lo confieren a sí los contrayentes. Matrimonios secretos, contraídos sin testigos y confirmados por la cohabitación, todavía tienen validez legal en Escocia; en varias partes del mundo anglo-sajón se llaman "common-law marriages". En España se solían llamar "matrimonios a juras". Claro que estos matrimonios clandestinos habían dado lugar a muchos abusos, especialmente a que el hombre pudiera abandonar a la mujer sin que ella, por falta de testigos, pudiese probar que estaban casados. Por esto, tanto las autoridades civiles como las eclesiásticas habían reprobado los matrimonios clandestinos y habían tratado de impedirlos, sin atreverse a negarles validez tanto *de iure* como *de facto*. La razón principal de esta tolerancia había sido la necesidad de poder poner un freno a la tiranía ejercida por los padres, la cual había conducido a tantos matrimonios forzados. Después de Trento, en el teatro por lo menos, el freno a la tiranía paterna lo constituían los noviazgos secretos, que eran los sucesores de los matrimonios clandestinos. *Las siete partidas* (Part. IV, Tit. III, Ley V) habían condenado estos matrimonios porque producían enemistades, muertes, heridas y deshonras; en el teatro calderoniano igual discordia resulta de los noviazgos clandestinos, como también resulta el otro daño del abandono de la mujer por el hombre. En todos los casos teatrales parecidos al de Rosaura, seguramente imperaba todavía la conciencia de la licitud en derecho natural de un contrato matrimonial secreto, porque estas mujeres, como también la Dorotea del *Quijote,* se entregan sólo después de exigir al amante la promesa de casamiento. Se ha dicho que Rosaura es una mujer liviana; se ha dicho que livianas son también la duquesa Isabela y la doña Ana de *El burlador de Sevilla,* y que por consiguiente no hay que tenerles lástima, lo cual aumenta la simpatía que se pueda sentir por don Juan. Creo que este juicio no sería el del público contemporáneo, porque estas mujeres se entregaban al hombre que ellas creían ser su marido en derecho natural. Lo mismo vale por Tisbea y Aminta, que también exigen promesa de casamiento, aunque en estos casos entran la vanidad y la imprudencia.

Detrás de estos noviazgos clandestinos había, pues, un fondo de larga condenación de lo clandestino, pero también una larga tradición de validar los matrimonios así contraídos, por razones no solo teológicas sino también humanas, la larga tradición de que

Los yerros por amores
dignos son de perdonar.

No cabe duda de que Calerón, compasivo siempre para con yerros humanos que no nazcan de una arrogancia soberbia, ni de una ambición egoísta, perdonaba los

---

lioso por Justina Ruiz de Conde, *El amor y el matrimonio secreto en los libros de caballerías,* Madrid 1948.

yerros por amores de sus personajes; pero perdonar no significa aprobar, ni siquiera cohonestar. El juicio moral suyo hay que buscarlo en la relación que la acción dramática establece entre lo clandestino y lo trágico.

Aunque después de 1563 no podían existir los matrimonios clandestinos, no cabe duda de que seguían existiendo en la vida real cohabitaciones secretas que equivalían a los matrimonios clandestinos de antes, en las que la clandestinidad correspondía a alguna exigencia social. Si era verdad lo que se le imputó a Quevedo de estar amancebado con la Ledesma y de tener hijos de ella, ésta podía haber sido una cohabitación clandestina que no podía llegar a casamiento por la diferencia de clase entre los cohabitantes. Para mantener su vida cortesana es de suponer que Quevedo sólo podía casarse con una dama hidalga, como en efecto lo hizo después, a los 54 años, a instancias de sus amigos cortesanos. Es posible que relaciones semejantes existiesen en la vida del propio Calderón. Sabemos que tuvo un hijo natural a quien primero llamó sobrino, y luego reconoció públicamente como hijo.[6] De este hijo sabemos poquísimo; de la madre absolutamente nada, aunque se ha conjeturado que ella debió de morir poco después del nacimiento del muchacho, puesto que el padre se encargó de su crianza, y que esta muerte habría producido el desengaño con el mundo que le llevó a Calderón a ordenarse de sacerdote.[7] Si en efecto fue éste un amor verdadero y una cohabitación secreta, ¿por qué no se habrían casado Calderón y la madre de su hijo? Seguramente por algo tocante a la honra. Quevedo no se casaría con la Ledesma por la honra social, pero la honra podía intervenir también donde no había desigualdad de clase. Un ejemplo de esto dentro del teatro calderoniano es Clotaldo en *La vida es sueño*. No sabemos porqué no se casó con la madre de Rosaura, ni tiene que ver esto con el drama; pero lo poco que él nos cuenta no implica un abandono de seductor vulgar. El hecho de que se le trate a Clotaldo con simpatía y de que no se hubiese casado después de separarse de Violante denotan, a mi ver, que no debemos imaginarnos una acción malvada sino uno de estos casos de relaciones forzosamente clandestinas.

Nos ayudará a comprender esto un caso explícito en el teatro calderoniano, y todavía no estudiado, de cohabitación semejante a un matrimonio clandestino pretridentino, donde se explica claramente porque no llegó a casamiento. Antes de examinar esto conviene ver la acción del drama en que aparece, que es *El postrer duelo de España*, del cual existe copia manuscrita fechada 7 de marzo 1665, con una nota marginal autógrafa de Calderón, y con aprobaciones de censores,[8] sin que conste que en efecto se representase en estos últimos meses del reinado de Felipe IV.[9] Dramatiza un episodio acontecido en Valladolid en el año 1522, narrado en

---

[6] El caso de Calderón no es parecido al de su padre, que también había tenido un hijo ilegítimo (y no reconocido), puesto que el padre estaba casado; no se trata, pues, de una cohabitación, o sea de un "matrimonio" de derecho natural.

[7] E. Cotarelo y Mori, *Ensayo sobre la vida y obras de D. Pedro Calderón de la Barca*, Madrid 1924, pp. 282–285.

[8] "Copiada del original por Sebastián de Alarcón en Madrid, 7 de Marzo de 1665. Entre las hojas 6a. y 7a. del 2º acto hay una nota autógrafa de Calderón. Aprobaciones autógrafas de Avellaneda y de Sarasa." (A. Paz y Melia, *Catálogo de las piezas de teatro que se conservan en el Departamento de Manuscritos de la Biblioteca Nacional*, 2a. ed., Madrid 1934, tomo II, p. 411)

[9] Véase Cotarelo, *op. cit.*, p. 315. Del hecho de no constar que se hiciesen representaciones dra-

la *Vida y hechos del Emperador Carlos V* por Fray Prudencio de Sandoval.[10] Dos caballeros aragoneses, don Pedro de Torrellas y don Jerónimo de Ansa, que eran grandes amigos, llegaron a enojarse jugando a la pelota y se desafiaron. En el duelo se le cayó la espada a Torrellas de la mano y él se dio por vencido, pidiendo a Ansa que le matara, o si le dejaba con vida, que prometiera no decir nada a nadie de este duelo para él ignominioso. Ansa se lo prometió y los dos volvieron a hacerse amigos, creyendo que nadie los había visto. Pero hubo un testigo y pronto se divulgó el suceso por la ciudad. Torrellas se quejó a Ansa de que éste no le hubiese guardado la palabra, pero él negó que hubiese dicho nada. Así se desafiaron otra vez y fueron al Emperador pidiendo un duelo público "conforme a los fueros de Aragón y leyes antiguas de Castilla". Concedida la petición tuvo lugar el combate en la plaza de Valladolid ante el Emperador y toda la corte. Los dos pelearon con tanto denuedo que rompieron las armas y continuaron luchando a brazo partido. Entonces mandó el Emperador que cesara la pelea, "pareciéndole (según dice Sandoval) que los caballeros habían hecho su deber, volviendo por la reputación de su honra", y que ninguno había vencido al otro. Pero ni uno ni otro quiso desistir y porfiaron tanto que el Emperador los hizo encarcelar. Aun después de libertados nunca quisieron hacerse amigos.

Se trata, pues, del antiguo combate judicial en el que se pretendía que fallase Dios, haciendo que venciera el litigante inocente. Estos duelos, igual que los matrimonios clandestinos, fueron prohibidos por el Concilio de Trento, que los llamó "una invención del Demonio". Calderón permanece fiel al relato de Sandoval, presentando primero el duelo privado y luego el público, cambiando solamente el final, haciendo que Torrellas y Ansa acepten el fallo y se reconcilien. Pero añade a la pelea algunas circunstancias e inventa de su propia cosecha una explicación detallada de ella. Hace que cada caballero tenga que jurar antes de luchar que no le mueve odio, rencor ni deseo de venganza, sino sólo "la fama de honrada opinión".[11] Sin embargo, este duelo por la honra se condena claramente. El conde de Benavente, uno de los padrinos, la llama "gentílico duelo" y dice "¡ Quién sin él a España viera!" Y Calderón, con anacronismo deliberado, hace decir al Emperador al final:

> Escríbase luego al Papa
> Paulo Tercero, que hoy
> goza la Sede, una carta
> en que humilde le suplique
> que esta bárbara, tirana
> ley del duelo, que quedó
> de gentiles heredada,

---

máticas en palacio durante 1665, cree este biógrafo que el drama tiene que ser anterior a la fecha del manuscrito con las aprobaciones. Sería más probable que la pieza fuese encargada para una fiesta que, debido a la mala salud del Rey, no llegó a celebrarse.

[10] Se encuentra en el Libro XI, cap. ix (*BAE*, Madrid 1935, II, 15–18).

[11] Dice Sandoval: "Luego llamó el condestable a los dos caballeros combatientes, y teniendo un sacerdote el misal en las manos, juraron sobre él a Dios y a los Santos Evangelios y en la que tocaron, que entraban en aquella pelea por la defensa de su honra, y que era justa la causa que les movía y no otra cosa" (*op. cit.*, p. 17a).

en mi reinado prohiba
en el Concilio que hoy trata
celebrar en Trento . . .[12]

Además, con otro anacronismo, relaciona el duelo con la rebelión de los Comuneros. Ésta tuvo lugar en 1520–21 y el duelo en 1522, así que el anacronismo apenas si lo es, pero tiene importancia por ser un detalle que Calderón añade a la fuente. En el drama, inmediatamente después de tener que conceder el duelo, el Emperador recibe la noticia de la sublevación: es decir, un duelo entre individuos se equipara a una guerra civil dentro de una nación. Al poner fin a la pelea les dice el Emperador a los caballeros:

porque habiendo visto cuanta
es vuestra bizarría, quiero
no me haga a otras lides falta
más generosas.[13]

Y ellos confiesan que si él les honra, empleándoles en altas empresas, no les queda nada que desear. Es decir, la honra se adquiere, no peleando por la fama personal, sino por la paz de la patria en servicio del Rey.

Finalmente, aquí como en otras obras de Calderón, es el gracioso el que representa el sentido común. Dirigiéndose al público dice Ginés:

Señores, ¿ habrá en el mundo
dos tan grandes majaderos,
que les cueste más cuidado,
más diligencia y anhelo
saber cómo han de matarse,
que cuesta a muchos discretos
saber cómo han de vivirse?[14]

Es ésta la voz de la razón. Pero el propósito de Calderón no podía ser la condenación del duelo, porque ya hacía un siglo que estaba condenado. Este duelo, condenable *a priori,* sirve para condenar otra cosa. La irracionalidad del duelo implica irracionalidad en el motivo de los antagonistas. En el hecho histórico éste no podía ser más frívolo ni disparatado: una pendencia ocasionada por un partido de pelota. Aquí no había tema para un drama serio y por consiguiente tuvo Calderón que inventar otro motivo. No es que lo inventase para dramatizar el duelo histórico, sino que, según creo, se sirvió del duelo histórico (con el espectáculo que ofrecía, muy apropiado a una fiesta palaciega) para criticar una costumbre social, el noviazgo secreto, o mejor dicho la cohabitación clandestina.

El don Pedro Torellas del drama es el prometido de doña Violante de Urrea. Se desprende claramente del texto que viven como esposos, porque él pasa todas

---

[12] Cito según la edición de A. Valbuena Briones en las *Obras completas* (4a ed., Madrid 1959), p. 1594b. Paulo III (1534–1549), claro está, es el papa que convocó el Concilio, no el que reinaba en 1522.

[13] *Ib.,* p. 1593a.

[14] *Ib.,* p. 1585a.

las noches en casa de ella, no volviendo a la suya hasta la madrugada.[15] Una de las salas de la casa de Violante tiene una entrada secreta, que sólo conoce una criada de confianza. Los dos no son novios oficiales; estas relaciones son clandestinas, tanto que Violante le ha hecho jurar a Pedro no hacer mención de ella, ni siquiera decir que se conocen. Este silencio se lo impone, naturalmente, porque le va la honra en ello. Pero, ¿ por qué es necesaria esta clandestinidad? ¿Por qué no se casan? Por razones económicas. Él espera una herencia y tiene que litigar con pleito. Ella es hija de un caballero en cuya familia está vinculada cierta "alcaídia", pero habiendo muerto el padre sin hijo varón, el puesto de alcaide está vacante y no goza ella de las rentas; presenta un memorial al Emperador pidiéndolas. Por consiguiente, si se casaran estarían relativamente pobres, sin poder mantener la casa y servidumbre que corresponderían a su alto rango social. Es decir que no pueden casarse por cuestión de honra. La pobreza deshonra a los nobles, y la honra produce esta situación irónica (típicamente calderoniana) por no decir irracional: que para conservar la honra pública tienen que perder la privada en la inmoralidad de una cohabitación clandestina. No quiere esto decir que sean malos; todo lo contrario: son una pareja recta y honrada en todo menos en ocultar su desposorio y consorcio. No cabe duda que esta razón y otras parecidas impedían o dilataban los casamientos en la vida real, lo cual debiera originar relaciones clandestinas cohonestadas privadamente por la mutua promesa de matrimonio. Todo esto lo exigiría la honra impuesta por normas sociales, por ser deshonrosa la pobreza. Recuérdese que Lisardo, en *La devoción de la Cruz*, había dicho a Eusebio que éste no podía casarse con Julia, porque "es delito la pobreza".

Ahora bien, esta deshonra irónica privada conduce inevitablemente a la deshonra pública y trágica del duelo entre amigos y parientes (Calderón los hace primos). Inevitablemente, porque si no se sabe que una mujer está ya prometida, alguien se enamorará de ella. Y el que se enamora de Violante es don Jerónimo de Ansa. Sospechando tener rival, pide a su primo Pedro que descubra quién sea éste. No puede Pedro decirle al principio que es suya la dama, por la palabra que le tiene prometida a ella; pero resultándole luego intolerable que Jerónimo trate ahincadamente de cortejarla, y que el mismo huesped que tiene en casa llegue pronto a ser su rival también, tratando de conocer a Violante por haberla visto en una fiesta pública, Pedro decide faltar a su palabra, diciéndose:

> rompa la presa el silencio,
> y ponga mi honor en salvo;
> que si dijo algún proverbio:
> "Antes que todo es mi dama,"
> mintió amantemente necio;
> que antes que todo es mi honor,
> y él ha de ser el primero.[16]

---

[15] Por tratarse de la época pretridentina, Calderón podría haber presentado esta cohabitación como un verdadero matrimonio clandestino; no lo hizo porque no tenía el propósito de criticar lo condenado, sino de señalar una costumbre vigente en la actualidad.

[16] *Ib.*, p. 1561a.

El silencio ha hecho, pues, que lo que sea honra para ella, sea deshonra para él, y viceversa. Llega, por consiguiente, a no guardarle fe a su dama, siendo esta traición el primer efecto de la clandestinidad. El segundo es que Jerónimo, no pudiendo comprender porqué no se había declarado Pedro al principio, le acusa de no haberle guardado fe a él, y así resulta el desafío. Antes de saber lo del duelo, Violante se da cuenta de lo absurdo de la situación y ve lo malo del miedo a la pobreza y del silencio que ella había exigido. Entonces le propone a Pedro que se casen, y en este discurso pone Calderón la censura de los noviazgos clandestinos. Esta censura se basa, como la opinión del gracioso acerca del duelo, en la razón y el sentido común. Dice Violante:

> Quiebras de hacienda, don Pedro,
> por vuestro lustre y el mío
> el casamiento dilatan;
> pues en dos daños precisos,
> elijamos el menor:
> tratemos de descubrirnos
> a nuestros deudos por medios
> públicos, justos y dignos,
> y padezcamos desaires
> de cumplimientos altivos,
> poniendo las estrecheces
> a cuenta de los cariños.
> Como yo viva con vos
> en el mas pobre retiro,
> y consiga lo dichoso,
> ¿qué falta ha de hacer lo rico?
> Si ha de salir a la calle
> el secreto en desafíos
> de celos, armas y duelos,
> salga por el real camino
> de la fama y del honor;
> y pues casado conmigo,
> no queda al atrevimiento
> el mas pequeño resquicio
> que aun pudo quedarle al sol,
> porque es mi esplendor mas limpio,
> mejoremos lances, pues
> más enfrena a un desvarío,
> que la espada de un amante,
> el respeto de un marido.[17]

La voz de la sensatez y de la razón, pero se oye demasiado tarde.
Ya aceptado el desafío Pedro no tiene más remedio que batirse en duelo con su amigo, el cual hubiera acabado en tragedia insensata si el Emperador no se hubiese disgustado con medio tan "gentílico" y "bárbaro" de proceder en defensa de una honra falsa. La honra que impide casarse pobres es también falsa. El haberse casado pobres hubiera sido la única manera de evitar pendencias, trastornos y desvaríos,

---

[17] *Ib.*, p. 1570b.

y de asegurar una vida social tranquila, ordenada y racional. Los noviazgos clandestinos, por consiguiente, no solucionan nada: como dice Violante, de dos males la clandestinidad es el mayor. Ella llega a conocer que la verdadera honra es un "real camino" (hay que hacer hincapié en esta frase espléndida: "el real camino de la fama y del honor"), el real camino de la publicidad: la vida social es y tiene que ser vida que se lleva en público y no en la clandestinidad. La honra personal es un real camino y no un túnel.

Mantengo, pues, que tenemos el derecho de considerar los noviazgos clandestinos como elemento censurable en el mundo social que Calderón nos presenta, sea en dramas serios o en comedias de capa y espada. Y esto no lo contradicen títulos de obras suyas como *Nadie fíe su secreto*, *Basta callar* y *No hay cosa como callar*. En la primera de estas comedias (obra juvenil bastante mediocre), en el momento preciso en que un galán es aceptado por la dama, antes de que este noviazgo incipiente pueda hacerse público, el galán lo confía en secreto a un amigo, quien lo cuenta a otro pretendiente de la dama con el conflicto inevitable. Pero en cuanto se hace público el noviazgo, cesan las pendencias. El título *Nadie fíe su secreto* no quiere decir que el noviazgo deba ser clandestino, sino que mientras lo sea, el secreto debe guardarse. En los demás casos el callar no es lo mismo que la clandestinidad. El tema de *Basta callar* es que las mujeres son víctimas de reglas establecidas para favorecer a los hombres: no tienen ellas libertad para descubrir sus amores y están expuestas siempre a las sospechas de los amantes. Aquí Serafina, novia clandestina de César, es cortejada por dos hombres más que hacen todo lo posible por vencer su resistencia. César, por su parte, es perseguido por una dama enamorada de él. Cuando por fin el noviazgo clandestino se hace público, los tres rivales se retiran; para ellos "basta callar", es decir callar la pasión que sienten porque ya no hay derecho a gratificarla. En *No hay cosa como callar*, (en mi opinión una verdadera obra maestra), lo que hay que callar no es ningún noviazgo sino un hecho afrentoso que causaría escándalo si se hiciese público. Una mujer inocente calla su deshonra y renuncia a la venganza exigida por el pundonor, para evitar la violencia que trastornaría la vida de sus parientes y amigos. Hay cosas que se deben callar y otras que no deben callarse; en todos los casos lo que determina el callar o el no callar es la razón. En el mundo social calderoniano el enemigo de la razón es casi siempre el pundonor.[18] La presentación de los noviazgos clandestinos en general, y *El postrer duelo de España* en particular, son pruebas de esto.

---

[18] En los dramas de ambiente político el enemigo de la razón es, por la mayor parte, la ambición y la sed del mando.

El triste drama del honor
Formas de crítica ideológica en el teatro de honor de Calderón

Por Hans-Jörg Neuschäfer

El honor, concepto clave para entender el Siglo de Oro español, ha sido aclarado en muchos de sus aspectos gracias a los estudios de Castro, Bataillon y otros investigadores. Sin embargo, la relación entre literatura y honor todavía está muy lejos de tener una explicación satisfactoria. La ciencia literaria, en su gran mayoría, se ha contentado hasta ahora con aceptar el concepto del honor como un hecho bien definido de la historia de la cultura, y la literatura sobre el tema del honor como una mera documentación de este hecho preexistente. Calderón, sobre todo, sigue siendo considerado como el gran 'ilustrador' del concepto del honor, y se cree que da una imagen viva de su funcionamiento, un retrato, en cierta medida, realista. Como ejemplo, bástenos citar dos pasajes de la larga introducción con que Angel Valbuena Briones presenta la última edición de algunos dramas de honor de Calderón en la ilustre colección de Clásicos Castellanos:[1]

> Sobre la concepción del honor se (...) fundamenta todo el teatro del siglo de oro. Hacemos esta declaración así, tan en general, porque el teatro de nuestra época dorada retrata la vida misma, tal cual era, sin quitar ni poner nada (...). Y la vida de aquella centuria se regía por la ley del honor (p. XV).
> Estos dramas, lo repetimos una vez más, no desenfocan ni exorbitan realidad alguna, sino que se atienen estrictamente a ella. Hechos como los que nos narra Calderón sucedían (p. XXXIX).

Frente al escepticismo de escasos hispanistas, particularmente ingleses, que señalan repetidamente lo extremado del sentimiento del honor, sobre todo en *El médico de su honra*[2], Valbuena afirma categóricamente que Calderón no sólo refleja fielmente

---

[1] Calderón de la Barca: *Dramas de honor;* Edición, prólogo y notas de Angel Valbuena Briones; 2 tomos, Madrid ²1965 (primera edición 1956) [*Clásicos castellanos* 141+142].

[2] E. M. Wilson, *Gerald Brenan's Calderón,* en: *Bulletin of the Comediantes,* vol. IV (1952); A. A. Parker, *The Approach to the Spanish Drama of the Golden Age,* London ⁴1967; P. N. Dunn, *Honour and the Christian Background in Calderón,* in: *Critical Essays on the Theatre of Calderón,* ed. B. W. Wardropper, New York University Press 1965. Véase tambien B. W. Wardropper, *Poetry and Drama in Calderóns "El médico de su honra",* en: *Romanic Review,* vol. XLIX (1958). W., también, rechaza la idea de un *Médico* documental, pero cae, a mi parecer, en el otro extremo al presentar la obra literaria como algo que se basta a sí mismo y no tiene que ver nada con la realidad social. Mi punto de vista es, en cambio, que el interés del *Médico* está precisamente en el

las costumbres del honor de su época, sino que además está totalmente conforme con las leyes del honor vigentes:

> No hay por qué achacar a Calderón de riguroso o exagerado, cuando en sus dramas no hace más que estar de acuerdo con lo que la ley de la época prescribía (p. XXXV).

Mi concepción de los dramas de honor de Calderón se diferencia bastante de la que expresan estas palabras. Creo que a Calderón se le considera equivocadamente como el exponente extremo de la ideología española del honor. Voy a intentar demostrar en éstas páginas que, por el contrario, el gran dramaturgo miró con escepticismo esa ideología, y que en sus dramas, que yo llamaría "Trauerspiele der Ehre", la pone en tela de juicio.[3] Esto no quiere negar de ninguna manera la enorme influencia que la ideología del honor tuvo en Calderón como en todos los contemporáneos.

Arrancamos, pues, del hecho de que los dramas de honor de Calderón han sido vistos hasta ahora en general como una literatura conformista o por lo menos realista, mientras que en este estudio intentaré demonstrar que constituyen una literatura crítica, no afirmativa, dentro de los límites que permitía el siglo XVII. Esto significa que no podemos esperar encontrar una literatura de abierto rechazo, sino que, desde un principio, tendremos que buscar otras formas, menos abiertas, de duda y de distanciamiento.

El presente estudio abarca los tres dramas de honor más famosos de Calderón, que han sido nuevamente editados por Valbuena Briones: *El médico de su honra, El pintor de su deshonra* y *A secreto agravio, secreta venganza*.[4] Los tres dramas tratan el problema del adulterio. Voy a extenderme particularmente sobre el *Médico de su honra*, que es el drama de honor más problemático, quizás la pieza más discutida de todo el teatro de Calderón.[5] Y para completar el análisis del *Médico* estudiaré también la función del honor en *El mágico prodigioso*.

El médico de su honra

1.

Antes de comenzar con el análisis del drama conviene resumir con cierto detalle el complicado argumento. Esto nos servirá para evitar malentendidos y nos ayudará a comprender mejor la intención de Calderón. La pieza comienza con un accidente

---

caracter *oposicional* que tiene frente a la realidad social y a las ideas vigentes. Sobre el caracter "oposicional" de la literatura véase Th. W. Adorno, Ästhetische Theorie, Gesammelte Schriften 7, Frankfurt 1970, especialmente pp. 12, 264, 334, 339.

[3] Es curioso que ya a Menéndez y Pelayo le parecían exagerados algunos dramas de honor de Calderón y que, por lo visto, le resultaban antipáticos. Pero ni él ni otros se han preguntado, si no era, quizás, la *intención* de Calderón, presentar la ideología del honor como algo antipático e inhumano. Parece que no podía imaginarse una literatura crítica sobre el problema del honor. (Véase *Teatro selecto de Calderón de la Barca,* vol. II, Madrid 1881, introducción).

[4] Véase nota 1. – En las páginas que vienen citaré la edición de Valbuena Briones, indicando la jornada con cifra romana y el número del verso con cifra arábiga.

[5] Véase nota 2.

de caza que sufre el Infante Don Enrique, precisamente ante la quinta de Doña Mencía y de su esposo Don Gutierre, que está ausente en este momento. Cuando Doña Mencía reconoce en el caballero herido – que entretanto ha sido llevado a su casa – al Infante, revive en ella un pasado romántico. Se nos hace saber que Don Enrique le había hecho la corte en otro tiempo y que Doña Mencía no le había visto con disgusto. Pero desde el primer momento Doña Mencía no deja lugar a dudas que guardará, en todo caso, fidelidad a su marido aunque, evidentemente, ha hecho con él una boda dictada por la razón. El Infante regresa desabrido a Sevilla después de restablecerse (jornada primera). – Como no puede resignarse a ver casada a su dama, vuelve de incógnito a la quinta al principio de la jornada segunda y obliga a Doña Mencía a una entrevista que queda interrumpida por el regreso inesperado de Don Gutierre. El espanto de Doña Mencía no corresponde, en manera alguna, a lo allí sucedido: inmediatamente teme por su vida, pierde toda la tranquilidad y, aunque inocente, se comporta como una culpable. Por miedo a que su marido pueda descubrir algún día lo que ha pasado, no se atreve a ocultárselo del todo; pero tampoco tiene confianza suficiente para informarle de la verdad completa. Así, se limita a insinuar vagamente que un hombre ha penetrado en la casa, y despierta justamente con ésto las sospechas del esposo que inmediatamente se pone a buscar al intruso. Como éste todavía no ha abandonado la casa, Mencía se ve obligada a hacer uso del primer truco que se le viene a la cabeza: apaga la vela para facilitar la huída al Infante; pero con ello confirma el recelo de su marido, ante el que se comporta por puro miedo como una verdadera adúltera. Cuando Don Gutierre aparece finalmente con la daga, que Don Enrique había perdido al escapar, Mencía está totalmente presa de pánico, con lo que el recelo de Don Gutierre se convierte en la convicción de que el honor de su esposa – que es al mismo tiempo su propio honor – se encuentra en peligro inminente. Cuando en la corte se da cuenta de que la daga perdida pudiera ser del Infante, arraiga en él tan profundamente el recelo que, de ahora en adelante, no puede pensar más que en el peligro de su honor, y no es capaz de ver otras cosas que no sean confirmación de sus sospechas, creyendo encontrar por todas partes pruebas, cuando la verdad es que sólo se trata de equívocos sospechosos. De estos equívocos tienen la culpa tanto Doña Mencía como el mismo Don Gutierre, ya que éste los provoca empleando métodos de instrucción judicial, que hacen pensar más en un juez parcial que en un marido enamorado. A ninguno de los esposos se le ocurre confiarse al otro y pedir o dar explicaciones. Don Gutierre cree que los intereses del honor más bien exigen proceder con cautela y suponer lo peor. Así regresa con todo secreto a la quinta y al encontrar a Doña Mencía durmiendo en el jardín, decide ponerla a prueba aprovechando la obscuridad absoluta y hablando con voz fingida. El resultado era casi previsible: al despertar de un sueño intranquilo y temiendo en su estado de permanente excitación tener otra vez ante sí al desobediente Infante, se dirige a su esposo hablándole de "alteza" y le pregunta, si cree que el truco de apagar la vela va a poder repetirse siempre, descubriendo así el secreto de la noche anterior. Don Gutierre, que no se da cuenta de que su esposa se dirige al supuesto Infante en tono dolorido y reprochoso, cree confirmadas sus sospechas y decide »curar« su deshonra:

Pues médico me llamo de mi honra,
yo cubriré con tierra mi deshonra.

(Final de la segunda jornada)

La tercera jornada empieza con una visita que Don Gutierre hace al rey. Como consecuencia de ella, el rey pide explicaciones a su hermano, rogando a Don Gutierre escuche oculto la conversación. Pero el rey lleva el diálogo con tan poca habilidad, cortando la palabra a Enrique siempre que éste se dispone a explicar el caso, que Gutierre se siente plenamente confirmado en sus sospechas. El rey se comporta así, porque teme que las palabras de su hermano puedan herir al escondido Don Gutierre. Así pues, una vez más, se agudiza la desventura porque los personajes o no pueden o no quieren hablar abiertamente. El último impulso que lleva definitivamente a la venganza sangrienta del honor, parte de nuevo de un malentendido: Doña Mencía escribe una carta al Infante – de los motivos y circunstancias hablaré más adelante – rogándole que no se ausente de Sevilla. Doña Mencía que escribe la carta con la intención expresa de amparar su honor y el de su esposo, tiene la mala suerte de verse sorprendida durante la escritura por Don Gutierre, el cual interpreta inmediatamente las palabras "Vuestra alteza, Señor, no se ausente" como última prueba del acuerdo entre Doña Mencía y el Infante. Otra vez no tiene lugar una explicación sincera entre los esposos que podría aclararlo todo: Mencía, que se ha asustado mortalmente con la aparición del marido, cae desmayada –, una vez más como si fuese culpable y no estuviese escribiendo la carta con la mejor de las intenciones. Don Gutierre se dispone inmediatamente a ejecutar su venganza, no sin avisar antes a Mencía en el mismo papel de la carta:

Dos horas tienes de vida, cristiana eres,
salva el alma, que la vida es imposible.

(III, después del v. 445)

Y entonces Don Gutierre actúa como "médico de su honra", es decir que obliga a un cirujano, al que arrastra a su casa con los ojos vendados, a sangrar a Doña Mencía. Solo cuando ella está ya desangrada, deja libre al cirujano, no sin antes haber dudado si matarle también a él para evitar la difusión del suceso, que pondría a su honor en el peligro de ser objeto de comentario público. A partir de este momento los sucesos se precipitan y cada vez parecen más chocantes: Ludovico, el cirujano, encuentra casualmente al Rey, le informa del caso y le explica que las últimas palabras de Doña Mencía han sido protesta de su inocencia: "¡Inocente muero...!" (III, v. 640). Gracias a las huellas de sangre que ha ido dejando el cirujano, llega el Rey a la casa de Gutierre, donde el drama concluye de una forma verdaderamente extraña: Don Gutierre hace aparecer la muerte de su esposa como un accidente y el Rey acepta esta explicación, aunque ambos se entienden a medias palabras, también, sobre los verdaderos motivos. Así pues, el Rey perdona a Don Gutierre, pero no sólo le perdona, sino que además le casa en el acto con Doña Leonor, de la que al principio de la pieza se había ya tratado brevemente: Ella había sido cortejada en otro tiempo por Don Gutierre, pero éste la había dejado por sospechas de honor no más fundadas que en el caso de Doña Mencía (no estando casado le "bastaba" con esta medida). Como ésa había sido la razón de que Doña Leonor se quedase soltera y además con la honra manchada, el rey cree que ahora se le ofrece a Don Gutierre una buena ocasión para reparar la injusticia cometida. El rey, pues, no sólo no condena el comportamiento de Don Gutierre, sino que le exige consentir en un nuevo matrimonio, que desde un principio se nos presenta como una nueva emanación del concepto de la honra, ya que se trata de la reparación de una honra perdida. Y este "matrimonio de honor" se comienza ya bajo horripilantes auspicios, pues cuando Don Gutierre pregunta cuál debe ser su comportamiento en el caso de encontrarse con su nueva esposa en una situación semejante a la que se encontró con Doña Mencía, el Rey le aconseja emplear otra vez el mismo remedio, siempre que no pueda desembarazarse de sus sospechas de otro modo:

> Rey: Para todo habrá remedio
> D. Gut.: ¿Posible es que a esto lo haya?
> Rey: Sí, Gutierre.
> D. Gut.: ¿Cual, Señor?
> Rey: Uno vuestro.
> D. Gut.: ¿Qué es?
> Rey: Sangrarla.   (III, v. 878 ss.)

Pero aún falta el punto culminante, que es cuando Don Gutierre, ya dispuesto a consentir en el matrimonio, duda de que Leonor acceda gustosa a la boda, ya que la mano, que él le ofrece, está aún bañada en sangre. Doña Leonor, sin embargo, no da muestra alguna de horror, sino de todo lo contrario: pide expresamente a Don Gutierre que en caso de duda proceda con ella como hizo con Doña Mencía. Y el drama concluye con las palabras siguientes:

> D. Gut.:   Sí la doy.   [Dale la mano]
>   Mas mira que va bañada
>   en sangre, Leonor.
> Doña Leonor: No importa;
>   que no me admira ni espanta.
> D. Gut.:   Mira que médico he sido
>   de mi honra: no está olvidada
>   la ciencia.
> Da. Leonor: Cura con ella
>   mi vida, en estando mala.
> D. Gut.:   Pues con esa condición
>   te la doy. Con esto acaba
>   'El médico de su honra'.
>   Perdonad sus muchas faltas.

¿Es posible que se haya podido tomar por conformista un drama de honor de las características que acabamos de ver? Frente a esta opinión hay que hacer constar, en primer lugar, que *El médico de su honra*, ya sólo por el desarrollo de su acción, aparece como un drama sumamente extraño y hasta chocante, en el que, por una parte, se eleva el honor a la categoría de valor único y absoluto, y, por otra parte,

todo lo bello y lo bueno – amor, confianza, comprensión, virtud, libertad – o s
ahoga o ni siquiera aparece. Especialmente el final de *El médico de su honra*, dond
a Don Gutierre no sólo se le perdona y se le ofrece un nuevo matrimonio, sin
donde además se le autoriza prácticamente a repetir la matanza, aunque fuese po
meras sospechas, produce un efecto verdaderamente desesperante. En que grad
es cierto esto, se puede comprobar muy bien, si se compara *El médico de su honr*
con el *Otelo* de Shakespeare, pieza muy parecida por su estructura y compuest
poco tiempo antes, de la que me ocuparé más adelante con cierto detalle.

Precisamente el final de *El médico de su honra* ha consternado siempre a los críti
cos. La mayoría de ellos se ha contentado, sin embargo, con la explicación de qu
la pieza es un documento del riguroso código español del honor. Sólo muy pocos
en particular Dunn, Parker y Wilson, han puesto en duda esta opinión y se har
preguntado, si el final triste, cruel y hasta escandaloso de la obra de Calderón nc
haya podido ser concebido así, con la intención de producir un efecto de horror y
de provocar la duda sobre el concepto del honor. Dunn ha señalado también, que
la ideología del honor está tan exaltada en *El médico de su honra*, que aparece
como una religión pervertida, que se venera al honor como a un ídolo al que se
sacrifica todo ciegamente. ¿No encierra también esto la posibilidad de una postura
crítica de Calderón? Ahora, sin embargo, vamos a dejar de lado aún la cuestión de
si Calderón aprobó o no el código del honor, o cual era su posición en este aspecto,
para preguntarnos en primer lugar, qué imagen del honor se nos presenta dentro
del mismo texto y de qué modo está estructurado este texto.

2.

Hay, ante todo, dos principios que estructuran *El médico de su honra*: primero,
la cohibición (Befangenheit) absoluta de los personajes, y, segundo, el principio del
círculo vicioso en la acción. Ambos principios son, a su vez, emanación del concepto
del honor, que en *El médico de su honra* es de tal índole que domina a las personas
y hace de sus acciones un círculo infernal.

En primer lugar, en lo que atañe a los personajes del drama, éstos, en vez de
estar engrandecidos y aumentados en sus posibilidades por la honra, están, por el
contrario, determinados y limitados por ella. Los personajes de *El médico de su
honra* no son libres, no pueden disponer de sí mismos, sino que están dominados
continuamente por la obsesión del honor. Todos los personajes están limitados de
forma análoga y esto es lo que voy a demostrar brevemente en los más importantes.

Doña Mencía conoce sólo el miedo. Vive continuamente atormentada por la idea
de lesionar el honor, es presa de una especie de manía persecutoria y se siente ya
amenazada por una venganza de honor cuando Don Gutierre todavía carece del
menor indicio. Por eso, ni frente al Infante, que la corteja, ni frente a su esposo es
capaz de comportarse libremente. Y en este estado se encuentra Doña Mencía sin
ser culpable de falta alguna. Por eso reacciona como una adúltera sorprendida *in*

fraganti cuando surge inesperadamente Don Gutierre e intenta escabullirse con argucias, en lugar de explicarle la situación con toda naturalidad. Precisamente en esta escena del principio de la jornada segunda destaca con todo relieve la cohibición de Doña Mencía. Luego, cuando Don Gutierre aparece con la daga en la mano, que el Infante ha perdido en su huída, teme, inmediatamente, por su vida y hace protestas de su inocencia sin que nadie le pida explicaciones, despertando así, por vez primera, las sospechas de Don Gutierre que en la *excusatio non petita* ve una *accusatio manifesta*:

> Da. Mencía: ¡Tente, señor!
> ¿Tú la daga para mí?
> En mi vida te ofendí,
> detén la mano al rigor,
> detén . . .
> D. Gutierre: ¿De qué estás turbada,
> mi bien, mi esposa, Mencía?
> Da. Mencía: Al verte así, presumía
> que ya en mi sangre bañada,
> hoy moría desangrada.   (I, v. 361ss)

Este pasaje es interesante por partida doble, pues, por un lado, pone de manifiesto la monomanía verdaderamente neurótica de Doña Mencía que, presa del miedo, es incapaz de obrar y pensar con sensatez, y, por otra parte, muestra hasta qué extremo se está moviendo en un verdadero círculo vicioso: La ideología dictatorial del honor, que ya sólo a la menor sospecha de falta exige medidas draconianas, sume a Doña Mencía en el miedo; el miedo la lleva a comportarse de una manera que despierta las sospechas de Don Gutierre; ello agudiza, a su vez, el miedo de Doña Mencía hasta convertirlo en pánico, haciendo que las sospechas de Don Gutierre se hagan certeza, etc., etc., de forma que el círculo vicioso va transformándose en una espiral cada vez más cerrada, hasta terminar en un lazo mortal, cuando Don Gutierre descubre la desafortunada carta que Doña Mencía está escribiendo al Infante. Buscando motivos que expliquen los terribles sucesos de *El médico de su honra*, se comprueba que descansan en un supuesto erróneo doble: Doña Mencía se imagina en su miedo que Don Gutierre quiere asesinarla, y Don Gutierre se imagina a base de esa imaginación que Doña Mencía verdaderamente le ha faltado . . . El caso de honor de *El médico de su honra* tiene, pues, sus motivos en una quimera doble, existe sólo en la imaginación, se origina del miedo de un personaje y del recelo de otro y, en el fondo, no es más que el producto de la fantasía perturbada por el honor. A fin de cuentas, el terrible asesinato es, pues, resultado del miedo a ser asesinado. ¡He aquí un círculo infernal perfecto y un equívoco absoluto! Se ve claramente que el honor con su severa y cruel exigencia de limpieza funciona de manera, que desde un principio crea una atmósfera de recelo y de miedo en la que los personajes no reaccionan según la razón, sino instintivamente, pero sólo y únicamente cuando está en juego el honor. Causa angustia ver en este drama, de qué modo el culto del honor va acompañado de la degradación de los personajes y de la pérdida de su libre albedrío.

La limitación de la personalidad por el cuidado del honor no es en Don Gutierre menor que en Doña Mencía. Cierto es que no vive temiendo por su vida, pero sí en obsesión constante por la integridad de su honor, lo que en el mundo de *El médico de su honra* no es, desde luego, menos preocupante. Pues el honor no constituye para él – como para ninguno de los personajes de este drama – una reputación sólida, sino el bien supremo y a la vez más vulnerable, que sólo por meras sospechas queda ya manchado e incluso destruido. Así, sólo por un motivo aparente, rompe sus relaciones con Doña Leonor, y a Doña Mencía acaba matándola con toda premeditación para evitarle a ella y a sí mismo el deshonor. Pues hasta tal extremo el honor constituye para Don Gutierre el valor supremo, que la vida está por debajo de él y hasta en un 'por si acaso', como medida preventiva, puede ser extinguida. Y de tal manera trastorna la ideología del honor en Don Gutierre todas las nociones, que lo que, en el fondo, no es más que un crímen de sangre, él no lo considera como un acto destructivo, sino como una intervención terapéutica, es decir que el m é d i c o de su honra sacrifica algo secundario – la vida – para salvar lo fundamental – el honor. ¿No hace recordar, con toda angustia, este comportamiento abstruso, dictado por la ideología del honor, la forma de pensar con que, en un pasado todavía reciente, se justificaron sacrificios a otro honor, al honor de una raza o de una nación 'superiores'? Hasta tal extremo constituye el honor para Don Gutierre el fin supremo, que su amparo justifica todos los medios. No se averguenza de utilizar ni el chantaje, de que es víctima el cirujano amenazado de muerte, ni el disimulo, al fingir que confía en su mujer, cuando en realidad está preso de la desconfianza más profunda. El honor obsesiona de tal manera a Don Gutierre, que sólo es capaz de ver indicios sospechosos y de suponer siempre lo peor; diríamos que la obsesión del honor le reduce el mundo a un mundo de sólamente sospechosos. Pero mientras Don Gutierre continuamente está alerta y con agudeza y previsión hace frente a los aparentes peligros del honor, no hace, en realidad, más que engañarse a sí mismo, entender equivocadamente las situaciones verdaderas y dar una interpretación errónea, particularmente al comportamiento de Doña Mencía. Podría objetarse, sin duda, que los indicios sospechosos se le van acumulando también casualmente y a causa del extraño comportamiento de su esposa, pero la predisposición de Don Gutierre se hace patente, precisamente, en su incapacidad de hallar la verdad y en su disposición a dar inmediatamente crédito a indicios que carecen de fundamento. Y el que Don Gutierre ya se haya comportado en una ocasión de forma análoga con Doña Leonor, confirma que en el caso de Doña Mencía no se trata de un error único, sino que Don Gutierre en lo referente al honor carece *fundamentalmente* de sensatez. Cuando al principio de la jornada tercera el rey le pregunta qué ha visto que confirme sus recelos, Don Gutierre da una respuesta en perfecto acuerdo con esa predisposición fundamental:

> Nada: que hombres como yo
> no ven: basta que imaginen,
> que sospechen, que prevengan,
> que recelen, que adivinen.

(III, v. 79 ss.)

a coincidencia que vemos aquí de honor con irracionalismo e insensatez, de honor con error y honor con prejuicio y malentendido me parece ser de gran importancia para la comprensión de la obra, ya que pone en tela de juicio, desde un principio, el concepto del honor, sobre todo si tenemos en cuenta que Don Gutierre malinterpreta tanto a Doña Leonor como a Doña Mencía, pues ambas son realmente virtuosas y sólo Don Gutierre ha dado por supuesta su deshonra. Así, pues, el honor no tiene, en *El médico de su honra*, más efecto que el de hacer sospechosa hasta la virtud. Con ello volvemos a poner en duda el carácter afirmativo de *El médico de su honra*, porque nos encontramos continuamente con personajes que carecen de juicio y de independencia. Es difícil suponer, que un autor, que normalmente concede tanta importancia al libre albedrío de sus personajes, quiera demostrar a su público algo ejemplar y digno de ser imitado haciendo intervenir protagonistas que carecen, en absoluto, de libertad.

Pero no sólo los protagonistas, sino también los demás personajes de la pieza están dominados por el honor. Hay también algo de angustioso en el hecho de que por ninguna parte aparezca una alternativa para los personajes, de que el honor les cierre, al revés, toda posibilidad de desenvolvimiento.[6] Esto atañe primeramente a Doña Leonor, que, abandonada por Don Gutierre, no ha osado casarse con ningún otro caballero y que al fin, desposada con él, vuelve a encontrarse ante una continua amenaza de muerte y, además, con su propio consentimiento, pues al desposarse no piensa en el amor, sino sólo en el honor. Y Leonor es justamente un ejemplo modelo de que el honor limita a los personajes, los arrincona y los conduce a callejones sin salida. Incluso las figuras que normalmente abren en el drama español otros horizontes, el gracioso y el rey, en esta obra no se alzan sobre los acontecimientos, sino que se quedan dominados por ellos. Así el gracioso, que en las piezas serias normalmente representa la alternativa jocosa y quita tensión a los momentos trágicos, a lo largo de la obra va volviéndose cada vez más serio hasta convertirse en un gracioso triste, que se propone hacer llorar al rey:

> que quiero hacerte llorar
> ya que no puedo reir. (III, v. 688 ss.)[7]

E incluso el rey, que en otras piezas (como en *El Alcalde de Zalamea*) soluciona conflictos y sabe señalar el camino de salida a situaciones aparentemente desesperadas, queda aquí preso del cruel código del honor, pues al dar la razón a Don Gu-

---

[6] Hasta Enrique, que, subjetivamente, es el personaje menos cohibido, objetivamente es incapaz de hacer su voluntad. Por todas partes se encuentra con murallas: sea con Gutierre, sea con Mencía, sea con su propio hermano, el rey.

[7] Compárese también la pregunta que Jacinta hace a Coquín:

> ¿Qué tienes estos días,
> Coquín, que andas tan triste? ¿No solías
> ser alegre? ¿Qué efeto
> te tiene así? (III, v. 367 ss.)

Hay que fijarse también en las numerosas expresiones de tristeza de los otros personajes, que llaman la atención a sus interlocutores: III, v. 278 ss.; 281 ss.; III, v. 486 ss.; III, v. 667 ss.; 687 ss.

tierre, al desposarle con Doña Leonor y al autorizarle expresamente a repetir su comportamiento, cierra con propia mano toda salida, convirtiendo definitivamente en un círculo infernal repetible lo que en un principio hubiera sido una crueldad excepcional.

3.

Ya he mencionado la significación del círculo vicioso en la acción de *El médico de su honra* cuando hablé de la intensificación mutua del miedo de Doña Mencía y del recelo de Don Gutierre y del 'caso de honor' provocado, precisamente, por miedo a un caso de honor. Ahora tenemos que volver con más detalle a ese principio estructural que en el plano de la acción corresponde a lo que era cohibición y limitación en el plano de los personajes. Ambos, la cohibición y la limitación de los personajes y la estructura del círculo vicioso, resultado de esa limitación, producen la atmósfera de desesperación sin salida, tan característica del *Médico de su honra*. A continuación vamos a mostrar con nuevos ejemplos de qué forma el círculo vicioso influye en la acción, tanto en detalle como en conjunto.

Un buen ejemplo de círculo vicioso está en un detalle de la acción y es la carta que Doña Mencía escribe al Infante, carta que acaba sellando su destino: Cuando Doña Mencía se entera de que el Infante va a abandonar el país por ella, consulta con sus confidentes más íntimos. Era lógico suponer que todos se alegrarían de que el peligro se alejase; la opinión general es, sin embargo, que justamente la marcha del Infante pondría en peligro la honra de Doña Mencía, porque llevaría a la gente a preguntarse por qué motivos se marcha. Por ello Doña Mencía escribe una carta al Infante rogándole que se quede. Pero cuando Don Gutierre descubre la carta, le parece ser tal ruego la prueba más concluyente de sus sospechas. En este caso se advierte muy bien que no hay salida del círculo vicioso, pues el alejamiento del peligro no significa, paradójicamente, su disminución, sino su aumento, y lo que parecía un escape acaba por llevar irremediablemente al desastre final; es decir que no hay forma posible de salir de este círculo infernal, que han trazado los personajes mismos al hacer del honor su valor único y supremo, incluso su ídolo, al que han quedado sometidos como esclavos.

Otro ejemplo de estructura determinada por el círculo vicioso lo constituye el efecto recíproco ya mencionado entre el miedo de Doña Mencía y el recelo de Don Gutierre. Ahora bien, aquí nos encontramos ya en la zona límite entre estructura menor y estructura mayor, ya que el efecto recíproco se repite y contribuye a determinar toda la acción del drama. Cosa análoga puede decirse de la situación de Leonor, la cual pierde a Don Gutierre porque éste sospecha que tiene relaciones con otro caballero con el que luego ella no cree deber casarse para no seguir alimentando las sospechas de Don Gutierre. Perder a un pretendiente y no poderse casar con otro es ya un círculo vicioso en pequeño. Pero el dilema se dilata: sólo Don Gutierre mismo puede liberar verdaderamente a Doña Leonor de la sospecha en que ha caído su honor; pero cuando esto ocurre al final de la obra gracias a su casamiento con

Gutierre, Doña Leonor no queda libertada del círculo infernal del honor, ya que como sucesora de Doña Mencía tiene entonces que contar con las consecuencias que tanto se han recalcado ante los espectadores y cuya posible repetición el rey mismo recomienda. Doña Leonor sale, pues, de un círculo sólo para caer luego en otro más terrible. Este final es el que, en realidad, hace definitivamente de la estructura del círculo vicioso el principio básico de *El médico de su honra,* ya que nos hace ver que los sucesos tan espantosos no están concluídos sino pueden volver a producirse en cualquier momento. También es este el momento adecuado de subrayar la desolación particular del drama de honor Calderoniano comparándolo con *Otelo* de Shakespeare. En principio, el *Otelo* tiene una estructura básica muy parecida al *Médico de su honra:* Las sospechas que crecen continuamente a causa de indicios interpretados erróneamente acaban por cegar a Otelo, y esta ceguedad, a su vez, le lleva a asesinar a Desdémona, víctima inocente. Es verdad que en Shakespeare no son circunstancias fatales ni predisposiciones personales los que originan principalmente las sospechas falsas, sino las intrigas del ambicioso Yago. Pero eso es sólo una diferencia de motivación; aparte de ello, la concordancia es muy amplia, excepto en la conclusión, donde en Shakespeare se encuentran ciertas compensaciones y contrapesos a los terribles acontecimientos de la acción. Así, 1) Casio, que iba a ser la segunda víctima de la intriga, se salva a tiempo; 2) Yago, el malvado, tiene que pagar con la vida su crimen; 3) a Desdémona, ciertamente, no se la puede volver a la vida; pero al final, por lo menos, se descubre la intriga del malo, se aclara el error de Otelo y se restablece la inocencia de Desdémona. 4) Otelo reconoce su error y se mata de vergüenza y desesperación. Al final de *Otelo* encontramos, pues, una cierta solución, una especie de compensación e indemnización, no en sentido jurídico, desde luego, pero sí en el sentido de una justicia poética.

Nada semejante se encuentra en *El médico de su honra,* cuya conclusión es precisamente lo más inquietante. En esta obra Don Gutierre, culpable de la muerte de una víctima inocente, no piensa en absoluto quitarse la vida; por el contrario sigue estando convencido de haber obrado justamente, puesto que ha cometido el crimen no en un momento de arrebato, sino con fría premeditación, convencido de tomar una sana medida de precaución. Tampoco se encuentra al final del drama una aclaración del caso ni una rehabilitación de Doña Mencía, sino un nuevo matrimonio y la autorización – doblemente macabra por formularse en presencia de la víctima inocente – de repetir el asesinato siempre que el caso lo requiera. Al final de *El médico de su honra* no sólo no queda un caso concluído – que es justamente lo que tranquiliza en *Otelo* –, sino que, por el contrario, se instituye la imposibilidad de su conclusión. Además, choca particularmente que la pieza acabe en boda, es decir con un *happy end.* Pero aquí se trata de un *happy end* que es falso y pervertido, que no anuncia felicidad y libertad, sino la posibilidad de un nuevo derramamiento de sangre. Se trata de un final que se nos presenta tanto más desconsolador justamente porque tiene la apariencia de un *happy end:* es la máscara de un final feliz, bajo la cual se esconde una terrible mueca, es una salida que resulta más horrible que una catástrofe; es el *happy end* más desesperado que se puede pensar. Es al mismo tiempo el triunfo de un honor que no eleva ni libera el mundo de *El médico*

de su honra, sino que lo hunde en el desconsuelo total. El d e s c o n s u e l o es, a l
vez, la tercera característica del drama, como si dijésemos el resultado de la limita
ción de los personajes y del círculo vicioso de la acción.

4.

Tal es, pues, la imagen del honor que Calderón nos ofrece en *El médico de su
honra.* Se ve, que el honor tiene, en el fondo, un papel destructivo que hace de
mundo, que lo ha convertido en valor único, un mundo sin consuelo, un mundo de
desconfianza, de miedo, de lágrimas y de sangre, un mundo de errores y limitacio
nes, un mundo que desconoce los valores positivos: la confianza, la generosidad, e
amor, y donde se recela hasta de la virtud más acreditada. Si una vez el concepto
de 'Trauerspiel', tal como lo ha pensado Walter Benjamin,[8] ha adoptado una forma
concreta, ha sido en *El médico de su honra,* que se nos presenta como el 'Trauerspiel'
sobre la honra de este mundo, como una comedia en la que, tristemente, se pone de
manifiesto la insuficiencia de los valores humanos. La tristeza está, por un lado
en el hecho de que precisamente el valor que debería garantizar al hombre orden
y moral, sustancia ética y dignidad, se convierte en su perdición y le degrada a la
categoría de ser sin libertad. Y por otro lado, causa tristeza el que los hombres,
débiles en su autonomía y dignidad, han creado, precisamente, para proteger y
corregir esta debilidad un valor que es, a su vez, tan dudoso y vulnerable como el
honor.[9] La debilidad y la insuficiencia de la naturaleza humana, por una parte, y el
honor como lo vulnerable por antonomasia, por otra, constituyen una 'base' y una
'superestructura' (*Basis* und *Überbau*) que se corresponden entre sí y cuya correlación es lo que hace posible el círculo vicioso, sobre el que descansa la acción del
Médico de su honra, precisamente porque en este caso 'base' y 'superestructura' forman ya en sí un círculo vicioso fundamental.

El desconsuelo en el drama se acentúa todavía por el hecho de que el honor
aparece como valor único y supremo, que no admite otros valores a su lado y por
lo tanto no ofrece ninguna alternativa.[10] Así el honor con su influencia perniciosa

---

[8] W. Benjamin, *Der Ursprung des deutschen Trauerspiels,* en: W. B., *Schriften,* vol. I, Frankfurt 1955. – Este libro, de capital importancia para la comprensión del teatro barroco, no es lo
conocido que merecería ser entre los hispanistas, pues aunque, en principio, tiene como tema el
teatro barroco alemán, muchas de sus observaciones y conclusiones son valederas también para el
teatro español, sobre todo el de Calderón, a quien Benjamin se refiere muy a menudo.
[9] Compárese el conocido análisis sobre la vulnerabilidad (*Verletzlichkeit*) del honor en la
Estética de Hegel, ed. F. Bassenge, Berlin 1955, p. 528 ss., especialmente p. 531. – Benjamin se refiere a este pasaje en sus observaciones sobre la función del conepto del honor en el teatro español,
op. cit., p. 205.
[10] Aquí se puede hacer una observación sobre la distinta concepción del honor en el teatro
clásico francés, sobre todo en Corneille: En el *Cid,* por ejemplo, no lleva 'honneur' a un círculo
vicioso, precisamente porque existe la alternativa de 'amour' y porque los protagonistas Rodrigue
y Chimène reconocen que los d o s valores son valederos. Pero este reconocimiento por parte
de los jóvenes no es compartido por sus padres Don Diègue y Don Gomès, los representantes de
la vieja generación. Estos tratan de mantener el honor como valor único, pero no convencen de
ello a los hijos. De esta manera Corneille nos presenta como anticuada y estrecha la concepción del

es omnipresente y omnipotente como un ídolo tenebroso del que no hay escape posible. En este sentido puede decirse, en efecto, que el culto al honor en *El médico de su honra* es como una religión pervertida. Y Calderón ha demostrado, acaso intencionadamente, que un mundo donde se diviniza y se absolutiza un valor humano, es un mundo perdido. En todo caso tambien es importante el hecho de que en *El médico de su honra* jamás se mencione a Dios, a su justicia y mucho menos a su gracia. Este silencio me parece más que elocuente en un autor como Calderón en cuyas obras la gracia divina representa un papel tan importante. Sobre ello volveré más adelante. El hecho de que en *El médico de su honra* falte o se silencie la posibilidad de apelar a la gracia divina acentúa en todo caso la tristeza hasta el extremo de lo que es posible en un drama cristiano.

Y volviendo a la cuestión de si Calderón aceptó o no aceptó las severas normas del honor de su tiempo, me parece que el análisis del *Médico de su honra* ha puesto suficientemente de manifiesto su postura crítica. ¿Como, si no, hubiese hecho del honor un drama de tanto desconsuelo? Teniendo en cuenta que el tema no permitía grandes discusiones en el sigo XVII, *El médico de su honra* muestra, sin embargo, que Calderón era muy capaz de plantearse a fondo el problema del concepto del honor. Y en todo caso puede decirse que *El médico de su honra* no se ha limitado a documentar un concepto indiscutible, poniéndose de acuerdo con él. Bien es verdad, que Calderón, en *El médico*, se ha dejado guiar e inspirar de las leyes de honor de su época, es decir que hechos tan escandalosos como el asesinato de la esposa por meras sospechas eran posibles en realidad y estaban amparados incluso, en ciertas circunstancias, por las leyes del honor vigentes.[11] Pero no por ello *El médico de su honra* es un calco de la realidad, porque lo que en realidad es un hecho aislado que p u e d e suceder, en *El médico de su honra* es l o ú n i c o q u e c o n s t i t u-y e s u m u n d o. Y mientras, en realidad, t a m b i é n puede haber círculos viciosos al lado de muchas situaciones más normales y hasta banales, en *El médico de su honra* n o e x i s t e o t r a c o s a que ese círculo infernal tan perfecto que todo su mundo se resume en él. El mundo del *Médico* es 'otro' mundo, que se distancia del mundo real, escogiendo y exagerando ciertas tendencias de él hasta convertirlas en un mundo especial, y precisamente por ello permite mirar al mundo real con una mirada nueva y crítica, haciendo, por ejemplo, que el espectador se pueda dar cuenta de repente de la perversión en que puede dar una ideología al parecer tan grandiosa como la del honor. Volviendo a considerar ahora nuestro análisis del drama, se advierte, además, que Calderón se ha servido de una técnica especial para hacer la crítica del honor: Evita en *El médico de su honra* cualquier ataque directo contra el honor. Pero, vedadamente, muestra su posición de reserva al construir un mundo en el que, en primer lugar, sólo tiene valor el honor, en segundo lugar, el honor lleva sólo a las más fatales consecuencias y, en tercer lugar, parece como si sólo estas consecuencias fatales y no otras pueden producirse. La

---

honor como único valor y la reemplaza por una concepción más amplia y más liberal, que tolera la competencia de otros valores.
11 Véase Valbuena Briones en su introducción, p. XXXV y passim.

renuncia a la argumentación explícita, el silenciar las posibilidades positivas y el destacar los aspectos negativos como los únicos pensables, permite hacer la crítica del sistema sin necesidad de pronunciarse abiertamente contra él. Se trata de una forma de crítica que podría calificarse de hipócrita, pero que es la adecuada cuando la crítica abierta no es posible.

El mágico prodigioso

Ahora voy a examinar otros dramas de honor de Calderón en relación con los resultados obtenidos en el análisis de *El médico de su honra*. En primer lugar trataré de *El mágico prodigioso*; pues aunque, en el fondo, es un drama de mártires, el honor tiene en él un papel muy importante. El que hable de esta pieza inmediatamente después de *El médico de su honra* se explica porque en cierto modo es como el reverso de la medalla.

Los antagonistas principales del drama son Justina y el demonio. Justina ha consagrado su vida a Dios, está dispuesta a renunciar, por El, a todos los goces del mundo, incluso al amor, y con el martirio demuestra al fin su entrega total. A lo largo de la acción, el demonio intenta torcer las buenas intenciones de Justina y llevarla a la perdición. Para ello se sirve primeramente de Cipriano, que está enamorado de la doncella, con la esperanza de que el amor la haga olvidarse de Dios, pero el plan fracasa gracias a la fuerza de voluntad de Justina. En segundo lugar, el demonio intenta – y esto constituye la verdadera intriga del drama – destrozar el honor de Justina. El ataque por el punto de la honra es el medio de tentación más eficaz de que dispone el demonio, ya que el honor es el supremo valor mundano. Para conseguir sus fines, el diablo se sirve de Lelio y Floro, ambos pretendientes de Justina, a los que les hace creer mediante una visión mágica que un rival más afortunado tiene acceso a la casa de Justina. Lelio y Floro, que hasta entonces habían creído en la virtud de Justina, se enfurecen de tal manera, que penetran a la fuerza en su casa poniendo en efecto en peligro el honor de Justina. Este se arruina en los ojos del mundo por completo, cuando el gobernador, acompañado por su séquito, los descubre y compromete públicamente a Justina. Ante esta aparente evidencia hasta el padre de la mártir, que siempre se había mostrado muy bondadoso, la abandona a su destino.

La situación tiene cierta analogía con *El médico de su honra*, pues también en *El mágico prodigioso* se pone de manifiesto qué fácil es inducir al error en una cuestión de honor, es decir qué próximos están honor y error, qué pronto se sospecha hasta de los inocentes, con qué facilidad se hunde la fama más sólida de virtud y qué dispuestos están a creer lo peor todos los afectados, en cuanto el honor se pone en peligro; esto último se advierte particularmente en Lisandro, el padre de Justina, que por lo demás parece una persona bien sensata. Es verdad que todos estos errores y falsas acusaciones están, aquí, motivados 'desde fuera', como obra del demonio, pero la intervención exterior del demonio sería imposible sin la disposición interior de los personajes, disposición que no se diferencia en nada de la de los personajes de *El médico de su honra* - con una sola excepción: Justina. Justina, al igual que Doña Mencía, es víctima de errores y acusaciones falsas; pero mientras Doña Mencía está tan cohibida como los demás personajes, Justina se diferencia de su alrededor precisamente en que, hasta cuando las sospechas alcanzan el punto culminante, se mantiene, interiormente, libre. Y se mantiene libre hasta el final porque – a diferencia de Mencía – confía en la justicia de Dios y coloca el honor de Dios sobre el suyo mismo: "Los cielos han de abonarme"[12] replica a su padre, cuando éste reniega públicamente de ella. Por su disposición interior Justina se distingue, pues, de los demás personajes; y que de esta disposición depende todo lo demás y no de las artes del demonio, se confirma al final, cuando éste no puede nada contra Justina. Con la ayuda de la gracia divina, 'merecida' por haber confiado en Dios, triunfa el libre albedrío de la heroína de las asechanzas del demonio, e incluso éste se ve forzado a aclarar el caso y a rehabilitar públicamente la fama de Justina:

> Oíd, mortales, oíd
> lo que me mandan los cielos
> que en defensa de Justina
> haga a todos manifiesto.
> Yo fuí quien por difamar
> su virtud, formas fingiendo,
> su casa escalé, y entré
> hasta su mismo aposento;
> y porque nunca padezca
> su honesta fama desprecios,
> a restituir su honor
> de aquesta manera vengo.[13]

Así, al final de *El mágico prodigioso*, se encuentra también aquella 'conclusión del caso' cuya falta resulta tan inquietante en *El médico de su honra*, y se ve definitivamente, que el *Mágico prodigioso* con su tendencia teológica es algo como el reverso optimista del pesimista y mundano *Médico de su honra*. Justina posee todo aquello de que carecen Doña Mencía y los otros personajes de *El médico de su honra*, a saber libre albedrío, confianza en la gracia y justicia divinas, capacidad para distanciarse de sí mismo y para reconocer otros valores que no sean el honor propio. Y es esta última capacidad la que le permite romper el círculo vicioso del honor, en el que el demonio, auxiliado por los otros personajes, quería hundirla, y la hace descubrir el horizonte de libertad que estaba tan herméticamente cerrado a todos los personajes de *El médico de su honra*. Ese horizonte prometedor, esa alternativa verdadera que no se encuentra en *El Médico*, pero sí en el *Mágico prodigioso*, es la esperanza de la redención y de la salvación, que viene de la gracia de Dios. Sólo esta esperanza hace de Justina un ser libre; sin esta esperanza también ella quedaría presa en el círculo vicioso del honor. En el fondo,

---

12 Calderón, *Obras completas*, tomo I, ed. Valbuena Briones, Madrid, Aguilar, 1966, p. 627.
13 ib., p. 642.

Calderón demuestra en ambos dramas lo mismo: la insuficiencia del honor mundano y la necesidad de redención en que se encuentra el mundo. En *El médico de su honra* enseña que se convierte en círculo infernal un mundo que tiene como único valor el honor mundano; y en *El mágico prodigioso* pone de manifiesto que se rompe y se anula este círculo gracias, solamente, a la confianza en la justicia divina. El *Mágico prodigioso* aparece así como la solución del problema no resuelto en *El médico de su honra.* Y al mismo tiempo se advierte que los problemas planteados por los dramas de honor profanos no deben estudiarse aisladamente, sino que, para su justo enfoque, se tiene que tener en cuenta también el teatro religioso de Calderón.

El pintor de su deshonra y *A secreto agravio secreta venganza*

Por lo que se refiere a los otros dos conocidos dramas de honor de Calderón – *El pintor de su deshonra* y *A secreto agravio, secreta venganza* – ni presentan un mundo tan desesperado como *El médico de su honra,* ni una visión de la gracia divina tan esperanzadora como *El mágico prodigioso.* En ambos casos se trata de dramas de honor puramente mundanos, que, a primera vista, parecen menos problemáticos que *El médico de su honra:* En *El pintor de su deshonra,* Serafina, la esposa de Don Juan Roca, es raptada por su antiguo pretendiente, Don Alvaro, que la lleva a una quinta solitaria. Así, Juan Roca, que mata a Alvaro y a Serafina al final del drama, por lo menos no lo hace sin motivo, puesto que encuentra a su esposa en los brazos de Alvaro. No sabe que ella se ha abandonado solamente por un momento, bajo la impresión de un sueño terrible, y que, por lo demás, ha sabido resistir siempre a su secuestrador. Es verdad, que también en esta obra hay una víctima inocente, pero los hechos concretos (el rapto, el abrazo) hablan de tal manera contra Serafina, que la reacción de Juan Roca es, al menos, comprensible. Además Juan Roca se diferencia con ventaja de Gutierre, porque no se deja obsesionar como aquel y queda dueño de si mismo hasta el momento en que ve a su mujer en brazos de Alvaro. Si entonces dispara, comete un crimen pasional, pero no un crimen premeditado como Gutierre. Y mientras Gutierre queda convencido de su obrar hasta el final y nos choca precisamente por su arrogancia, Alvaro nos parece más simpático por lo triste que le deja su acción, haciéndole despreciar la vida como algo que ya no vale la pena:

> Ahora más que me maten;
> que ya no estimo la vida　　　　　　　　　　　　　　　　(III, v. 988 ss.)

A secreto agravio, secreta venganza está construído de una manera muy parecida a la del *Pintor de su deshonra:* Vuelve el antiguo pretendiente, que había desaparecido, y da serios disgustos al marido, Don Lope de Almeida. Al final, la venganza de Don Lope parece aún mas justificada que la de Juan Roca, ya que la esposa no quedó indiferente frente a las galanterías de su admirador y que, por lo menos interiormente, parece haberse apartado de su marido.

Todo esto nos muestra que tanto *El pintor de su deshonra* como *A secreto agravio* están concebidos de antemano de manera que la venganza del honor aparezca en ellos como algo comprensible. En cuanto al desarrollo de la acción, estos dramas son, pues, menos problemáticos que el *Médico de su honra* y con ello confirman, precisamente, cuan excepcional es *El Médico*, aún dentro de la obra de Calderón. Sin embargo, también estas piezas están lejos de ser afirmativas respecto al concepto del honor, sólo que su disconformidad se pone de manifiesto de otra manera que en *El médico de su honra*. Quiero decir, que el carácter crítico y la atmósfera de 'Trauerspiel' del *Pintor* y de *A secreto agravio* hay que buscarlos menos en el desarrollo y en la estructura de la acción que en el comportamiento y en los discursos de los personajes, sobre todo de los personajes principales, que tienen a su cargo una venganza de honor. Quisiera llamar estos discursos, que en lo sucesivo me obligarán a unas citas un poco extensas, "quejas del honor". Son tanto quejas patéticas y tristes sobre la inestabilidad del honor, como reproches críticos contra su tiranía y sinrazón, predominando unas veces el tono triste y otras el tono de crítica y hasta de acusación. Voy a citar sendos ejemplos de *A secreto agravio* y de *El pintor de su deshonra*: Al principio de la primera jornada de *A secreto agravio*, Don Juan, el amigo de Don Lope, pronuncia un largo monólogo sobre un caso de honor, en el que él mismo está envuelto; veamos un pasaje de sus quejas (subrayo lo más importante):

> (. . .) Oh *tirano error*
> *de los hombres!* ¡Oh *vil ley*
> del mundo! ¡Que una razón,
> o que una sinrazón pueda
> manchar el altivo honor
> tantos años adquirido,
> y que la antigua opinión
> de honrado quede postrada
> a lo fácil de una voz!
> ¡Que el honor siendo un diamante,
> *pueda un frágil soplo* (¡ ay Dios!)
> *abrasarle y consumirle*   (I, v. 204 ss.)

En este discurso predomina el tono patético y triste, poniéndose de relieve, sobre todo, la extrema inestabilidad y vulnerabilidad del honor, para cuya destrucción basta un frágil soplo. Pero el pasaje contiene también una valoración crítica del honor, que se califica como tirano error y hasta como vil ley del mundo.

El segundo pasaje, ejemplo tomado del *Pintor de su deshonra*, es una larga queja, pronunciada con gran arte retórico por el protagonista, Don Juan Roca:

> ¡Mal haya el primero, amén,
> que hizo *ley tan rigurosa!*
> Poco del honor sabía
> el *legislador tirano,*
> *que puso en ajena mano*
> *mi opinión, y no en la mía.*

¡Que a otro mi honor se sujete,
y sea (*¡oh injusta ley traidora!*)
la *afrenta de quien la llora,*
y no de quien la comete!
¿Mi fama ha de ser honrosa,
cómplice al mal y no al bien?
¡Mal haya el primero, amén,
que hizo ley tan rigurosa!
¿El honor que nace mío,
esclavo de otro? Eso no.
¡Y que me condene yo
por el ajeno albedrío!
¿Cómo bárbaro consiente
el mundo este *infame rito?*
Donde no hay culpa, ¿hay delito?
Siendo otro el delincuente,
de su malicia afrentosa
¡que a mí el castigo me den!
¡Mal haya el primero, amén,
que hizo ley tan rigurosa!
De cuantos el mundo advierte
infelices, ¡ay de mí!,
¿habrá otro más que yo?

(III, v. 487 ss.)

En este discurso, que termina con una queja triste y patética, predomina la acusación contra el honor, una acusación que se va acrecentando, al poner de relieve, primero, el rigorismo tiránico del honor, calificarle, después, de injusta ley traidora, para culminar, al final, con la invectiva de que la honra es un rito infame. Es curioso observar, con que fuerza se critica aquí el honor. Y esta crítica hay que tomarla tanto más en serio, cuanto no solamente contiene reproches espontáneos, sino tambien argumentos razonables: que mi honra no dependa de mi buen comportamiento, sino del mal compartamiento de otro; que mi sufrimiento sea infame y no el crimen del otro; en fin: que en las cosas del honor esté yo completamente dependiente de la voluntad de otro –, todo esto son argumentos convincentes contra el honor y su funcionamiento absurdo. Resulta consecuente, en vista de ésto, que tanto Juan Roca como Don Lope persiguan su caso sólo con disgusto. Es verdad que tambien Don Lope acepta al final la necesidad de una venganza, pero la acepta con resignación, al sentirse por sí solo demasiado débil para cambiar "las costumbres necias":

Pero acortemos discursos;
porque será un ofendido
culpar las costumbres necias
proceder en infinito.
Yo no basto a reducirlas

(III, v. 279 ss.)

Es interesante observar como Don Lope, al criticar el concepto del honor, se ve a sí mismo como un ser aislado que no puede contar con la comprensión de los demás. En esta actitud de resignación que acaba por seguir las leyes del honor, aunque sin convicción y hasta a regañadientes, se refleja, quizás, algo de la manera de pensar del mismo autor.

Teniendo presentes esas quejas contra el honor tan elocuentes y tan sorprendentemente críticas, junto con pasajes parecidos, citados en las notas,[14] y pensando a la vez que en *El médico de su honra* faltan manifestaciones tan claras, se comprueba que Calderón renuncia a una postura explícita en el drama que ya por la estructura de su acción representa una crítica de la ideología del honor, mientras que en los dramas, que por la acción son más conformistas, la ataca expresamente. Esta disposición de crítica en diversos planos es probablemente intencionada y quizá se explique en parte como precaución el no criticar la ideología dominante en todos los planos a la vez y el compensar con parquedad verbal la crítica implícita en la estructura, y con una acción más conformista la crítica verbal. De todas formas, *El pintor de su deshonra y A secreto agravio, secreta venganza* son, en cuanto al honor, no menos escépticos que *El médico de su honra*, sobre todo si se tiene en cuenta el hecho de que la crítica explícita no parte de un individuo que se halla al margen del sistema del honor, sino que viene de parte de los protagonistas y defensores del honor, y si comprobamos, además, que, contrariamente a lo que ocurre con Don Gutierre, estos personajes están vistos por Calderón con evidente simpatía y comprensión.[15]

---

[14] Otras quejas sobre la insuficiencia del honor (con argumentos muy parecidos a los que ya hemos analizado):

> ¡Oh locas leyes del mundo!
> ¡Que un hombre que por sí hizo
> cuanto era para honrado
> no sepa si está ofendido!
> ¡Que de ajena causa ahora
> venga el efecto a ser mío
> para el mal, no para el bien,
> pues nunca el mundo ha tenido
> por las virtudes de aquel
> a éste en más (. . .)
>   (. . .)
> ¿Quién puso el honor en vaso
> que es tan frágil? (. . .)

(*A secreto agravio* III, v. 259 ff.)

> No leo más; que no es posible
> que rendido, que postrado
> el corazón, a los ojos
> no salga deshecho en llanto.
> ¡Oh, válgame Dios, a cuantas
> desdichas y sobresaltos
> nace sujeto el honor
> del más noble, el más honrado!
> Aquí el serlo lo disculpe,
> pues a los ojos humanos,
> por más que esta sea desdicha,
> no deja de ser agravio

(*El pintor de su deshonra* III, v. 1 ff.)

[15] Valbuena Briones, que, por lo menos, en una ocasión menciona la postura rebelde de algunos personajes de Calderón, quiere quitarla importancia con el argumento: "Pero esa es la actitud

En resumen, pues, se puede afirmar que los dramas de honor más importantes de Calderón adoptan una postura crítica frente a la ideología del honor, bien atacando directamente al honor, como en los casos que estudiamos en último lugar, bien haciéndolo indirectamente y llevándolo a lo absurdo, como en *El médico de su honra*, por la construcción de un círculo vicioso. – He complementado, además, el presente estudio, con el análisis de *El mágico prodigioso*, donde la postura crítica de Calderón encontró apoyo en una idea teológica, según la cual la salvación del hombre no puede encontrarse en el honor profano, sino en la justicia y la gracia de Dios. Así, pues, no debe hablarse de que los dramas de honor de Calderón sean sólo eco y confirmación de la ideología de su época. El resultado de este estudio es, por el contrario, que el teatro de Calderón guarda, frente a la opinión vigente, una independencia sorprendente y que en el Siglo de Oro español existe una literatura crítica de las ideologías.[16]

---

instintiva. En última instancia, el ofendido acata dichas leyes y se atiene a ellas lo más posible." (p. XLII). Yo diría, al revés, que lo grave está precisamente en la contradicción que existe entre lo razonable que piensan los personajes y lo irracional que la ideología les obliga a hacer. Que una ideología obligue a obrar a los hombres en contra de la razón y en contra de lo que ellos mismos quieren: he aqui una situación verdaderamente desesperante, que Calderón pone de manifiesto con todo rigor.

[16] Mucho más positiva es la postura de Calderón en *El alcalde de Zalamea*, donde el enfoque del concepto del honor es completamente distinto: En el *Alcalde* sirve el honor para asegurar a los campesinos la dignidad s o c i a l frente a la arrogancia de la nobleza. Allí sí tiene el honor una función positiva, o sea la de mejorar, por lo menos en literatura, las condiciones de vida de los no poderosos y de ampararlos contra las injusticias de los poderosos. Tambien en comparación con el drama 'social' del *Alcalde* (muy parecido en el funcionamiento del honor a *Fuenteovejuna* y *Peribañez* de Lope), se advierte la especial desolación de los dramas 'privados' que hemos estudiado aquí.

* Agradezco cordialmente a Mercedes Carlón y a Federico Latorre sus sugerencias y ayuda.

Estructuras lógico-retóricas y sus resonancias: un discurso de *El príncipe constante*

Por R o b e r t D. F. P r i n g - M i l l

1. *Intenciones y contexto crítico*

1.1 En la tercera jornada de *El príncipe constante*, el príncipe don Fernando dirige un largo discurso de ciento setenta versos (reproducido en la tercera sección de esta ponencia) al Rey de Fez, apelando primero a su *piedad* y luego a su *rigor* para pedirle no – como pudiérase haber supuesto – la *vida*, sino la *muerte*. Este discurso es una oración argumentativa y persuasoria, perteneciente al *genus delibe-*

---

* *Nota preliminar.* Quienes asistieron a la ponencia leída el 21–VII–1970 en Hamburgo notarán aquí la presencia de mucho que no escucharon, a la vez que la ausencia de las dos últimas secciones – alrededor de una cuarta parte – de lo que se leyó (y que se sigue prometiendo en el párrafo 1.2). Esta nota preliminar se ha redactado para explicar ambos puntos. El segundo es consecuencia de haber tenido – con ya mucho más del medio camino andado – que dividir el trabajo en dos partes, pero sólo llegué a esta decisión después de haberse entregado la mayor parte del texto a la imprenta (aunque antes de la redacción definitiva de las notas). Sin esta aclaración, sería difícil comprender la presencia en el texto de tantas referencias a cosas ahora reservadas para la segunda parte. Mi decisión dependió por un lado de razones de salud, pero por el otro pudiérase decir que también fuese una consecuencia del primer punto señalado: v. g. el excesivo desarrollo posterior de partes de las secciones que aquí se imprimen. Algo de lo adicional consiste en puntos antes omitidos para abreviar la lectura (1.1–2 y gran parte de los párrafos 2.1–2, 3.4–6, 4.2–5, 6.1–3 y 7.1–14) pero hay muchísimo más cuya presencia responde a otro motivo. Los que asistieron recordarán cómo se alargó la discusión : para mí, lo más valioso de un coloquio siempre consiste en lo que se escucha, y muy concretamente en el ímpetu dado a la investigación por puntos suscitados en el diálogo sobre lo que uno ha propuesto, y al iniciar la reelaboración de este texto quise que abarcase varios aspectos importantes del debate junto con mis propias reflexiones posteriores sobre algunos de ellos.

Así es que los párrafos 4.6–8 y 5.1–14 brotaron en gran parte de algo que yo dije (que pecaba de enigmático por ser tan breve) después de contestar al Señor Siebenmann, ampliado a la luz de reflexiones posteriores que incluyen parte del 5.18–21, sobre determinados aspectos de la ponencia que habíamos escuchado con tanta admiración del Doyen del coloquio, Helmut Hatzfeld (maestro, directa o indirectamente, de todos los allí presentes) Igualmente, el Apéndice "A" nació de una intervención del Señor Flasche, y los párrafos 5.15–17 surgieron a raíz de intervenciones del Señor Körner después de la ponencia del Señor Varey y de la mía.

rativum (uno de los tres géneros de discurso heredados de la Antigüedad).[1] Estructurado simétricamente a base de un complejo juego de paralelismos y antítesis, de correlaciones poéticas y de ideas contrapuestas, este texto constituye un ejemplo magistral de la retórica calderoniana, y es como tal que se lo va a comentar en la presente ponencia.

1.2 El comentario versará principalmente sobre su estructura retórica, sobre la naturaleza y fuerza lógica de los argumentos aducidos (a la vez que sobre aquellas de los métodos de argumentación que en él se emplean), y sobre las "resonancias cósmicas" de dicha argumentación, entendiéndose por esta frase las series de asociaciones encadenadas que se despertarían en nosotros – asociaciones a la vez filosóficas y estéticas – si nosotros fuéramos miembros de un auditorio del Siglo XVII (conciudadanos de nuestro don Pedro Calderón de la Barca, compartiendo el mismo *Weltbild* y la misma *Weltanschauung*). Pero el comentario no ha de terminar allá, porque (según el juicio del ponente) lo que se habrá de decir con respecto a un solo discurso en particular no solamente puede generalizarse para referirse a la retórica calderoniana en toda su amplitud, sino que quizás termine siendo referible al nivel superior de la estructura de la comedia calderoniana en sí, a la vez que al campo de la estética calderoniana en general y a la visión del mundo que ésta transparenta.

1.3 Como bien se echa de ver, este programa peca de ambicioso: aun dejando de lado aquellos niveles superiores, ninguna comunicación de congreso podría abarcar

---

Pero en la lenta reelaboración de mi ponencia surgieron dificultades de dos tipos: largos meses de enfermedad intervinieron para retardar la redacción definitiva (y no hallo modo alguno que resulte adecuado para agradecer la paciencia y la bondad de mis amigos hamburgueses, los cuales fueron postergando con suma gentileza la publicación de las Actas para que lo mío pudiese figurar en ellas), mientras este estudio se me fue alargando cada vez más, hasta que – a fines de setiembre de 1971 – ya tuve que reconocer que no había más remedio que dividirlo en dos partes. Esta primera contiene lo referente a la estructuración del discurso en su totalidad, al análisis detenido del *exordio* y la *captatio*, y a la exposición general de la estructura argumentativa de la *invocación* (salvo en lo que se refiriera a la estructuración interna del *Summationsschema* argumentativo de los vv. 416–72). Los que me escucharon en Hamburgo recordarán que sólo fue a través del examen del *Summationsschema* que llegué a las "resonancias" del texto y las proyecciones de mis conclusiones a niveles superiores; cosas que ahora quedan para la segunda parte. Es que al empezar a explorar metódicamente las posibilidades de un modelo que me había sido sugerido por nuestro Doyen sin saberlo él [véase 8.5–6] muy pronto reconocí que se tendrían que reexaminar muchas cosas anejas al *Summationsschema* mismo, mientras lo que yo había dicho en Hamburgo sobre las "resonancias" (a la vez que sobre la estética calderoniana en general) no pudiera presentarse lógicamente sino después de haberse llevado a cabo este programa. La exploración ya se me había extendido a treinta páginas más, cuando vi que aquí tendría que limitarme a una mera indicación de la manera en que concibo la estructura del *Summationsschema* [8.1–9] y proponer en forma visible (fig. 1, p. 115) el modelo dióptrico que quiero emplear – tanto para el análisis detenido de aquel esquema mismo como para la exploración de aquellas "resonancias cósmicas" – en la segunda parte. Su texto básico quizás pudiera constituir otra ponencia, si se me permite hacer uso de la palabra de nuevo cuando nos volvamos a reunir.

[1] Véase E. R. Curtius, *Europäische Literatur und lateinisches Mittelalter*, Bern 1948, Kap. 4 "Rhetorik". Pero la clasificación tripartita de los discursos en *genus demonstrativum, genus deliberativum* y *genus iudiciale* (con las ligeras variantes descritas por Curtius) aunque fuese adecuada

todas las observaciones que pudiera suscitar tal texto. Si situamos la tarea dentro del contexto de los demás trabajos anunciados para este coloquio anglogermano, veremos que – para que tal comentario fuese completo – resultaría "imprescindible" (en frases de Hans Flasche) "tomar en consideración todas las relaciones semánticas . . ., la sintaxis . . ., la *situación comunicativa,* el contexto lingüístico y extralingüístico"[2]; tendríamos que estudiar a fondo (en frases de Kurt Reichenberger) tanto el "ámbito metafórico" como el "ámbito de la estructura del contenido", a la vez que la "función estructuradora de las figuras de dicción", examinando (en términos de Helmut Hatzfeld) todos sus "estilemas dinámicos y estáticos". Y luego, para que pudiéramos ver cuáles son las funciones de nuestro texto dentro de una "obra de arte . . . unitaria" cuya trama es la "expresión lógica del tema" (frases de John Varey), tendríamos que terminar situando esta *Mikroanalyse* del discurso en sí dentro de una *Makroanalyse* de la comedia entera.[3]

1.4 Cada una de aquellas frases tiene algo que ver con lo que se intentará hacer en esta ponencia (aunque el comentario quede necesariamente incompleto desde todos aquellos puntos de vista). Pero la razón de citarlas aquí es porque parecen complementarse y completarse mutuamente, definiendo en su conjunto cierta manera de leerle a Calderón – cierta manera de aproximarse a la lectura y estudio de una de sus obras – que hubiera sido impensable hace pocas décadas. Confluyen en este enfoque crítico los métodos de la lingüística moderna, los métodos del "análisis temático-estructural" estudiados por el ponente en otra ocasión,[4] aquellos de lo que hace quince años todavía se tenía que denominar la "nueva estilística",[5] y la manera de enfocar la metafórica calderoniana de un Wilson en Inglaterra,[6] un Parker

---

para toda *situación de la vida* en que se había de emplear un discurso formal, no bastó para abarcar los *tipos* específicos que se llegaron a establecer para la serie más complicada de *situaciones dramáticas:* v. W. Clemen, *Die Tragödie vor Shakespeare: ihre Entwicklung im Spiegel der dramatischen Rede,* Heidelberg 1955. Las teorías de Clemen sobre (*a*) el establecimiento de una serie de *tipos de escena* específicos que fueron inicialmente las unidades constituyentes de una obra teatral, con una serie correspondiente de *tipos de discurso* propios para emplearse en aquéllos [v. Kap. 3 "Grundtypen der dramatischen Rede", pp. 39–50], y (*b*) su visión de la evolución de la tragedia en Inglaterra como una progresiva complicación del maridaje entre tales escenas (acompañada por el desarrollo de formas cada vez más híbridas de discurso), deberían de aplicarse sistemáticamente *per analogiam* al campo hispánico. Son, creo yo, de máxima importancia para nuestra comprensión de las diversas estructuras observables en la *comedia.* Mientras todos empleamos el libro de Curtius, la importancia de aquel de Clemen para los hispanistas ha pasado inadvertida en los estudios publicados hasta ahora, por lo menos entre "los calderonistas de habla inglesa". Hay versiones inglesas de ambos (Curtius 1953, Clemen 1961).

[2] Todas las frases citadas en este párrafo provienen de los resúmenes de las ponencias correspondientes distribuidas antes de celebrarse el coloquio mismo.

[3] Términos que tomo otra vez de una obra de Hans Flasche: *Die Struktur des Auto Sacramental "Los Encantos de la Culpa" von Calderón,* Köln u. Opladen 1968, v. p. 14.

[4] Pring-Mill, "Los calderonistas de habla inglesa y *La vida es sueño*: métodos del análisis temático-estructural", en: *Litterae Hispanae et Lusitanae,* ed. H. Flasche, München 1968, pp. 369–413. En lo sucesivo, citase como "Calderonistas".

[5] Véase H. Hatzfeld, *Bibliografía crítica de la nueva estilística aplicada a las literaturas románicas,* Madrid 1955.

[6] E. M. Wilson, "The Four Elements in the Imagery of Calderón", en: *Modern Language Review* XXXI, 1936, pp. 34–47. Para sus demás estudios calderonianos, v. "Calderonistas", pp. 372–374 y n. 15, y pp. 393–403.

ahora trasladado de Escocia al *Philosophenturm* de Austin (Texas)[7] y – aquí en Alemania – un Kommerell,[8] un Horst,[9] o un Ochse.[10]

1.5 Cada uno de nosotros maneja este modo de leer una obra calderoniana de una manera un poquitín diferente de los demás, con matiz distinto, pero hay dos cosas que todos tenemos en común. Por una parte, todos nos estamos interesando por lo que Kurt Reichenberger ha llamado "modelos de estructura" (de un tipo o de otro) – aunque ninguno de nosotros se llamaría propiamente un *estructuralista* en el sentido francés de la palabra – y, por la otra parte, ninguno de nosotros se aproximaría a un texto calderoniano cual un Menéndez y Pelayo, pensando encontrar una obra ibseniana y quejándose por consiguiente de la ausencia de personajes convincentes, de psicología naturalista o de aquel ilusionismo teatral que le permite a un miembro del auditorio creer que esté en presencia de la vida misma e identificarse consiguientemente con las personas cuyas peripecias se complace en contemplar. Por lo contrario, todos estaríamos de acuerdo con Cyril Jones, el cual ha hecho una interesantísima comparación entre Calderón y Bertolt Brecht,[11] en cuanto consideraríamos como ejemplos de la "técnica de la alienación" – el sobremanera conocido *Verfremdungseffekt* – a casi todos los fenómenos cuya presencia se habrá de destacar en el discurso de don Fernando.

2. La lógica y la retórica en Calderón

2.1 Sólo es cuando se acepta que la técnica calderoniana es esencialmente una "técnica de alienación" (y cuando se acepta libre y voluntariamente el distanciamiento que esto nos impone) que pueden apreciarse las finalidades y la eficacia de la estructura lógico-retórica de un discurso como el que se habrá comentar. Ni es lo que diría un príncipe reducido a la condición de un esclavo casi agonizante, ni está expresado en términos aptos para persuadir a un Rey de Fez – que lo fuera de verdad – a otorgar la codiciada muerte a su cautivo. Contiene, esto sí, una cadena de razonamiento lógico (aislable de las palabras) la cual hace mucho para aclarar

---

[7] V. "Calderonistas", *passim*. Una nueva versión aumentada de su *The Approach to the Spanish Drama of the Golden Age*, London 1957, se encontrará bajo el título "The Spanish Drama of the Golden Age: A Method of Analysis and Interpretation" en: *The Great Playwrights*, ed. E. Bentley, New York 1970, I, pp. 679–707. Lo añadido es importante. ¡Lamento sólo el que me haya traducido el término *análisis temático-estructural* como "Thematic-Structural Analysis"!: el adjetivo compuesto que me pareciera lícito en castellano, yo no me lo hubiese permitido en inglés (si alguna vez tuviera que traducir aquel estudio a mi propia lengua, yo hablaría de "The Thematic Approach to Structural Analysis").

[8] *Beiträge zu einem deutschen Calderón*, I ("Etwas über die Kunst Calderons"), Frankfurt am Main 1946 (obra inmerecidamente desconocida por la mayoría de los hispanistas españoles e ingleses); en el segundo tomo, Max Kommerell presentó interesantes traducciones alemanas de *La vida es sueño* y *La hija del aire*.

[9] K. A. Horst, *Die Metapher in Calderóns Comedias*, Bonn 1946: tesis lamentablemente todavía inédita, sólo acesible en microfilm.

[10] H. Ochse, *Studien zur Metaphorik Calderóns*, München 1967 (*Freiburger Schriften zur Romanischen Philologie*, I).

[11] C. A. Jones, "Brecht y el drama del Siglo de Oro en España", en: *Segismundo* III, 1965, pp. 39–54.

"la paradoja cristiana" de la cual hablara Helmut Hatzfeld ayer, cuya presencia al centro de *El príncipe constante* fue señalada por el ponente en *Litterae Hispanae et Lusitanae*;[12] y esta concatenación de silogismos ligeramente escondidos se nos presenta empleando toda manera de recursos retóricos, aptos a la vez para satisfacer cierto tipo de sensibilidad estética (condicionada por el gusto de aquel siglo) y para persuadirnos a nosotros – los espectadores – de la profunda seriedad del dramaturgo para con las ideas expuestas y de la profundidad de las emociones que éste ha querido atribuir al personaje.

2.2 Para Calderón, diríase – a base de un estudio de su teatro – que todas las funciones del lenguaje como medio de comunicación pudieran reducirse a las dos artes hermanadas de la Lógica (para razonar) y la Retórica, empleada ésta para persuadir y conmover *y por lo tanto para expresar las emociones*. El personaje calderoniano no se expresa como se expresaría de verdad, sino de modo que pueda despertar en su auditorio (esencialmente objetivo) la debida actitud de *admiración* que corresponde al grado de emoción atribuido a quien habla. De ahí el hecho (para nosotros tan curioso) de que la retórica calderoniana vaya intensificándose y complicándose progresivamente cuanto más violentas devengan las emociones de sus personajes (en lugar de irse simplificando, como en la vida, hasta alcanzar el mero aullido irracional que manifiesta la inexpresibilidad de cualquier emoción experimentada en máximo grado) : p. e. en el famoso primer monólogo de Segismundo, cuyas intrincadas décimas no son la bella y tranquila meditación poética que pudieran parecer cuando las encontramos en una antología (aisladas de su contexto dramático) sino el modo de expresarse violentísimamente de quien experimenta una *pasión* tan intensa que se siente "un volcán, un Etna hecho" y "quisiera sacar del pecho / pedazos del corazón".[13] Pero pasemos ya de una vez a la consideración de nuestro texto.

3. *Análisis del texto: estructura retórica* + *estructura argumentativa*

3.1 En la siguiente transcripción de nuestro texto[14] se verá que ya se lo ha sometido a dos tipos de análisis, ambos marginales, resumiendo lo esencial de la argumentación a la derecha y lo formal y dispositivo de su estructura retórica a la izquierda.

---

[12] "Calderonistas", p. 388.
[13] *La vida es sueño*, ed. A. E. Sloman, Manchester 1961, vv. 164–166.
[14] Cit. siguiendo la edición de N. Maccoll, *Select Plays of Calderón*, London 1888, pp. 102–107. Este discurso me ha interesado como muestra magistral de la oratoria calderoniana ya desde cuando fui un estudiante en Oxford, en los años de post-guerra: mi antiguo maestro W. J. Entwistle (v. "Calderonistas", pp. 374–375 y n. 19; también necrología bibliográfica por Pring-Mill, en: *Romanistisches Jahrbuch* V, 1952, pp. 43–46) lo citó de paso en una conferencia, como prueba de que Calderón estaba bien informado sobre la manera tradicional de ordenar un discurso con *exordium* y *captatio benevolentiae*, exposición pormenorizada de los argumentos y *peroratio* final, agregando que todos los discursos 'públicos' de sus personajes solían seguir los modelos retóricos tradicionales. Esta indicación me llevó a hacer mi primer análisis detenido de este discurso ya en el otoño de 1949, y fue entonces que me empecé a preocupar por los aspectos más bien barrocos que tradicionales de su estructuración estética. Este análisis empezó a desarrollarse más en mi primer curso uni-

Recuérdese brevemente el contexto circunstancial: reducido a la condición de esclavo por el Rey de Fez, el príncipe don Fernando la acepta sin protesta alguna, prestándole la debida obediencia. El Rey se queda maravillado, y le pregunta si "esta obediencia" [v. 401] es "humildad o valor" [v. 400]. Entonces, Fernando le contesta del siguiente modo:

Siehe Abbildung Seite 115–118

3.2 En la sinopsis de la argumentación que figura en la margen derecha, sólo se ha resumido lo esencial de los argumentos y no todos los pasos esenciales de su desarrollo: p. e., al resumir los cuatro primeros versos en la forma "Es respeto: pues yo soy tu esclavo", se ha suprimido la proposición sobrentendida "todo esclavo debe respetar a su señor", la cual – por más que sólo implícita en el original – es la indispensable premisa mayor del *entimema*[15] empleado por Fernando para establecerse ante el Rey y definir la naturaleza de la situación en que le va a dirigir su petición. De modo parecido, los diversos corchetes que marcan las partes constituyentes del discurso han sido limitados – por lo general – a las divisiones estructurales más obvias, para no oscurecer las grandes líneas del análisis: p. e., al señalar la serie de cinco ejemplos desarrollados en los vv. 422–67, sólo se han indicado las divisiones entre ejemplo y ejemplo y no las subdivisiones internas de cada uno de ellos.[16]

3.3 En lo que se refiere al análisis esquemático de la estructura retórica que se halla en la margen izquierda, cabe decir que éste ha sido hecho siguiendo el modelo clásico del *exordium* preliminar (con su subdivisión la *captatio benevolentiae*), la *narratio* y la *probatio* centrales (las cuales no se separan en dos secciones distintas

---

versitario sobre Calderón en 1954, y se ha ido elaborando progresivamente en cursos sucesivos (conforme a mi creciente interés por la interpenetración de la lógica y la retórica en el lenguaje dramático calderoniano) haste terminar como materia de las últimas tres conferencias de un ciclo de ocho sobre "Logic, Rhetoric and Casuistry in Calderón" en 1967, cuya composición fue paralela en el tiempo a la de "Calderonistas".

[15] Es decir que detrás de las palabras "Es demostrar / cuánto debe respetar / el esclavo a su señor. / Y ... tu esclavo soy" [vv. 401–404] se sobrentiende un argumento de tipo silogístico a pesar de que no se diga explícitamente ni *todo esclavo debe respetar a su señor*, ni *tú eres señor* (aunque pueda colegirse del *tu esclavo soy*), ni tampoco la conclusión *pues yo te debo respetar*. Para un estudio excelente de muchos aspectos de la dialéctica calderoniana (aunque se concentre tanto sobre lo silogístico que el lector termina a veces perdiendo de vista los aspectos retóricos y estéticos de los pasajes estudiados, v. n. 60), v. A. L. Cilveti, "Silogismo, correlación e imagen poética en el teatro de Calderón", en: *Romanische Forschungen* 80, 1968, pp. 459–497. Al haberse formulado explícitamente dos de las tres proposiciones necesarias para establecer un *silogismo*, sobrentendiéndose la tercera, tendríamos un *entimema* en uno de *por lo menos s i e t e sentidos distintos* en que este término ha sido empleado en la Retórica (sería en el único sentido en que Cilveti emplea la palabra, desde luego, pues él se limita a estudiar el lenguaje calderoniano a la luz de la lógica formal). Ya que nuestro discurso contiene ejemplos de todos estos fenómenos, conviene tenerlos claramente definidos y descritos de una vez, para podernos referir p. e. a un *Entimema del 2º tipo* (como sería el caso del ejemplo aludido: *argumento de tipo silogístico que consta de dos proposiciones solamente*). Para la exposición detenida de dicha clasificación, v. Apéndice *"A"*.

[16] En una ocasión como la presente, sólo ciertas secciones de la estructuración interna del discurso pueden ser examinadas. Esta ponencia no pretende resumir todas las líneas de interpretación y análisis expuestas en mis clases dedicadas a la exposición de este texto en Oxford (v. n. 14), aunque en esta versión impresa de la ponencia se tratan muchas cosas que no habían sido expuestas en aquel ciclo de conferencias (*v. Nota preliminar*).

Estructura retórica	Verso		Argumento

Estructura retórica		Verso		Argumento
EXORDIUM { Tópico {		401	Es mostrar cuánto debe respetar el esclavo a su señor. Y pues que tu esclavo soy,	Es respeto: pues yo soy tu esclavo.
		405	y estoy en presencia tuya .. esta vez, tengo de hablarte: mi Rey y señor, escucha.	
CAPTATIO BENE- VOLENTIAE {		410	Rey te llamé, y aunque seas de otra ley, es tan augusta de los reyes la deidad, tan fuerte y tan absoluta, que engendra ánimo piadoso;	Rey eres, aunque de otra ley; por su deidad, los reyes son piadosos:
NARRATIO ET PROBATIO				
I { Invocación Proposición {		415	y así es forzoso que acudas a la sangre generosa con piedad y con cordura;	así tú lo serás;
Confirmación {		420	que aun entre brutos y fieras este nombre es de tan suma autoridad, que la ley de naturaleza ajusta obediencias;	pues aun entre brutos lo son, por ley de naturaleza.
Amplificación			y así lêmos en repúblicas incultas,	Así leemos que
Ejemplo 1° {		425	al león rey de las fieras, que cuando la frente arruga de guedejas se corona es piadoso, pues que nunca hizo presa en el rendido.	entre fieras, el león lleva corona y es piadoso;
Ejemplo 2° {		430 435	En las saladas espumas del mar el delfín, que es rey de los peces, le dibujan escamas de plata y oro sobre la espalda cerulea coronas, y ya se vio de una tormenta importuna sacar los hombres a tierra, porque el mar no los consuma.	entre peces, el delfín lleva corona y es piadoso;
Ejemplo 3° {		440 445	El águila caudalosa, a quien copete de plumas riza el viento en sus esferas, de cuantas aves saludan al sol es emperatriz, y con piedad noble y justa, porque brindando no beba el hombre entre plata pura la muerte, que en los cristales mezcló la ponzoña dura del áspid, con pico y alas los revuelve y los enturbia.	entre aves, el águila caudalosa lleva corona y es piadosa;
transición {		450	Aun entre plantas y piedras se dilata y se dibuja este imperio:	
Ejemplo 4° {			la granada, a quien coronan las puntas de una corteza, en señal	entre plantas, la granada lleva corona

Estructura retórica	Verso		Argumento
		de que es reina de las frutas, envenenada marchita	y es piadosa
	455	los rubíes que la ilustran, y los convierte en topacios, color desmayada y mustia,	
Ejemplo 5°	458	el diamante, a cuya vista ni aun el imán ejecuta	entre piedras, el diamante
	460	su propiedad, que por rey esta obediencia le jura, tan noble es, que la traición del dueño no disimula; y la dureza, imposible	[es obedecido y] piadoso
	465	de que buriles la pulan, se deshace entre sí misma, vuelta en cenizas menudas.	
Sumación		Pues si entre fieras y peces, plantas, piedras y aves, usa	Si en cada reino inferior,
	470	esta majestad de rey de piedad, no será injusta entre los hombres, señor: porque el ser no te disculpa de otra ley, que la crueldad	el Rey es piadoso, debiera de serlo entre los hombres; [y si tú fueras cruel] el ser de otra ley
	475	en cualquiera ley es una.	no te disculparía, pues la crueldad en toda ley es una [y siempre injusta]

II { Tesis negativa

Estructura retórica	Verso		Argumento
Proposición		No quiero compadecerte con mis lástimas y angustias para que me des la vida, que mi voz no la procura;	Pero lo que yo te pido no es la vida,
1ª Confirmación	480	que bien sé que he de morir de esta enfermedad que turba mis sentidos, que mis miembros discurre helada y caduca.	sabiendo que he de morir de esta enfermedad,
Amplificación	485	Bien sé que herido de muerte estoy, porque no pronuncia voz la lengua, cuyo aliento no sea una espada aguda.	pues cada palabra me duele como espada aguda;
2ª Confirmación		Bien sé al fin que soy mortal, y que no hay hora segura;	sabiendo además que soy mortal, y que no hay hora segura.
Amplificación (a)	490	y por eso dio una forma con una materia en una semejanza la razón al ataud y a la cuna.	Por eso la razón hizo semejantes en forma y materia al ataud y a la cuna.
(b) { (i)	495	Acción nuestra es natural cuando recibir procura algo un hombre, alzar las manos en esta manera juntas; mas cuando quiere arrojarlo, de aquella misma acción usa,	El hombre que recibe alza las manos juntas, volviéndolas boca abajo para arrojar
	500	pues las vuelve boca abajo porque así las desocupa.	lo recibido;
(ii)		El mundo, cuando nacemos, en señal de que nos busca, en la cuna nos recibe,	[del mismo modo] el mundo nos recibe en la cuna

Estructura retórica	Verso		Argumento
	505	y en ella nos asegura boca arriba; pero cuando o con desdén, o con furia, quiere arrojarnos de sí,	boca arriba, volviéndola boca abajo al arrojarnos,
	510	vuelve las manos que junta, y aquel instrumento mismo forma esta materia muda; pues fue cuna boca arriba lo que boca abajo es tumba.	mudando la cuna en tumba.
Conclusión	515	Tan cerca vivimos, pues, de nuestra muerte, tan juntas tenemos, cuando nacemos, el lecho como la cuna.	Vivimos tan cerca de nuestra muerte, [que] tenemos el lecho tan cerca como la cuna cuando nacemos.
Transición: pregunta retórica	518	¿Qué aguarda quien esto oye? Quien esto sabe, ¿qué busca?	Entonces, ¿qué quiero?
III *Tesis positiva* Proposición	520 525	Claro está que no será la vida: no admite duda; la muerte sí: ésta te pido, porque los cielos me cumplan un deseo de morir por la fe;	No será la vida, sino la muerte, deseando morir por la fe;
Amplificación	530	que, aunque presumas que esto es desesperación, porque el vivir me disgusta, no es sino afecto de dar la vida en defensa justa de la fe, y sacrificar a Dios vida y alma juntas: y así aunque pida la muerte, el afecto me disculpa, y si la piedad no puede vencerte,	[Y no te creas que sea] desesperación, porque el vivir me disgusta, sino para dar la vida defendiendo la fe, sacrificando juntas la vida y el alma a Dios. Si no te vence la piedad,
Confirmación	535	el rigor presuma obligarte.	que te oblique el rigor,
Ejemplo 1°		¿Eres león? Pues ya será bien que rujas, y despedaces a quien te ofende, agravia e injuria.	siendo león,
Ejemplo 2°	540	¿Eres águila? Pues hiere con el pico y con las uñas a quien tu nido deshace.	águila,
Ejemplo 3°	545	¿Eres delfín? Pues anuncia tormentas al marinero que el mar de este mundo sulca.	delfín,
Ejemplo 4°		¿Eres árbol real? Pues muestra todas las ramas desnudas a la violencia del tiempo, que la ira de Dios ejecuta.	árbol real,
Ejemplo 5°	550	¿Eres diamante? Hecho polvos sé pues venenosa furia, y cánsate;	diamante.... Y cánsate:
PERORATIO	555	porque yo, aunque más tormentos sufra, aunque más rigores vea, aunque llore más angustias,	porque yo — por mucho que sufra —

aunque más miserias pase,	
aunque halle más desventuras,	
aunque más hambre padezca,	
aunque mis carnes no cubran	
560 estas ropas,	
y aunque sea	
mi esfera esta tan sucia,	
firme he de estar en mi fe;	he de estar firme
porque es el sol que me alumbra,	en mi fe, siendo
porque es la luz que me guía,	ésta mi sol,
565 es el laurel que me ilustra.	mi luz y mi laurel.
No has de triunfar de la Iglesia;	Triúnfate de mí,
de mí, si quieres, triunfa:	si quieres, pues
	de la Iglesia
	no podrás.
Dios defendrá mi causa,	Dios defenderá
	mi causa,
569 ques yo defiendo la suya.	pues yo defiendo
	la suya.

sino que más bien se van alternando, consistiendo en varias proposiciones sucesivas, cada una de las cuales queda confirmada en su lugar) y luego la *peroratio* final.[17] Lo que aquí se ha designado la *invocación* pudiera muy fácilmente considerarse como una ampulosa extensión de la *captatio*, pero a pesar de que se venga desarrollando como consecuencia directa de predicar la realeza del monarca que está escuchando, y de que esté destinada enteramente a conseguir su *piedad*, la argumentación en que se apoya es tan compleja y tan prolija que viene a ocupar más de la tercera parte del discurso, llegando a constituir una de tres secciones principales (a la última de las cuales está ligada íntima y paradójicamente, como se verá en la *2ª Parte, v. Nota preliminar*).

3.4 En cuanto a las subdivisiones de estas tres secciones principales, los seis términos *proposición, confirmación, amplificación y transición, sumación, conclusión* han sido empleados aquí de una manera puramente descriptiva (sin ningún deseo de ligar la técnica del dramaturgo a cualquier fuente determinada entre los muchos manuales de Retórica que le fueron asequibles);[18] y se han empleado los títulos de

---

[17] Uno de los términos formales, *narratio*, pudiera parecer inaplicable ya que no hay hechos para ser narrados en un discurso como éste, pero esta objeción ya la hizo Aristóteles [*Rhet.* III, 13 = 1414a–b]; el término siguió empleándose generalmente, sin embargo, para designar *lo propuesto* – o sea lo que había que confirmarse o corroborarse en la *probatio* – y podía consistir en varias proposiciones, cada una de las cuales se confirmaba en su lugar, tal como ocurre en este caso.

[18] Todos lo términos retóricos que se emplean aquí se usan así, aprovechándose de ellos sólo como instrumentos de análisis. La terminología tradicional se refería a cosas consabidas en el siglo de oro, pero la identificación de fuentes precisas para la retórica de Calderón no tiene nada que ver con mi propósito. Ni creo, en la verdad, que se las pudieran identificar con certidumbre alguna, salvo (quizás) cuando Calderon nombre cierto fenómeno de modo explícito y lo defina – como sucede a veces en los autos –, y hasta en tales casos la constante repetición de fórmulas y definiciones en los manuales pudiera imposibilitar la empresa. El mero empleo de cierta *figura retórica identificable* no nos dice nada, desde luego, acerca de la identidad del *manual teórico* del cual Calderón la aprendiera en el colegio o la universidad; ni tampoco es necesario haber estudiado una figura en

tesis negativa y *tesis positiva* para designar los dos largos argumentos que constituyen respectivamente el "no" y el "sino" de una gran contraposición, o construcción sustitutiva, al modo gongorino – o sea: cuya parte rechazada no sólo queda grabada en la mente del lector, sino que importa muchas veces tanto o más que la sección afirmativa que la sigue –.

3.5 Ya será evidente que nuestro texto contiene todas las partes tradicionales de un discurso del *genus deliberativum*, pero también será evidente que éstas han sido tratadas conforme a una organización estética muy del Siglo XVII, por no decir *barroca* (palabra que todavía suele evitarse en la crítica literaria en mi país). De ahí que el propósito no se declare inmediatamente sino que se mantenga escondido hasta que lleguemos a la *tesis positiva* ("la muerte sí: ésta te pido", v. 522), dando un carácter marcadamente enigmático al discurso. Y no solamente se somete cada parte a un proceso de amplificación muy ampuloso, sino que estas amplificaciones están relacionadas entre sí (como después se verá más detenidamente) por una compleja red de relaciones simétricas, paradójicas y antitéticas, recordando vivamente aquel dicho de Gracián: "A más contraposiciones, más dificultades, y a más dificultades, más fruición del discurso, en topar con el significado".[19]

3.6 Si relacionamos el desarrollo del programa inicial otra vez a los procedimientos clásicos, veremos que Calderón emplea de una manera muy consciente tres de las cinco divisiones tradicionales de la Retórica (*inventio, dispositio* y *elocutio*)[20] – y nótese aquí de paso que las otras dos (*memoria* y *actio*) entran de pleno en el campo de la representación de sus obras por los actores en la escena –. Habría muchísimo que decir de la *elocución*, pero las observaciones del presente comentario van a versar casi exclusivamente sobre la *invención* (o búsqueda del material) y la *disposición* de lo hallado,[21] y veremos que ambas tienen su parte en la elaboración de una composición lógico-retórica complicadísima, estructurada simétricamente a base de un juego genial de paralelismos y antítesis, de contraposiciones y correlaciones.

---

los manuales, para usarla. Recuérdese cómo Herrera intentó convertir a Garcilaso en *modelo retórico*, identificando y definiendo las figuras que aparecen en su poesía: no sería verosímil imaginarse, a consecuencias de tal tipo de *anotaciones* herrerianas, que Garcilaso hubiese procedido diciéndose p. e. "ya es hora de emplear *anadiplosis*" cuando empezara cierto verso repitiendo la última palabra o frase del verso anterior. Ni tampoco hay que imaginarse que Garcilaso necesariamente supiera que lo que hacía se llamara así. Véase R. D. F. Pring-Mill, "Escalígero y Herrera: citas y plagios de los *Poetices Libri Septem* en las *Anotaciones*", en *Actas del 2º Congreso Internacional de Hispanistas*, Nimega 1967, pp. 489–498, en la p. 491.

[19] *Agudeza y arte de ingenio*, Discurso XL (Colección Austral, 2a edición, 1944) p. 263.

[20] Las intervenciones del Dr. Körner tanto en la discusión de la ponencia de Professor John Varey como en la del presente trabajo ofrecen interesantes posibilidades en conexión con la parte de la *elocutio* y la *actio* en la representación de una obra calderoniana. V. *nota preliminar* y 5.15–17. A raíz de sus observaciones, el análisis resumido en los párrafos 5.15–17 fue llevado mucho más allá, pero no se han podido incorporar todos sus resultados por razones de espacio.

[21] Véase Curtius, *op. cit.*, pp. 75–79.

4. Estructuración lógico-retórica del discurso en su conjunto

4.1 El contenido de este largo discurso puede resumirse muy sencillamente
Después de haberse reconocido a sí mismo como esclavo en el tópico inicia
(véase 5.3), Fernando se dirige al Rey como rey en la *captatio*, reconociendo all
su majestad para que pueda apelar en lo sucesivo a la *piedad* propia de todo rey
Esta *piedad* real no tiene nada que ver con la religión de un monarca, sino que es
propia de los reyes por "la ley de naturaleza" [vv. 418–9], y la mayor parte de lo
que se ha designado la *invocación* está dedicada a confirmar esta proposición por
una serie de ejemplos tomados de la naturaleza misma. Era de esperar que, después
de esto, Fernando pasase a su propósito, y también se pudiera haber pensado (como
ya se ha dicho) que lo que desearía sería que el Rey de Fez le concediera la *vida*.
Lo que de hecho ocurre es que Fernando le dice que la vida es lo que no desea, y
la parte central del discurso resulta ser una larga e ingeniosa declaración de esta
tesis negativa, exponiendo detenidamente dos razones distintas por las cuales la
vida es lo que no le está pidiendo.

4.2 Paradójicamente, lo que quiere pedirle es la *muerte*, y la petición de muerte
pasa a ser la *tesis positiva* del discurso, desarrollada en su tercera parte, con – primero – una exposición de sus razones para pedírsela (v. g. su deseo de "dar la vida"
por "la fe", v. vv. 528–9) y luego – por si la invocación de la *piedad* real no le
haya movido – una invocación del *rigor* con que un rey tiene la obligación de tratar
a cuantos representen amenazas a su reino. Y esta invocación de su *rigor* viene
apoyada por otra serie de ejemplos la cual parece ser una inversión paradójica de la
serie aducida en favor de su *piedad*, ejemplos tomados (igual que aquéllos) de los
diversos reinos de la naturaleza. Y la *peroratio* final (de la cual se podrá decir bien
poco en esta ponencia) es una apasionada reafirmación de la constancia del "príncipe constante": un verdadero desafío al rey, bien calculado para provocarle a
conceder (sea por ira, sea por rigor) aquel martirio que Fernando tanto anhela.

4.3 En su conjunto, pues, el contenido del discurso resulta ser una petición no de
vida sino de *muerte*, paradójicamente apoyada en una apelación dirigida primero
a la *piedad* del Rey de Fez y luego a su *rigor*.[22] Esta estructura básica puede resumirse así:

> Por PIEDAD: *no* VIDA, *sino* MUERTE;
> y *cuando no* por PIEDAD, *pues* por RIGOR.

Reduzcámoslo ahora a fórmula, como hiciera Dámaso Alonso con las construcciones
no A sino B y sus variantes en su estudio magistral de *La lengua poética de Góngora,*[23] pero empleando en nuestro caso las letras iniciales de nuestros cuatro sub-

---

[22] Hay cierto problema tocante a las relaciones entre estas dos calidades, el cual no afecta el
análisis general de nuestro discurso en su conjunto (tal como se estudia en esta *Primera Parte*), pero
sí que afectaría la relación entre varios de sus aspectos. Ha parecido mejor dejar la discusión de
este problema para la *Segunda Parte*, en la cual se podrá exminarlo a la luz de las dos series de
ejemplos contrapuestos tomados de los diversos reinos de la naturaleza.

[23] Parte primera, corregida (Madrid 1950), v. especialmente pp. 138–156.

stantivos para facilitar la comprensión de lo que después se habrá de decir de sus relaciones y de las diversas maneras en que se los pudiera combinar:

Por P, no V sino M; y cuando no por P, por R.

4.4 Expresada así, se echa de ver que la estructura general del discurso abarca no una sino dos de las que más arriba [3.4] se han llamado *contrucciones sustitutivas*, pues el *no V sino M* de las dos tesis queda colocado entre las dos partes del *Por P, y cuando no por P, por R.* Estas dos grandes contraposiciones están, además, contrapuestas entre sí, entrelazándose *quiásticamente* (o sea con el cuarto miembro relacionado al primero y el tercero al segundo), pero con la enigmática complicación adicional de que la relación que habrá de establecerse finalmente entre el cuarto miembro y el primero queda insospechada hasta después de haberse concluido la contraposición interior entre los miembros segundo y tercero. De ahí nuestra sorpresa cuando nos hallamos encauzados de repente en la segunda serie de ejemplos que se van sucediendo con rapidez vertiginosa en los vv. 536–51: serie que queda contrapuesta paradójica y violentamente a la del primer miembro [vv. 420–67] para terminar lanzándonos – ya sobremanera admirados – en el tempestuoso mar de ocho "aunques" que se vienen sucediendo cual otras tantas olas en la primera mitad [vv. 553–61] de la *peroración* final.

4.5 Ahora bien, uno de los aspectos más notables de esta estructura total estriba en que *la naturaleza quiástica del conjunto de las tres secciones principales* [i. e. vv. 413–552] *no pudiera ser prevista*, sino que solamente se la reconoce retrospectivamente. Y es, desde luego, sólo porque la contraposición de la R a la P *no pudiera* preverse, que la P haya tenido que repetirse – "y si la piedad no puede / vencerte" [vv. 534–5] –como punto de arranque para la R que habrá de terminar sustituyéndola: "el rigor presuma / obligarte" [vv. 535–6]. Pero hay más: recordemos que esta sustitución no constituye el único *elemento de sorpresa* en aquel gran quiasmo. Ya desde el primer párrafo de esta ponencia, se ha subrayado lo sorprendente de la otra sustitución: la del *no V sino M* central. Será conveniente, pues, modificar nuestra fórmula de modo que pueda destacar estos dos *elementos de sorpresa*, aislándolos entre aquellos signos ortográficos llamados tan aptamente en la lengua castellana "puntos de *admiración*",[24] lo cual nos da:

Por P, ¡no V sino M!; y cuando no por P, ¡por R!

4.6 Fue el primero de estos dos *elementos de sorpresa* el que quedó subrayado ya desde el comienzo de este estudio, al decirse que don Fernando se estaba dirigiendo al Rey "para pedirle no – como pudiérase haber supuesto – la *vida*, sino la *muerte*"

---

24 No toda estructura quiástica es necesariamente enigmática: una estrofa que rime ABBA ya es un quiasmo formal, y decir "Mi padre es bueno, y buena es mi madre" sería quiasmo conceptual. Pero ni el uno ni el otro contendría cualquier *elemento de sorpresa*.

[1.1]. Aquella frase "como pudiérase haber supuesto" abarca no sólo el secreto de la *admiración* que nos inspira aquel *¡no V sino M!*, sino también el secreto de otra serie de relaciones importantes entre los cuatro términos PVMR. Será evidente que el *elemento de sorpresa* contenido en el *¡no V sino M!* central depende en parte de que un hombre esté pidiendo la *muerte* en lugar de la *vida*. Pero gran parte de la sorpresa estriba en que sea por *piedad* que un hombre esté pidiendo la *muerte*, cuando "pudiérase haber supuesto" que quien apelase a la *piedad* de un rey más propiamente estaría pidiéndole la *vida*. O sea que las relaciones entre P y V y entre P y M también contribuyen a aquel *elemento de sorpresa*, por ser inversiones aparentemente paradójicas de las relaciones que eran de esperar.[25] Pero cuando se consideran las relaciones entre la pareja VM y R – el último en aparecer de aquellos cuatro términos – la situación es muy distinta: mientras era sorprendente que quien recurriera a la *piedad* solicitase la *muerte*, no existe ningún *elemento de sorpresa* en la relación entre *muerte* y *rigor*. Lo que nos hubiera sorprendido, en cambio, hubiera sido si se hubiese recurrido al *rigor* en una *petición de vida*.

4.7 Sustituyendo de nuevo los substantivos por sus letras: hay una conformidad natural entre M y R, y la V no hubiera entrado en juego de modo alguno *al no haberse introducido anteriormente aquella invocación de la P*. Poniendo las relaciones naturales entre nuestros cuatro substantivos en forma matemática, pudiérase decir que existe entre los pares de ideas VM y PR una correspondencia de proporción del tipo M : R : : V : P, pero lo esencial del argumento de don Fernando tiene que ver únicamente con la primera de estas dos relaciones, la M : R.[26] Cabe pre-

---

[25] Dentro del esquema quiástico del discurso en su conjunto, la compleja relación entre lo que era de esperar *(Por P, no M sino V)* y lo que hallamos y nos choca *(Por P, ¡no V sino M!)* también evoca cierta especie de *quiasmo*, esta vez no escrita en el papel sino establecida en la mente de quien escucha o lee por la *contradicción* entre *lo inesperado que se halla* y *lo no hallado que era de esperar*. Trátase evidentemente de una especie de *agudeza*, constituyendo estas dos relaciones entre los términos P, V y M un *concepto* (fácil sería construir una representación diagramática del entrecruce de relaciones conceptuales presupuesto por esta especie de choque mental producido por *la sustitución de lo esperado por lo inesperado*, pero esto tendrá que esperar para el estudio del concepto prometido en el 6.2. y la n. 52). A un nivel inferior, pudiérase decir que toda especie de *hipérbaton* trae consigo la evocación – por momentánea que sea – del *mismo tipo de construcción mental*: el breve, pero no por eso menos deslumbrante a veces, tejer de una red de relaciones quiásticas entre lo inesperado y lo que (por su normalidad) se esperara, lo cual añade otro nivel conceptual: un nivel invisible, esta vez también, por estar presente sólo en la mente del lector o auditor, tal como lo estuviera antes en aquella de quien escribiera o pronunciara las palabras cuya orden hiperbática contiene el *elemento de sorpresa* (v. n. 46 para otro término anejo), creando en nosotros cierta especie de *admiración*, ¡siempre que no sea, claro está, aquella especie de *irritación* provocada en gran parte de los lectores de nuestro propio siglo por fenómenos lingüísticos de esta orden!

[26] También existe otra *correspondencia proporcional* entre nuestros cuatro substantivos: la que pudiera aducirse entre el par de calidades P R y el par de dones V M, o sea P : R : : V : M, la trasposición de cuyos elementos pudiera haber establecido otro *elemento de sorpresa* si se hubiese llevado a cabo de una manera completa para darnos ¡ P : M : : R : V !. Pero la trasposición que se nos propone en este sentido sólo es parcial, pues aunque se nos diga *Por P, ¡no V sino M!*, no se nos afirma *Por R, ¡no M sino V!* (la combinación aludida al final del párrafo anterior, cuando se dijo "nos hubiera sorprendido . . . si se hubiese recurrido al *rigor* en una *petición de vida*"). Aun sin ir tan lejos (lo cual no hubiera sido difícil *pero no venía al caso*) la estructura quiástica va mucho más allá de lo indispensable para fundamentar una sencilla *petición de muerte* sobre una llamada al *rigor*.

122

guntar, por lo tanto, por qué razón se ha establecido el gran quiasmo de la *estructura lógico-retórica total*, cuya arquitectura conceptual se nos acaba de revelar como una construcción alambicadamente artificiosa, establecida no solamente por haberse extendido el ámbito de la discusión desde la relación necesaria M : R para abarcar también la relación innecesaria V : P, sino por habérsenos presentado estos cuatro términos no ya en uno de uno de sus múltiples órdenes lógicamente posibles[27] sino entrecruzando las parejas quiásticamente para que nos llegasen en el orden PVMR, gracias al cual estableciéronse todos aquellos *elementos de sorpresa* que hemos venido comentando.

4.8 Ahora bien, ¿hemos de creer que todo esto fuera un mero artificio gratuito? Esto sería – cuanto menos – suponerlo un ejemplo de *amplificatio* retórica que pecase de prolijo. ¿Será pues una construcción amplificadora elaborada sencillamente para despertar el sentimiento de *admiración* que se concedía en el Siglo XVII a la ingeniosidad y brillantez del artificio? Algo de esto sí que pudiera haber, pero es de suponer que los motivos de un Calderón fuesen más sutiles (porque sus estructuras lógico-retóricas siempre suelen tener una *función dramática* muy bien pensada) y que dicha construcción tuviese por consiguiente finalidades más recónditas y – sobre todo – más significantes. También cabe pensar que los motivos de un don Pedro Calderón al construir el discurso para su héroe no coincidieran necesariamente con los motivos atribuidos a éste dentro de la situación dramática en la cual se le ha colocado. Convendrá investigar este problema en una sección aparte, antes de que pasemos a considerar algunas de las *estructuras lógico-retóricas menores* observables en ciertas de las divisiones interiores del discurso.

5. Motivación y contexto ideológico del "gran quiasmo"

5.1 Empecemos recordando que la finalidad de don Fernando sería, a fin de cuentas, pedirle la *muerte* al Rey. Al haberse seguido el orden natural de las cosas, el príncipe no hubiera tenido que hacer más que recurrir directamente al *rigor* que éste bien pudiese manifestar contra tal cautivo tercamente obstinado en oponerse a la voluntad real. Pero esta invocación de su *rigor* ha sido anticipada por la introducción de aquella súplica previa a su *piedad*: calidad conceptualmente opuesta – y estructuralmente contrapuesta – a la que venía lógicamente al caso. ¿Por qué razón, pues, pudiera haber construido el discurso así no don Fernando sino Calderón?

5.2 Antes de que se pueda contestar esta pregunta hay que dar un paso atrás, para situar nestro *texto* dentro de su *contexto* inmediato. No se trata, desde luego, de situarlo "dentro de una *Makroanalyse* de la comedia entera" [1.3], ni de situarlo

---

[27] V. g. M : R : : V : P, V : P : : M : R, R : M : : P : V y P : V : : R : M; o (véase la nota anterior) P : R : : V : M, con sus variantes V : M : : P : R, R : P : : M : V y M : V : : R : P.

dentro del contexto algo más reducido de la tercera jornada – ¡ni siquiera de examinar toda aquella sección de la acción en que se halla que los editores del siglo pasado solían aislar como una escena! –, sino de mirarlo únicamente dentro del *contexto* todavía más reducido de la pregunta del Rey de Fez que le sirve a don Fernando (¿o a Calderón?) de *pretexto* para el discurso entero: "¿Es humildad o valor / esta obediencia?" [vv. 400–401]. Don Fernando empieza su *exordio* (del cual se hablará después: 7.1–2) diciéndole que es más bien *respeto*: "Es mostrar / cuánto debe respetar / el esclavo a su señor" [vv. 401–3].

5.3 Si dejamos de lado la idea de *respeto* para el momento, veremos que todo lo que se ha designado la *invocación* – primer miembro del gran quiasmo en que se han entretejido la *narratio et probatio* del modelo clásico – cuadra perfectamente con la primera de las dos hipótesis del Rey: la de que aquella *obediencia* fuera *humildad*. Este primer miembro pudiera resumirse así: "Yo soy, efectivamente, tu humilde ESCLAVO, y siendo HUMILDE, humildemente yo suplico tu PIEDAD". O sea que hay una especie de conformidad o correspondencia natural entre la *piedad* que se suplica y la *humildad* del suplicante. Pero el cuarto miembro que nos sorprendiera por su *volte-face* total (aquel *cuando no por P, ¡por R!*) cuadra de manera parecida con la segunda aquellas dos hipótesis. Explicitando lo que queda implícito, pudiera resumirse así: "Yo soy tu ENEMIGO, y aunque te obedezca como esclavo, es gracias a mi VALOR que puedo seguir oponiéndome a tus deseos [para con Ceuta] y puedo incitarte a aplicarme tu RIGOR de la manera más violenta, dándome la MUERTE". Nótese, de paso, que el oponerse al Rey con respecto a Ceuta, aunque no cuadre con la *obediencia* o *respeto* del "esclavo" para con su señor terrenal mahometano, es la *obediencia* valiente del príncipe cristiano cautivado con respecto a la voluntad de un Señor superior. Pero lo que viene más al caso es la especie de conformidad que existe entre el *rigor* que se incita y el *valor* de quien se atreve a incitarlo: una conformidad paralela a la que se ha señalado entre *piedad* y *humildad*.

5.4. Aprovechándonos de nuevo de la manera matemática de expresar la correspondencia entre tales relaciones, pudiéramos formularla así: – p i e d a d : h u m i l d a d :: r i g o r : v a l o r, o sea (reduciendo también los substantivos nuevos a sus letras iniciales) P:H::R:V:. Nótese, sin embargo, que la H y la V mencionadas por el Rey quedan sólo sobrentendidas en lo dicho por don Fernando, el cual no las menciona explícitamente en ningún lugar de su respuesta. Aunque esto sea así, es indudable que las dos hipótesis del Rey de Fez (contrastadas entre sí cual *piedad* y *rigor*, cual *vida* y *muerte*)[28] parecen autorizar la presencia de ambos extremos del gran quiasmo – sus miembros primero y cuarto –, justificando al mismo tiempo (por decirlo así) la contraposición que entre ellos se establece.

---

[28] ¡Ya tenemos una proporcionalidad tripartita, por lo tanto!, que pudiera expresarse H : V :: P : R :: V : M.

5.5 Pasemos ahora a considerar de nuevo los miembros segundo y tercero de aquel quiasmo: el ¡no V sino M! de la fórmula original. Después de haber creado en el segundo miembro cierta atmósfera muy emotiva (véase infra: 5.16 B), y habiendo establecido su verdadero propósito a comienzos del tercero (v.g. el de pedir la muerte en lugar de la vida, vv. 520–22), don Fernando se pone a explicar sus propios motivos de una manera a la vez sucinta y clara. Su petición de muerte no ha sido motivada directamente ni por el valor ni por la humildad, sino sencillamente por "un deseo de morir / por la fe" [vv. 524–5]. Y para que no cupiera ningún malentendido en la mente del Rey (ni en aquellas, podemos añadir, de los otros circunstantes sobre el tablado o del público que le escucha), don Fernando se apresura a aclarar que este "deseo de morir" no ha de interpretarse como desesperación [v. 526] – la cual sería el peor de los pecados[29] – sino que es exclusivamente un "afecto de dar / la vida en defensa justa / de la fe" cristiana [vv. 528–30].

5.6. Es verdad que este deseo pudiera considerarse a la vez humilde y valiente (cuadrando así con ambas hipótesis del Rey), pero la humildad y el valor serían más bien las calidades necesarias para que Fernando prosiguiera en su intento hasta la muerte, que razones para desearla. El verdadero motivo del príncipe sigue siendo siempre aquel afecto de dar la vida por la fe, según se colige de la reafirmación con la cual termina esta fase del discurso: "aunque pida la muerte, / el afecto me disculpa" [vv. 532–3].[30] Más abajo, Fernando agrega que seguirá sin vacilar en su intento gracias a su propia firmeza – un aspecto esencial de la constancia a que ya se aludiera en el mismo título de la obra[31] – pero hay que esperar casi treinta versos

---

[29] V. Summa Theologica, II, II, Q.XX, art. III, cit. en la primera página de W. J. Entwistle, "Justina's Temptation : An Approach to the Understanding of Calderón", en: Modern Language Review, XL, 1945, pp. 180–189, cuyo análisis de la "tentación a la desesperación" como motivo dramático en El mágico prodigioso marcó etapa en la evolución del análisis temático-estructural (v. "Calderonistas", p. 375). Entwistle volvió al mismo tema cuando estudiara la psicología tomista de otros personajes calderonianos en su "Calderón's La devoción de la cruz", en: Bulletin Hispanique L, 1948, pp. 472–482; para la interpretación de esta pieza entre "los calderonistas de habla inglesa", v. "Calderonistas", pp. 380–388, 391.

[30] Ya que siguen (sin más pausa que una coma) aquellas frases "y si la piedad no puede / vencerte, el rigor presuma / obligarte" [vv. 534–536], ¿no pudiéramos sospechar la prescencia de un bello equívoco en el empleo de la palabra piedad en esta ocasión? Claro está que Fernando ha estado dirigiendo una súplica a la piedad del Rey hasta este punto, pero la piedad que aquí se "puede" que no le venza a éste, ¿no pudiérase referir también a la piedad que Fernando acaba de mostrar en aquel deseo de sacrificarse por su Dios y fe? Entenderíase aquel pasaje, pues, como: "y si ni la piedad que yo acabo de mostrar hacia arriba como cristiano, ni la que tú debieras de mostrar hacia abajo como rey (aunque lo seas de otra ley) te han podido vencer, ¡que te presuma obligar entonces tu rigor!" Si se aceptase la existencia de este equívoco, pudiera resultar pertinente a la resolución del problema cit. n. 22 supra.

[31] Dos observaciones tocantes al papel del título en una obra dramática, la primera general, la segunda restringida a El príncipe constante : (1) En su propia ponencia el Señor Körner había sugerido como aspecto importante del comienzo de toda pieza – desde el punto de vista de su propio análisis lingüístico – que tales inicios del diálogo no tenían ningún contexto antecedente (aunque pasaban a constituir en sí parte del contexto de todo lo que venía después de ellos); en la discusión del importante estudio del Señor Körner, yo sugerí que por lo menos el título de la obra (conocido por todo miembro del auditorio antes de iniciarse la acción sobre el tablado) debiera de considerarse como constituyendo lo que osé llamar un contexto de expectación. Se puede que esta observación carezca de importancia lingüística (los métodos del análisis lingüístico de la

antes de que la proclame. No lo hace ni en el tercero ni en el cuarto miembro del gran quiasmo, sino ya bien entrado en la segunda parte de la *peroratio*, cuando dice reciamente "firme he de estar en mi fe" [v. 562]. Esta *firmeza* que muestra, en el duro trance en que se encuentra, se apoya en parte sobre aquella misma fe cristiana que defiende, pues ésta es simultáneamente – según las tres metáforas que se aducen en aquel lugar – "sol" que le alumbra [v. 563], "luz" que le guía [v. 564] y "el laurel" que le ilustra [v. 565][32]; pero depende quizás más todavía de la seguridad que manifiesta cuando agrega "Dios defenderá mi causa, / pues yo defiendo la suya" en los últimos dos versos del discurso.

5.7. Su certidumbre inquebrantable con respecto a esta *reciprocidad* es muy de notar: según él ve las cosas, casi se diría que Dios tuviera que corresponderle de manera forzosa. Algo pudiera haber en esto de una creencia en la *justicia poética*,[33] pero en este caso concreto trátase más bien de una *justicia teológica*, como ya demostrara hábilmente mi colega oxoniense R. W. Truman en 1964: hay al centro de la comedia misma un argumento teológico importante tanto para la plena comprensión de la pieza (el propósito de Truman) como para aquella de nuestro propio texto. Según Truman la *justicia* es uno de los temas esenciales de la obra, y en cuanto este tema afecta las relaciones entre don Fernando y Dios, la certidumbre que aquél muestra (aquí y en otros lugares) respondería a su confianza absoluta en la justicia de Dios para con sus fieles:

escuela hamburguesa me fascinan, pero no me atrevería a decir que los comprendo plenamente, pero me parece indudable que tal *contexto de expectación* creado por el título es una indicación importantísima tanto para el público como para el crítico literario que emplea "los métodos del análisis temático-estructural": de ahí el prominente lugar concedido a títulos como *La vida es sueño, El médico de su honra* o *La devoción de la cruz* en los estudios de dichas comedias publicados por los "calderonistas de habla inglesa" (v. "Calderonistas", *passim*). (2) Para el papel de la *constancia* en si, en *El príncipe constante*, v. la discusión del tratado *De Fortitudine* de Santo Tomás (*Summa Theologica*, II, II, QQ. CXIII–CXXXIX) en: A. E. Sloman, *The Sources of Calderón's "El príncipe constante"*, Oxford 1950, pp. 72–88: pero véanse las reservas de A. A. Parker a la manera en que Sloman empleara la *Summa Theologica* (reseña en *Modern Language Review* XLVII, 1950, pp. 254–256) y el artículo de R. W. Truman, "The Theme of Justice in Calderón's *El príncipe constante*" (*ib.*, LIX, 1964, pp. 43–52), como también mi propia sugerencia que la calificación del príncipe como *constante* "pudiéra indicar que [Calderón] no solamente estaba pensando en la constancia como mera parte constitutiva (y paciente) de la fortaleza (v. *Summa Theologica*, II, II, Q.CXXVIII) sino que quizás también tuviera en mente la *constancia* como doctrina neo-estoica (v., p. e., el tratado *De Constantia* de Justo Lipsio, cuya posible importancia para la interpretación de nuestra pieza me había sido indicada muchos años ha por P. E. Russell)", v. Pring-Mill, "La 'victoria del hado' en *La vida es sueño*" (en: *Hacia Calderón*, ed. A. A. Parker y H. Flasche, Berlin 1970, pp. 53–70), p. 61, n. 24.

[32] Esta última metáfora parece especialmente significativa, en cuanto representa una anticipación de la *corona de mártir* que Fernando habrá de ganar, la cual le hará (aunque humanamente sea tan sólo un príncipe) el superior (cristianamente hablando y *sub specie aeternitatis*) del Rey que se la habrá de otorgar. Cuando hallamos dicha metáfora en el contexto de un pasaje que trata de las propiedades de los reyes, y *en que Calderón se cuida de citar la naturaleza de sus coronas como demostración de realeza* en los cinco ejemplos tomados de los reinos naturales (véanse 7.14–15 y la *Segunda Parte* prometida), creo que no puede caber duda de la fuerza asociacional de esta alusión.

[33] V. "Calderonistas" pp. 380–381 y los trabajos de A. A. Parker allí citados, más mis propias observaciones en la introducción a *Lope de Vega: Five Plays* (trad. Jill Booty, New York 1961) que fueron comentadas a su vez por Parker ("Towards a Definition of Calderonian Tragedy", en: *Bulletin of Hispanic Studies* XXXIX, 1962, p. 226: en la n. que sigue allí de la p. anterior). Véase también la nueva versión del *Approach* de Parker cit. n. 7 *supra*.

God has a duty to Fernando: He must reward him for his constancy in obedience and just dealing... [...] God, whose honour has been defended and preserved by Fernando, is bound to bestow honour on him in return. At the end of the play we see that Fernando and God have respected their obligations to each other as justice required.[34]

Desde este punto de vista, la frase esencial de nuestro propio texto sería evidentemente la que empleara Fernando al afirmar su "afecto" de dar la vida "en defensa justa" [v. 529] de la fe: es precisamente a esta *defensa justa de la fe* que su Dios habrá de corresponder, defendiéndole su "causa" pues él le defendiera la suya.

5.8. Miremos esta relación entre Fernando y Dios en más detalle, comparándola con las relaciones establecidas entre el Rey y su cautivo por el príncipe mismo. Mientras nuestro discurso empezara refiriéndose sobre todo a las relaciones entre Fernando y el Rey, sus relaciones para con Dios y la fe empiezan a resaltar hacia el final: en la mayor parte tanto de la *proposición* como de la *amplificación* de la *tesis positiva* [vv. 523–33] a la vez que en la segunda parte de la *peroración* [vv. 562–9]. Hay referencias a la fe en los vv. 525, 530 y 562 y a la Iglesia en el v. 566; mientras las tres ocasiones en que se nombra directamente a Dios ocurren en los vv. 531, 549 y 568 (aunque su presencia en el *contexto ideológico* del discurso ya se haya sugerido – ligera pero firmemente – en sus comienzos, al hablar de la "deidad" de los reyes [v. 410] en la *captatio*). Al examinar las relaciones entre la actitud de Fernando para con el Rey - que le escucha sobre el tablado – y su actitud para con el Dios cuya presencia en el fondo de la acción[35] se nos recuerda de manera tan explícita, volvemos a encontrarnos con una serie de *contraposiciones* sumamente interesantes, las cuales no dejan de tener cierto sentido irónico en esta ocasión.

5.9 Empecemos por subrayar el hecho de que aquella interrogante del Rey contenía un tercer substantivo, *obediencia,* la naturaleza de cuya motivación él quiso aclarar al preguntar si debiera interpretarse como *humildad* o como *valor;* y recordemos de nuevo que el príncipe había sustituido para ambas hipótesis la idea de que su *obediencia* no era sino "mostrar / cuánto debe respetar / el esclavo a su señor" [vv. 401–3]. Ahora bien: según Covarrubias, la *obediencia* consiste "en la execución de lo que se nos manda" y *dar la obediencia* es "reconocer al mayor y superior"[36] mientras *respeto* es "miramiento y reverencia que se tiene a alguna persona" y respetar "es mirar con los ojos baxos y humi[l]des hacia la tierra."[37] El verbo *respetar* empleado por Fernando se refiere, efectivamente, a su manera de *mostrar* cierta actitud por su modo de tratarle al Rey: trato que es la señal visible del

---

[34] Truman, *art. cit.,* p. 46.
[35] Escuchándole "de las tejas arriba" a la vez del teatro concreto en que se desarrolla la comedia y del gran teatro del mundo sobre cuyo tablado todos actuamos.
[36] Sebastián de Covarrubias, *Tesoro de la Lengua Castellana o Española,* ed. (según la impresión de 1611, con las adiciones de Benito Remigio Noydens en la de 1674) por Martín de Riquer, Barcelona 1943, p. 833a.
[37] *Ib.,* p. 907a.

respeto interior que todo "esclavo" debe a "su señor", manifestando – efectivamente – cierta forma de "miramiento y reverencia". Por otra parte, notemos que la *obediencia* (según Covarrubias) parece tener dos partes, la una de las cuales consistiría en el *reconocimiento* del superior (manifestada en el acto formal de *dar la obediencia)* y la otra en la *ejecución* "de lo que se nos manda" (consecuencia, en la verdad, de aquel mismo reconocimiento). He citado a Covarrubias para dar el sentido común de las palabras en el siglo de oro, pero para comprender cómo funcionan más precisamente en el contexto de una comedia calderoniana cabe mirarlas a la luz de fuentes teológico-legales más fidedignas y profundas: concretamente, a la luz de la *Summa Theologica* de Santo Tomás de Aquino, citada repetidas veces en el artículo de mi colega (el cual está muy bien informado sobre los *tratados de príncipes* del Siglo de Oro, sobre los cuales escribiera su tesis doctoral aún inédita).

5.10 Dentro de su estudio de la función dramática del tema de la justicia y de sus "partes" – como solían llamarse en la España del Siglo XVI – o "virtudes anejas" (como prefería llamarlas Santo Tomás),[38] Truman ha demostrado muy claramente que el reconocimiento por parte del príncipe cautivo de que el Rey ya fuese (por el derecho de la guerra) su *señor* temporal – y que había por consiguiente que aceptar la condición de *esclavo* y la *obediencia* que ésta impone – era un reconocimiento a la vez sincero y justo. En tales circunstancias, efectivamente, esta obediencia le era debida; pero el hecho de que se la concediese era al mismo tiempo una muestra del carácter virtuoso de Fernando, el cual estaba manifestando así la virtud llamada técnicamente *observantia,* por la cual "cultus et honor exhibetur personis in dignitate constitutis" (II, Q. 102, *art.* 1, *resp.).*[39] Ahora bien, técnicamente hablando, la *observantia* tenía dos partes, y la segunda de éstas es la *obedientia* propiamente dicha (una virtud subordinada, para Santo Tomás, por la cual obedecemos las órdenes de nuestros superiores , Q. 104, *art.* 2, *resp.*), lo cual concuerda muy bien con la definición de la *obediencia* que encontramos en Covarrubias: aquella *ejecución* "de lo que se nos manda"; mientras la primera parte de la *observantia* resulta ser, para Santo Tomás, la reverencia de que estuvimos hablando anteriormente al considerar la manera en que Covarrubias definía el *respeto.* Pero las cosas no terminan en eso, pues el *tipo de reverencia* de que habláramos se llama *dulia* en la *Summa,* siendo propiamente "la reverencia de los siervos para su señor, pues *dulia* es el griego para la servitud" (Q. 103, *art.* 3, *resp.*). Este *tipo de reverencia* constituye, como ya se ha indicado, la primera de las dos virtudes subordinadas de la *observantia,* y Truman agrega con toda propiedad: "It is clear that Fernando possesses both these subordinate virtues". A este *tipo de reverencia,* sin embargo, se contrapone otro en la *Summa,* llamado *latria,* la cual se distingue de la *dulia* por ser la reverencia por la cual reconocemos el señorío de Dios, mientras la *dulia* es el debido reconocimiento del señorío de

---

[38] V. Truman, *art. cit.,* p. 43 (texto y n. 3).
[39] *Ib.,* p. 46 (q. v. para una exposición detenida de las ideas resumidas en el resto de este párrafo del presente estudio).

otro ser humano (Q. 103, *art.* 3, *resp.*). Ambos tipos traen consigo, desde luego, el *deber* de obedecer al señor correspondiente: la *latria* a Dios, la *dulia* a sun señor temporal. Refiriéndose a estos dos deberes distintos, Truman observa:

> If Fernando insists uncompromisingly on the primacy of his duty to God, he is no less conscious of the reality of his secondary duty to the King and no less resolute in his honouring of it.

Pero lo que nos importa para la comprensión de nuestro discurso es más bien lo que podemos sacar de esta misma obeervación trocando el orden de sus partes: si Fernando está consciente de la realidad de su deber secundario hacia el Rey, insiste inflexiblemente sobre la primacía de su deber para con Dios.

5.11 Nuestra digresión semántica (por larga que haya sido) no viene fuera de propósito para el comentario de nuestro texto, pues nos permitirá establecer ciertas distinciones bastante importantes. Hay (en dicho texto y su contexto) dos fenómenos importantes que casi merecen llamarse juegos de palabras – aunque, por no explicitarse plenamente, quizás fuese mejor hablar de "juegos de ideas" – pues dependen del doble sentido de dos términos claves. En primer lugar, hay el término *obediencia* que empleara el Rey: Fernando sí que le obedece en todo lo que se refiere a su propio deber – como *esclavo* – de ejecutar las justas órdenes de su *señor*; pero se niega a obedecerle en lo único que al Rey le importaba de verdad (v. g. la rendición de Ceuta, como rescate del príncipe cuativo) pues su cristiano deber para con Dios es superior a su deber de esclavo para con su señor temporal. De ahí que "érase y no se era"[40] esta *obediencia* a la cual se refería el Rey: y en cuanto que "se era" trátase concretamente de la *obedientia* tal cual la definiera Santo Tomás, como segunda parte de la *observantia*. Preguntado por el Rey si esta *obediencia* fuese *humildad* o *valor*, sin embargo, hemos visto que Fernando la explicó diciendo que era más bien muestra de cuánto debía *respetar* "el esclavo a su señor".[41] Detrás del trato respetuoso visible al Rey, exeiste el *respeto* mismo: aquella *reverencia* "que se tiene a alguna persona" (según Covarrubias) la cual más propiamente se llamara *dulia* en la terminología escolástica y latina de Sto. Tomás. Y esta *dulia* completaría, por lo tanto, la *observantia* tomista, tratándose precisamente de su primera parte.

5.12 Ahora bien, este *respeto* que Fernando muestra no sólo sería auténtico, dado el carácter de nuestro héroe, sino que debíasele al Rey más todavía por ser éste no un *señor* cualquiera sino precisamente un "rey" (vice-gerente de Dios en toda "ley") cuya realeza siempre transparenta la "deidad". Pero este mismo *respeto*, tal como

---

[40] Adáptase aquí al castellano la frase con que empieza toda *rondalla* mallorquina ("era i no era . . ."), la cual sirve para establecer de un modo inigualable *la realidad de la irrealidad del cuento, ¡y viceversa!*.

[41] Veremos después que esto es al mismo tiempo un *topos*, o *tópico*, de los que se consideraban propios para el exordio de un discurso [7.1]: tópico que no dejaría de tener algo de la modestia afectada, en la verdad, pero que juega un papel importante en la argumentación del príncipe [7.2].

aquella *obediencia*, sólo se extiende hasta cierto límite bien demarcado: tal como la *obediencia* tenía que dar lugar a la *oposición* en cuanto los propósitos del Rey iban en contra del deber del príncipe con respecto a otra *obediencia* superior, este tipo de reverencia terrenal (la *dulia*) no puede ser llevado más allá del punto en que entra en conflicto con el tipo de reverencia superior (*latria*) que Fernando debe a la "deidad" misma. En el fondo ideológico de la situación dramática, por lo tanto, encontramos una contraposición entre dos *obediencias* (una de las cuales, la superior, se manifiesta en forma de *oposición* a la otra). Al mismo tiempo, hallamos una contraposición entre los dos tipos de respeto para un señor: (*a*) la *dulia* en cuanto Fernando se está dirigiendo directamente al Rey, y (*b*) la *latria* en cuanto Fernando jamás deja de pensar en lo que debe a aquel Señor y rey superior *en cuya presencia también está hablando*. Pues es a la vista de Dios que se desarrollan tanto la acción que se está representando sobre el tablado como la vida de todo ser humano: sea miembro del público, sea actor, sea el personaje portugués cuya historia verdadera le sirviera al dramaturgo de punto de partida,[42] sea el dramaturgo mismo, sea el crítico moderno (o quienes le escuchan o le leen).

5.13 Permítaseme relacionar estas nuevas contraposiciones brevemente a otras anteriores: la *obediencia* tal como la concibe el Rey es la que ocupa el primer miembro del gran quiasmo, pareciendo concordar con su hipótesis de *humildad* (en aquella solicitud de su *piedad* que parece estarnos preparando para una *petición de vida*), mientras la *oposición* que se pone de relieve en el cuarto miembro responde precisamente a los dictados de aquella otra *obediencia* superior, concordando con la segunda hipótesis del Rey (*valor*) al apoyar tan inflexiblemente la *petición de muerte* que hallamos en la *tesis positiva*. De igual manera, la *dulia* en que consiste aquel *respeto* del esclavo para su señor – y que (según el príncipe mismo) motiva aquel primer tipo de *obediencia* – seguirá manifestándose durante todo el primer miembro del gran quiasmo, pero luego parecerá trocarse en su contrario – la *falta de respeto* hacia el Rey – cuando Fernando empieza a provocarle en el cuarto miembro, recurriendo ahora a su *rigor* en una manifestación del otro tipo de *respeto* (pues aquí le impulsa la *latria* que debía a Dios). Y ¿no pudiéramos decir también que aquella sorprendente *falta de respeto por la vida del ¡no V sino M!* – inversión tan paradójica de los valores que se anticipaban – sólo cobra su pleno *sentido argumentativo dentro de la situación concreta* cuando se la considera a la luz de esta misma larga serie de *contraposiciones ideológicas?*, lo cual no quiere decir – desde luego – que no contenga otro sentido mucho más general también [v. 5.18].

5.14 Con la motivación del príncipe aclarada por él mismo [5.5–6], y teniendo sus propias actitudes hacia Dios y el Rey bien definidas [5.8–12], estamos más cerca de poder explicar aquella construcción quiástica de la *narratio et probatio*: ya vimos

---

[42] Véase Sloman, *op. cit.*, para la manera de emplearse las fuentes históricas en nuestra comedia, y A. A. Parker, "History and Poetry: The Coriolanus Theme in Calderón", en: *Hispanic Studies in Honour of I. González Llubera*, Oxford 1959, pp. 211–224) para un examen de las consideraciones poéticas que podían llevarle a Calderón a modificar la *verdad histórica* a la luz de necesidades superiores. Coméntase este punto en "Calderonistas", p. 381.

ntes [5.3.–4] hasta qué punto sus miembros primero y cuarto quedaron en cierto entido autorizados por la doble interrogante inicial del Rey (pregunta utilísima, que e fue puesto en boca – desde luego – por don Pedro Calderón), mientras acabamos le ver [5.13] cómo estos dos miembros se relacionan al mismo tiempo con el doble entido de aquellos términos claves *obediencia* y *respeto*. Además el tercer miembro a se ha tenido que analizar bastante a fondo, al hablar de las aclaraciones que hiiera don Fernando con respecto a su *tesis positiva*. Pero todavía queda por comenar el segundo miembro del gran quiasmo, como también la cuestión de sí el dramaurgo pudiera haber tenido motivos distintos de los de su personaje al construirle su liscurso así. Para aclarar estos puntos habrá que dar un nuevo paso atrás, pero será n paso mucho menos largo esta vez.

5.15 Lo que hay que hacer es examinar concisamente los distintos *cambios de to-o* que se tendrían que hacer durante la declamacíon del discurso, pues éstos van a constituir la clave para terminar de contestar aquella pregunta fundamental. Y i se emplea, ahora, la frase *declamación del discurso* – en lugar de hablar p. e. de u programa lógico o de los pasos de su desarrollo como "una oración argumentaiva y persuasoria" [1. 1] – es porque los puntos que se habrán de tomar en cuenta on meras *indicaciones dramáticas* cuya plena realizacón teatral correspondería a la manera en que el actor que representara a don Fernando hubiera tenido que nterpretar su papel, dramatizando nuestro discurso: por gestos y ademanes, variaciones en el tono y en la intensidad de la voz, y el dirigirse visiblemente ora al Rey, ora directamente al público que presenciara el espectáculo, ora a los circunstantes sobre el tablado (cuyas propias reacciones también irían cambiando mientras le escuchasen, subrayando así sus *cambios de tono* y sus puntos más notables con otra serie más de gestos y ademanes). Todas estas cosas pertenecen a la *actio*: la quinta de aquellas cinco divisiones de la Retórica tradicional.[43]

---

[43] Durante el coloquio de Hamburgo, hubo una interesantísima discusión de las relaciones entre texto y representación (parte en las intervenciones del Señor Körner después de la ponencia del Señor Varey y en las contestaciones de éste, y parte en las intervenciones del Señor Körner y del Señor Siebenmann después de la presente ponencia, v. *Nota preliminar*). El Señor Körner me llamó la atención, además, a la presencia de una serie de fenómenos lingüísticos que servirían a la vez de indicaciones al actor y de puntos de apoyo para la crítica lingüístico-literaria: p. e. (1) la presencia del imperativo "escucha" [v. 407] indicaría que Fernando se dirigía directamente al Rey, y al cual pudieran corresponder "gestos que indicarían que se estaba dirigiendo corporalmente a éste", mientras (2) el "Rey te llamé" del v. 408 pudiese indicar que ya no se dirigía exclusivamente al monarca sino también al público [de lo cual yo no estoy totalmente seguro], y (3) la ausencia de ninguna alocución directa al Rey en los vv. 420–471 indicaría un grado de generalización todavía mayor en la dirección del discurso a todo circunstante [lo cual me convence plenamente]. Aunque tal análisis de orden lingüístico no cuadraba con la orientación específica de mi ponencia, dediqué cierto tiempo a seguir esta pista después de regresar a Oxford, llegando a notar nada menos que 61 indicaciones de este tipo en nuestro texto (sin incluir las referencias directas a gestos expresivos en los vv. 494–513). Dichas indicaciones refuerzan notablemente el análisis de los *cambios de tono* aludidos, pero por razones de espacio sólo las he podido citar [5.16A–D] cuando resultase indispensable para aclarar la manera de representarse y declamarse el discurso. Le agradezco al Señor Körner por haberme llamado la atención a un aspecto del lenguaje calderoniano que habré de tener en cuenta, desde ahora, siempre que me ponga a dilucidar la naturaleza dramática de cualquier pasaje o escena.

5.16 Tales indicaciones para la *actio* – las cuales cualquier actor profesional sabría aprovechar – consideradas junto con la naturaleza cambiante de la argumentación empleada, sugieren que las diversas partes de la *narratio et probatio* son muy distintas entre sí en cuanto a su carácter persuasorio. Considerémoslas una por una:

A: 4 La primera sección [I: *Invocación*: vv. 413–75] es de naturaleza esencialmente *argumentativa*, dirigida directamente al Rey en la *proposición* [vv. 413–15] aunque luego se generalice [vv. 416–72] hasta el momento en que don Fernando se dirige de nuevo directamente al Rey, para aplicar la conclusión sacada del resumen de sus cinco ejemplos al caso concreto.

B: En la segunda parte [II: *Tesis negativa*: vv. 476–517] hay un cambio de tono abrupto que engendra (como ya se dijo : 5.5) una *atmósfera esencialmente emotiva*. Lo que pasa es que la *petición de muerte* que se habrá de hacer después [III] viene precedida aquí por el rechazo sobremanera apasionado y pormenorizado de la *vida* como objeto deseable. Este rechazo se funda en parte sobre la *situación personal* del príncipe [vv. 480–7] expresada en una forma que requiere del actor una intensificación de lo emotivo por un *cambio de tono* bien calculado para inspirar la compasión – ya que a pesar de haber empezado por decir al Rey "No quiero compadecerte / · · · / *para que me des la vida*" [vv. 476–8] es evidente que sí quiere *compadecerle* (aunque lo que le querrá pedir, cuarenta y cuatro versos más tarde, no haya de ser la *vida* sino la *muerte*). Después del argumento *personal*, se nos propone una *razón general* para rechazar la *vida*, y la emoción sigue montando a medida que se vaya generalizando el argumento hasta que éste se refiera a todo ser humano.[44] Esta intensificación se realiza mediante el uso de un complejo *exemplum* cuya fuerza depende precisamente de dos dramáticos *gestos* contrapuestos: las acciones de *recibir* [vv. 494–7] y de *rechazar* [vv. 498–501], cuya larga – y, sea dicho de paso, *lógicamente falaz* – aplicación a este mundo [vv. 502–13] termina conceptuosamente con la imagen "pues fue cuna boca arriba / lo que boca abajo es tumba".[45] Estas acciones contrapuestas se relacionan, desde luego, con una de las series de contraposiciones ya examinadas (r e c i b i r : h u m i l d a d : p i e d a d : : r e c h a z a r : v a l o r : r i g o r), tal como c u n a : t u m b a con la pareja v i d a : m u e r t e . Tan profundamente emotiva cuán alambicadamente recargada, la imagen c u n a : t u m b a termina convirtiéndose en l e c h o : c u n a (transposición quiástica, pero mudándose *tumba* en *lecho* para esta-

---

[44] En los términos del más conocido de todos los ejemplos de la silogística ("Todos los hombres son mortales; pero Sócrates es un hombre; luego Sócrates es mortal") pudiérase decir que aquí estamos remontando inductivamente de la *conclusión* particular ("Sócrates es mortal" = "Bien sé . . . que soy mortal", v. 488) a la *premisa mayor*: "Todos los hombres son mortales" (= "Tan cerca vivimos, pues,/de nuestra muerte . . ." vv. 514–515 ff.).

[45] Aunque tuve que volver a esta imagen hacia el final de mi ponencia en Hamburgo (en una sección que ahora ha de quedar para la *Segunda Parte*), por una coincidencia muy feliz esta misma imagen había sido examinada el día anterior en la ponencia de Helmut Hatzfeld, a cuyo texto remito por lo tanto al lector (de muy buen grado) para muchos aspectos que aquí se podrán dejar de comentar, pues nuestro Doyen ya nos los ha expuesto de modo magistral.

blecer ahora un paralelismo en lugar de un contraste) cuando desemboque en una conclusión puesta en la primera persona del plural [vv. 514–17], por lo cual se aplica de nuevo a todos los seres humanos. Entre éstos, por supuesto, queda incluido el mismo don Fernando.

C: El *pequeño quiasmo* que marca la *transición* del segundo al tercer miembro del mayor está constituido por una doble pregunta retórica: "¿Qué aguarda quien esto oye? / Quien esto sabe, ¿qué busca?" [vv. 518–19]. Su primera parte relaciona la *tesis negativa* posible a todo oyente (Rey, actor, miembro del público, lector o crítico moderno) de la manera más general. El primer miembro de la segunda parte, en cambio, la relaciona a la experiencia de "quien esto sabe": concretamente la experiencia personal de quien lo dice, pero al mismo tiempo la de cualquier desengañado de la época, y hasta – en la verdad – la de cualquier persona medianamente informada sobre la *vida* en cualquier época. Y el último miembro de aquel pequeño quiasmo – la dramática interrogante "¿qué busca?" – lo termina por despertar la curiosidad de todos para saber cuál ha de ser la *tesis positiva*.

D: Cuando llega dicha tesis [III : vv. 520–52], la exposición ya vuelve a ser de carácter *argumentativo* y razonado, primero aclarando los motivos de la *petición de muerte* (vv. 520–33] para luego recordar muy brevemente la *piedad* [vv. 534–5] que antes se invocara, y entonces pasar ya definitivamente al tema del recurso al *rigor* [vv. 535–52]. Esta vez, todos los ejemplos aducidos de los reinos naturales se dirigen directamente al Rey humano allí presente, solicitando su *rigor* de un modo tan violento que pareciera calculado de propósito para despertar la pasión de la *ira* al mismo tiempo.

En resumen, pues, hemos podido constatar que todas las partes que corresponden a *la argumentación del discurso en cuanto dirigido al Rey de Fez* – en una situación concreta y específica – quedaron colocadas en los extremos de la *narratio et probatio*, separadas por una parte central emotiva [II] por la cual se tiene que pasar para ir del I *argumentativo* al III que también lo es.

5.17 Según mi propio parecer, sería en el II central que *la argumentación personal dirigida por Fernando al Rey* se entrelazaría con lo que a mí me parece ser *el argumento central del discurso en cuanto dirigido al público por Calderón*. El *mensaje* que éste quisiera comunicar a cuántos escuchasen el discurso que él pusiera en boca de su personaje no coincidiría, por lo tanto, con la *petición de muerte* que Fernando quiere hacer (la cual solamente puede referirse, desde luego, a su propia situación) sino que tendría que ver con la parte que se halla *formal y emotivamente al centro*. O sea que coincidiría precisamente con el *elemento de sorpresa* que se introdujo al frustrar nuestra expectativa inicial de hallarnos escuchando una *petición de vida*.[46] Según esta hipótesis, la previa súplica a la *piedad* habría sido intro-

---

[46] Viene muy a cuenta aquí el término *momento de expectación frustrada*, empleado (según he aprendido del libro *Análisis estructural de textos hispanos* [Madrid 1969] de Oldřich Bělič, tan importante por habernos puesto en contacto con lo que están haciendo nuestros colegas hispanistas que trabajan al otro lado de la cortina de acero) por "los versólogos checoslovacos modernos" cuando

ducida muy deliberadamente para reforzar el mensaje central, por infundirle aquel tan conceptuoso *elemento de sorpresa*, aumentando así el dramatismo (y por lo tanto la eficacia) de la comunicación que Calderón deseaba establecer con sus oyentes. Bien mirada, entonces, esta misma parte central (la *tesis negativa del personaje*) pudiera constituir – por así decirlo – la *tesis p o s i t i v a de dramaturgo* en este contexto.

5.18 Esto no quiere decir, desde luego, que la discusión de la *piedad* y el *rigor*, de la *humildad* y el *valor*, y de todos los demás hilos ya citados de la compleja madeja ideológica que constituye la temática de la comedia no tuviese su significado en la lección total que Calderón estaba proporcionando a su público en *El príncipe constante*; ni tampoco que las partes de este discurso específico que tienen que ver con aquellos hilos temáticos no contribuyan de una manera directa a dicha finalidad moral. Pero dentro del contexto inmediato de esta confrontación entre captor y cautivo – escena de carácter dramático tan impresionante – las partes I y III serían más bien partes circunstanciales para los miembros del auditorio: partes, además, de la *circunstancia* específica del príncipe cautivo,[47] no de la de cada uno de ellos (salvo que algún miembro de aquel público – por pura casualidad – pudiese haber pasado por una peripecia parecida en su propia vida). O sea que según mi parecer estas dos partes colocadas en los extremos del gran quiasmo debieran de mirarse como un paréntesis frondoso, encerrando el mensaje emotivo que Calderón estuviera dirigiendo allí a todo miembro de su público: todos los cuales, desde luego, se encontraban viviendo en la misma situación existencial que Fernando por el mero hecho de ser humanos y mortales.

5.19 Este mensaje central, o *tesis positiva del dramaturgo*, ¿en qué consiste? Concretamente, trátase de una reafirmación bastante compleja – a la vez que marcadamente senequista – del *desengaño* con los valores que solían atribuir a la vida cuántos no hubieran "caído en la cuenta" todavía.[48] Este mensaje no era nada

---

"después de percibir una unidad ... que posee cierta organización rítmica, esperamos ... otra unidad ... con una organización análoga", y luego hallamos que de hecho "tal caso no ocurre" (*op. cit.*, p. 5 n. 11). Este elemento, evidentemente, juega un papel muy importante dentro de la estética calderoniana, en campos que no tienen nada que ver directamente con la versología (v. la *Segunda Parte* del presente estudio).

[47] Desde el punto de vista de Fernando, el mismo Rey de Fez no es sino una parte de ésta: en palabras de un chiste dedicado a Ortega "con cariño" por el humorista Jaume Perich, en *El Correo Catalán*, "Yo soy yo y usted, mi querido Director General, mi circunstancia" (J. Perich, *Autopista*, Barcelona 1970, p. 91). En la verdad, todo personaje de una obra calderoniana forma parte (de una manera muy especial) de la *circunstancia* de cada uno de los demás: véase el concepto de la *responsabilidad difusa* elaborada por A. A. Parker (*art. cit.* n. 33), de la cual se habla extensamente en "Calderonistas" (v. especialmente pp. 381–392).

[48] La frase es de Malón de Chaide, empleada para designar quien hubiese conseguido "la victoria de sí mismo": v. pp. 95–7 del importante trabajo de Stephen Gilman, "An Introduction to the Ideology of the Baroque in Spain" (*Symposium* I, 1946, pp. 82–107), y el comentario que se le agrega en R. D. F. Pring-Mill, "Some Techniques of Representation in the *Sueños* and the *Criticón*" (*Bulletin of Hispanic Studies* XLV, 1968, pp. 270–284).

nuevo: trátase de un *locus communis* a la vez del teatro de Calderón y de la época en que vivía. Pero era precisamente porque fuese un *lugar común* que había necesidad de reafirmarlo ingeniosa y novedosamente para que volviera a cobrar su poder de sacudir. Recordemos las palabras de Herrera: "sin duda alguna es mui dificil dezir nueva i ornadamente las cosas comunes; i assi la mayor fuerça dela elocucion consiste en hazer nuevo lo que no es."[49] Herrera lo había escrito pensando principalmente en la poesía lírica, pero lo mismo pudiera decirse, por una parte, de la poesía dramática, y por la otra de la oratoria sagrada, durante todo el Siglo XVII. En el caso concreto de nuestro discurso, el medio empleado para "hazer nuevo lo que no es" fue la estructuración lógico-retórica de aquel gran quiasmo, y sobre todo la concentración emotiva de su parte central. Fue precisamente mediante aquel *Por P, ¡no V sino M!* que Calderón supo restaurar al *desengaño* teológico de la época el grado de violencia chocante que de verdad le corresponde, pero que había perdido de tanto divulgarse en sermones, en poemas, en comedias.

5.20 Con decir esto, y con describir la sección central como la *tesis positiva del dramaturgo* a pesar de que constituyera la *tesis negativa del personaje,* no se ha querido restar nada de su valor para el personaje mismo dentro de su propia situación personal. Todo lo contrario: a pesar de que su propósito o *tesis positiva* fuese la de hacer una *petición de muerte* al Rey, y aunque nos explicase después cuáles fuesen sus *razones positivas* y cristianas para desearla en aquella situación [vv. 523–31, véase 5.5–6], no cabe duda de que su deseo de lograr la corona de mártir en la otra vida deriva de hecho en gran parte del impulso emocional que le hubiera dado el haber llegado – a través de sus tristes experiencias como cautivo – al *estado de desengaño* de un "caído en la cuenta". La parte central de su discurso no sólo tendría una función dramática emotiva (la de conmover al auditorio, dándoles un delicioso escalofrío admirativo al saborear el *desengaño* tan ornadamente renovado) sino que también tendría la otra función dramática de comunicar la intensidad emocional del estado de ánimo atribuido al personaje. El teatro tenía que articular lo inarticulado para que el auditorio comprendiera su intensidad, y según se ha sugerido antes [2.1–2] la manera en que lo hacía Calderón era por reflejar la *creciente intensidad de la emoción atribuida al personaje* en la *progresiva intensificación de su proyección retórica.* Tratábase, por decirlo en una frase inglesa, de elaborar poéticamente el efecto muy consciente de "look-at-me-having-this-emotion": contempladme y ved cuán profundamente conmovido estoy.

---

[49] Observación publicada en 1580 (*Anotaciones*, p. 292). Casi setenta años más tarde, en 1648, Gracián añadió: "No se contenta el ingenio con sola la verdad, como el juicio, sino que aspira a la hermosura. Poco fuera en la arquitectura asegurar firmeza, si no atendiera al ornato" (*Agudeza*, Discurso II; ed. Col. Austral, p. 16). Lo profundo de esta analogía gracianesca entre literatura y arquitectura no puede ponderarse aquí (v. articulo sobre la estética conceptista prometida *infra:* 6.2 y n. 52), pero es indispensable indicar que la hermosura del ornato no proporciona únicamente deleite al ingenio – por lo menos en casos como el nuestro – sino que es un medio de "dorar la píldora" de la enseñanza, sirviendo como instrumento para obligar el juicio a reconocer la *firmeza* de la *verdad* que asi se ha renovado. Véase también 7.8 para otra aplicación de esta idea, en la vida misma de los seres ejemplares.

5.21 Si esta interpretación es cierta, entonces la intensidad de la emoción que el actor que representara a don Fernando tendría que proyectar aquí (y que constituía no el contenido sino parte de la inspiración de su *petición*) coincidiría por lo tanto con lo que he estado llamando el *mensaje* del dramaturgo: la profunda experimentación personal del desengaño por los miembros de su auditorio, que quedarían conmovidos por aquel lugar común precisamente por razón de su renovación retórica (por la "fuerça dela elocucion" calderoniana). Y aquel *gran quiasmo* que se ha venido comentando de manera tan prolija sería sencillamente (?!) el instrumento escogido en esta ocasión para renovar aquella verdad tan consabida. Permítaseme aquí una breve cita del resumen de la ponencia de nuestro maestro Helmut Hatzfeld (idea desarrollada más extendidamente en la ponencia misma, v. p.   ):

> [A Calderón] le gusta establecer paralelos que son al mismo tiempo contrastes y corresponden a la técnica que el arte barroco llama de *contrapuesto*. La forma mínima de esta tendencia es la preferencia del quiasmo retórico. Se desarrolla así un arte de polarización culminando en el famoso antítesis que prefiere situaciones entreclaras y crepusculares para aclararse en un desengaño.

¡No pudiera haber ninguna observación general que mejor cuadrase con lo que Calderón estaba haciendo en este caso concreto!, aunque nuestro *gran quiasmo* apenas pudiera describirse como una "forma mínima" más que por un empleo extremado de *litotes*.[50]

---

[50] Los *elementos de sorpresa* ya comentados son los ardides usados para establecer el aspecto entreclaro de la situación que se proyecta en nuestro discurso: sin ellos, la situación hubiese sido clara casi a más no poder, pero es gracias al empleo de tales recursos enigmáticos que Calderón hásela podido dar aquel carácter crepuscular que dota su desenlace inesperado de gran parte de su poder afectivo (al "aclararse" en aquel violento y súbito *desengaño* de ¡no vida!). En tales casos, pudiérase modificar (de una manera que quizás parezca demasiado frívola pero cuya intención apenas pudiese ser más seria) la celebre afirmación gracianesca tocante al mérito doblado de lo que, siendo bueno, es breve, de modo que rezase "lo claro, si entreclaro, dos veces convincente" (o, distándonos un poco más todavía de la fórmula gracianesca: "lo consabido, si oscurecido, renovado"). Y lo mismo pudiérase decir, hablando ya al nivel de una comedia entera, de la ambigüedad o "*agudeza* paradójica" ("Calderonistas", p. 388) del desenlace de obras cual *El príncipe constante*: en "Calderonistas", *loc. cit.*, dícese (de *La devoción de la cruz*) que lo que "termina siendo 'spiritual triumph' de las tejas arriba" sigue "siendo [asimismo] 'human catastrophe' visto por debajo de las tejas" (paradoja calificada allí de otra consecuencia más "de la triste ironía de la vida"), agregándose que son muchas "las veces en que Calderón repite paradojas parecidas, mostrándonos claramente que lo que sobre el nivel humano puede parecer tragedia no siempre lo es *sub specie aeternitatis* (piénsese, p. e., en *El príncipe constante*), y esta paradoja espiritual no es – al fin y al cabo – más que la otra cara de la que estaba en el fondo de todo el desengaño de la época: el reconocimiento de que todo lo que sobre el nivel meramente humano transitorio nos parezca gloria se tenga que reducir a vanagloria al confrontarlo con la divina gloria perdurable." Añadamos que gran parte de lo que se ha venido diciendo en las secciones 4 y 5 del presente estudio, con respecto al *gran quiasmo* en nuestro texto básico, pudiera decirse igualmente de la manera en que Calderón concibe las relaciones entre sus personajes, los cuales quedan dotados con los atributos necesarios para poderlos contraponer de un modo que con frecuencia se organiza quiásticamente a lo largo de toda una jornada (o de una obra entera). Algo parecido ya fue explorado veinte años ha por Dámaso Alonso en su estudio de "La correlación en la estructura del teatro calderoniano" (= la 4ª de las *Seis calas en la expresión literaria española*, de D. Alonso y Carlos Bousoño, Madrid 1951).

6. Estructuras lógico-retóricas menores

6.1 Pasemos ahora a considerar la estructura interna de ciertas partes constituyentes del discurso, enfocándolas de modos algo distintos (aunque complementarios), y concediendo mayor importancia ahora a la naturaleza y fuerza persuasoria de los argumentos mismos que en las dos secciones anteriores, en las cuales se hablara extensamente de *la manera de contraponer las ideas*, sin decir mucho con referencia a *la validez de la argumentación en sí*. Todas las estructuras menores tienen su parte dentro de aquella organización general del discurso, y pudiera decirse – empleando términos muy de la época – que están relacionadas entre sí cual los diversos miembros de un cuerpo bien proporcionado, de tal modo que vayan componiendo ante nuestros ojos y oidos (o, mejor dicho, ante el *entendimiento* de quien los tenga que ir apreciando a través de los informes que le llegan de sus diversos *sentidos exteriores*) un conjunto hermosa y bellamente constituido, quiástica y contrapuestamente estructurado, y elaborado con una "concordancia" tan "primorosa" y con tal exquisitez de invención que la "armónica correlación" entre sus muchos y varios "conoscibles extremos" no pudiera dejar de halagar ni siquiera a la "inteligencia" más sutil con la fecundidad de su "artificio conceptuoso".

6.2 Las frases entre comillas derivan de dos lugares de la *Agudeza*: "Consiste, pues, este artificio conceptuoso, en una primorosa concordancia, en una armónica correlación entre dos o tres conoscibles extremos, expresada por un acto del entendimiento"; y "No brillan tantos astros en el firmamento, campean flores en el prado, cuantas se alternan sutilezas en una fecunda inteligencia."[51] Con estas breves alusiones, yo quisiera señalar la presencia de ciertos rasgos fundamentales de la estética gracianesca en este discurso calderoniano (como en tantos otros), aunque lo que Gracián llamaría la "ponderación" de lo que pudieran significar tales rasgos tenga que dejarse para un artículo mucho más general sobre la naturaleza de la estética conceptista, basado en investigaciones desarrolladas lentamente y expuestas paso a paso en varios ciclos de conferencias sucesivos dados en Oxford a partir de 1952.[52] De las *estructuras menores* de nuestro discurso, desgraciadamente sólo hay

---

[51] Discursos II y III: *ed. cit.*, pp. 16 y 17 respectivamente.

[52] *"Culteranismo* and *conceptismo"*, 1952 y (ya de un modo más teórico) 1960; siguiendo otra pista en "Seventeenth-Century Lyrics", 1957; ya haciendo hincapié en los puntos que más me han preocupado desde entonces, en "The *conceptista* aesthetic", 1965 y (con notables modificaciones) 1970. Lo esencial de dichas investigaciones fue resumido en varios "graduate seminars" y conferencias aisladas en diversas universidades de los Estados Unidos en 1967, y en el Instituto de Filología y Literatura Hispánicas de la Universidad de Buenos Aires en 1968. Dicho artículo, en el cual se ha intentado resumir una serie de ideas de tan lenta elaboración, ha tenido que ser dejado de lado por ahora (aunque ya estuviera casi en su forma definitiva desde 1967) por razones de salud. Mientras tanto, quisiera llamar la atención de los lectores a dos importantes artículos sobre temas estrechamente relacionados con mis propias investigaciones, publicados por uno de mis amigos y ex-alumnos: M. J. Woods, "Sixteenth-century Topical Theory: some Spanish and Italian Views", en: *Modern Language Review* LXIII, 1968, pp. 66–73, y "Gracián, Peregrini, and the Theory of Topics", *ibid.*, tomo cit., pp. 854–863. En el Congreso de 1970 de la Association of Hispanists of Great Britain and Ireland, al cual tuve por desgracia que dejar de asistir al último momento, M. J. Woods trató además (en una ponencia entitulada "The Anatomy of Wit") algunos problemas que coinciden más

dos que se podrán analizar detenidamente en la presente ocasión (v. *Nota prelimi-nar*): el *exordio*, y la *invocación*.

7. El exordio y la invocación de la piedad

7.1 El e x o r d i o empieza con una declaración cuyo sentido ideológico ya hemos comentado, pero ¿cuáles serían sus funciones retóricas? Por un lado, sirve evidentemente de contestación a la pregunta del Rey, pero por el otro lado aquella misma declaración se utiliza como el punto de entrada al cuerpo del discurso. Consiste en un *tópico* de aquellos que son, precisamente, los más aptos para prologar una obra o un discurso[53]: una *fórmula de submisión* (o *Unterwürfigkeitsformel*, como lo llama Curtius)[54] en la cual Fernando reconoce su condición de *esclavo*, acepta las obligaciones que esta condición le impone, y adopta con toda propiedad una actitud humilde ante su *señor*. Lo hace citando una regla general, de tipo sentencioso, y aplicándolo a su propio caso, v. g. la situación concreta en que se halla. Tales transiciones de lo general a lo particular, y viceversa, juegan un papel importantísimo en la argumentación de este discurso, tal como en la mayoría de las obras literarias – de cualquier género – en el siglo de oro.[55]

7.2 Con las palabras "mi Rey y señor" [v. 407], Fernando ya está pasando del tópico inicial a la *captatio benevolentiae*, y la transición es más sutil de lo que pudiera parecer a primera vista. Aunque el respetar a su señor sea propio del esclavo, éste no tiene (en la vida verdadera) el derecho de dirigirle largos discursos. Un rey, en cambio, tiene la obligación de escuchar las peticiones de sus súbditos, y el situarse quien se le dirige en la categoría de *súbdito con el derecho de ser escuchado* es otro tópico exordial. Aquí, la transición se establece entrecruzando los dos tópicos, por la anteposición de "Rey" a "señor". En todo esto, no deja de haber algo de la modestia afectada (la *affektierte Bescheidenheit* de que nos habla Curtius) también propia de los exordios:

> Der Redner hatte in der Einleitung die Hörer wohlwollend, aufmerksam und gefügig zu stimmen. Wie macht man das? Zunächst durch bescheidenes Auftreten. Man muß diese Bescheidenheit aber selbst hervorheben. So wird sie affektiert.[56]

---

estrechamente todavía con aquellos que yo he estudiado en lo todavía inédito; pero me parece probable que hayamos terminado enfocando dichos problemas desde ángulos bastante diferentes, aunque nuestras conclusiones probablemente resultarán más bien complementarias que antitéticas. Habrá un capítulo específicamente sobre el conceptismo calderoniano en una importante tesis doctoral para la Universidad de Oxford que está preparando (bajo mi dirección) J. V. Bryans, *Imagery, Rhetoric and Drama in some c o m e d i a s of don Pedro Calderón de la Barca.*

[53] Curtius, *op. cit.*, v. "Exordialtopik", pp. 93–97.

[54] *Ib.*, pp. 414–415.

[55] Véase *infra*: 7.7–9. Para el papel de las *sentencias* en el teatro, y concretamente en el caso particular de una comedia de Lope, v. Pring-Mill, "Sententiousness in *Fuente Ovejuna*", en: *Tulane Drama Review* VII, 1962, pp. 5–37.

[56] Curtius, *op. cit.*, p. 91 (la discusión de este *topos* sigue hasta la p. 93). En el caso de Fernando, el hecho de la superioridad moral del príncipe parece añadir cierto elemento de ironía a este empleo del tópico (por lo menos por parte de Calderón), el cual podría relacionarse además a la

Huelga decir que la presencia del adjetivo "afectada" (explicada tan sucintamente por Curtius) no desdice necesariamente de la sinceridad de quien inicie un discurso con este *topos*. El hecho de que sea expediente *(zweckmäßig)* emplearlo, según un consejo ciceroniano aludido por Curtius en aquel lugar, tampoco nos dice nada de la sinceridad o falsedad de quien lo hace, y ya vimos antes [5.9–10] que la actitud respetuosa de Fernando cuadra perfectamente con el carácter netamente virtuoso del príncipe cautivo, cuyo *respeto* corresponde aquí precisamente a la primera parte (o *dulia*) de la virtud llamada *observantia* por Santo Tomás, siendo enteramente propio a quien se encuentre en tal situación. Sin embargo, hay cierta sutileza un poco sofística en el modo preciso de dirigirse Fernando al Rey: algo que nos permitiría decir – pero siempre sin menoscabo del carácter virtuoso de Fernando – que su *modestia afectada* no deja de ser al mismo tiempo hasta cierto punto una *modestia fingida*. El punto que quiero destacar no pasa de ser un mero ardid retórico, plenamente justificado en aquel contexto pero no por eso menos artificioso. Fijémonos de nuevo en el orden de aquellas cuatro palabras "mi Rey y señor": aunque el Rey de Fez sea efectivamente su "señor" por haberle esclavizado (teniendo el derecho de hacerlo, como lo demostrara mi colega Truman) *no es en la verdad "su" Rey*, y el tratarle como tal es una ficción muy conveniente para hacerle sentirse obligado a escuchar en silencio los ciento sesenta y dos versos que todavía están por declamar.

7.3 Al iniciar la *captatio*, propiamente dicha, Fernando repite el título de "Rey", desproveyéndolo del posesivo dudoso, pero insistiendo en colocar al individuo a quien se está dirigiendo en cierta categoría de personas con determinadas obligaciones sociales: obligaciones compartidas por todos los reyes, por cualquiera que sea su religión, pues cada rey es el representante personal de Dios (por derecho natural), en cuyo nombre rige la sociedad monárquica que le haya tocado gobernar. El Rey de Fez es indudablemente un rey, y aunque accidentalmente sea "de otra ley" [v. 474] que su cautivo, esto no disminuye las obligaciones sustanciales de su propia realeza. Para apelar a su *piedad*, Fernando empieza por invocar la fuerza de otra regla general de tipo sentencioso: "es tan augusta / de los reyes la deidad, / tan fuerte y tan absoluta, / que engendra ánimo piadoso" [vv. 409–12]. Y luego lo aplica al caso concreto en los primeros versos de lo que yo he designado la *invocación*: "y así es forzoso que acudas / a la sangre generosa[57] / con piedad y con cordura" [vv. 413–15].

---

superioridad de la corona de mártir que le ha de tocar ("el laurel que me ilustra" del v. 565, véase n. 32 *supra*).

[57] Hay que tener mucho cuidado con palabras como ésta. El sentido corriente de *generoso* para el hombre moderno se restringe a los sentidos 2° y 3° del *Diccionario de la lengua española* ("2. Que obra con magnanimidad y nobleza de ánimo" y "3. Liberal, dadivoso y franco") a pesar de que dicho diccionario siga notando como el 1r significado "Noble y de ilustre prosapia" y agregue como el 4° "Excelente en su especie" (dando como ejemplo de este último la expresión "*Caballo GENEROSO*", que remonta por lo menos hasta Covarrubias). En el Siglo de Oro, las prioridades eran otras, según se colige fácilmente de Covarrubias: "*Generoso*. El hombre ilustre, nacido de padres muy nobles, y de clara estirpe, conocida por el árbol de su descendencia. Éste es generoso por linage."

7.4 El razonamiento vuelve a ser de tipo silogístico, aunque la premisa menor se haya antepuesto a la mayor para establecer (esta vez) una transición desde el caso particular a la regla general, de cuya aplicación al caso concreto se quiere sacar la consecuencia que le interesa al suplicante. Lo presupuesto sería entonces un *silogismo categórico*:

Premisa mayor:	Todo rey tiene el ánimo piadoso.
Premisa menor:	Pero tú eres un Rey ["Rey te llamé"].
Conclusión:	Luego tú tienes ánimo piadoso.

O, mejor dicho, en la verdad *tú debieras de tenerlo por razón de tu realeza*: no todos los hombres cumplen con las obligaciones de su estado, ni todos los reyes con aquellas de su realeza, ¡por "augusta" y "fuerte" que sea su "deidad"! Como cualquier hombre, todo rey goza de libre albedrío, y por lo tanto el "así es forzoso" [v. 413] que inicia la *invocación* contiene algo de exageración: lo predicado del Rey de Fez como individuo no es "forzoso" con tal de que no se sobrentienda la *condición* "si tú eres rey cumplido". Cabría interpretar este argumento de dos maneras. Por un lado, podría decirse que se presupone otro silogismo: esta vez un *silogismo condicional* (la forma más frecuente del *silogismo hipotético*)[58] cuya premisa mayor sería precisamente aquel "si tú eres rey cumplido". Pero por el otro lado, al apelar así a una regla general tocante a la piedad de los reyes pudiérase decir con toda propiedad que Fernando estaba empleando un *entimema del 3r tipo* ("silogismo que parte de probabilidades"), basándose sobre "una proposición generalmente aprobada: algo que los hombres saben . . . que suele suceder así" – en las palabras de Aristóteles –,[59] y empleándolo no para *demostrar* (pues no demuestra nada) sino solamente para *persuadir*. Parte de su fuerza persuasoria reside, desde luego, precisamente en el hecho de que contenga en sí – de modo implícito – el argumento: "no a acudir a tu sangre con piedad demostraría que no fueras rey cumplido" (lo cual, al haberse explicitado, constituiría un *entimema del 5° tipo* – "sacar una conclusión de su contrario" – con respecto al argumento enunciado de modo explícito por don Fernando).[60] Esta segunda interpretación de lo que Fernando ha

---

Generoso a veces sinifica el que considerada su persona sola, tiene valer y virtud, y condición noble, liberal y dadivosa. Cavallo generoso, el castizo y de buena raza" *(ed. cit., p. 636a)*. En nuestro texto, el "es forzoso que acudas / a la sangre generosa" se refiere a la *fuerza de la sangre noble*. No por esto hemos de negar, sin embargo, que entre en juego (ya *como asociación secundaria*) la insinuación que a la generosidad de la sangre debiera de corresponder la generosidad del ánimo. La sangre trae privilegios, pero impone obligaciones que se debieran de honrar: es sobremanera frecuente en el teatro del Siglo de Oro encontrar situaciones de *improporción* o *impropiedad* en este respecto, en las cuales un noble (como el comendador en *Fuente Ovejuna*) quiere abusar de sus privilegios, sin hacer nada para cumplir con sus obligaciones para con los inferiores que le habían sido encomendados. Véase Pring-Mill, artículo citado en la n. 55.

[58] Véase Cilveti, *art. cit.*, pp. 473–475.

[59] *Analytica priora*, II, 27 = 70ᵃ; véase Apéndice "A" (3).

[60] Véase Apéndice "A" (5). Si me he detenido tanto en el caso de este argumento bastante sencillo, es porque tengo ciertos recelos de llevar demasiado lejos la interpretación de la argumentación calderoniana en términos de la lógica formal. Admiro mucho el magistral artículo del profesor Cilveti (y él sería el primero en admitir que tuvo que concentrar la exposición de sus ideas hasta tal punto que las cosas pueden parecer más sencillas de lo que son) pero el caso es que toda argumentación puede ser reducida a una serie de silogismos con tal de que todas las incertidumbres

hecho en los vv. 409–15 me parece preferible, pues lo dicho no pasa de ser un argumento persuasivo, por fuerte que sea. Nótese cómo Fernando lo refuerza al añadir la *cordura* a la *piedad* [v. 415], de un modo casi parentético, insinuando así que el no mostrar un *ánimo piadoso* sería en cualquier rey al mismo tiempo una señal de falta de buen seso.

7.5 Cuando pasamos de lo que se ha designado la *proposición* a su *confirmación*, y luego a la *amplificación* de ésta, nos encontramos frente a un argumento mucho más complejo (tanto por su estructura como por la naturaleza de la argumentación que allí se emplea). Convendrá distinguir claramente entre sus diversas etapas, pero ya que varias de éstas corresponden simétricamente a puntos ya establecidos (o en la *captatio* o en la *proposición* que acabamos de comentar) no podemos dejar estos pasos anteriores de lado al considerar el resto de la *invocación*. Ya indiqué al comenzar que toda esta larga *invocación* "pudiera muy fácilmente considerarse como una ampulosa extensión de la *captatio*" [3.3], y es como tal que la tendremos que mirar ahora: ambas partes constituyen, de hecho, una sola serie de reflexiones encadenadas [vv. 408–75] sobre el tema de la *propiedad de la piedad en todo ser que tenga "majestad de rey"* [v. 470].[61] Esta serie abarca once pasos distintos, ligados entre sí no sólo por la orden de su progresión en el tiempo sino también por una compleja serie de correspondencias, las cuales van mucho más allá del evidente paralelismo entre los cinco *ejemplos* desarrollados en los vv. 422–67: cinco ejemplos que no constituyen sino uno sólo de los once pasos que yo quisiera distinguir, a pesar de ocupar cuarenta y seis de los sesenta y ocho versos del pasaje (y aunque cada ejemplo contenga otra serie de *subdivisiones interiores* que se habrán de comentar en la Segunda Parte: se las puede dejar de lado ahora, sin embargo, pues no afectan la numeración general).

---

se interpreten como presuponiendo otros tantos *silogismos hipotéticos* y toda *inducción* (v. g. subir de lo particular – un caso concreto – a una regla general) sea vista como presuponiendo la aceptación previa de una regla general, de modo que la *inducción* misma se considere como el remontar a la *premisa mayor* de un silogismo ya existente (el cual sólo se hubiera dejado de explicitar por poder suponer que se lo sobrentendiera). Hay casos en que estos precedimientos se justifican plenamente, pero si los llevamos demasiado lejos es fácil terminar reduciendo demasiado de lo que es propiamente de *carácter retórico y persuasorio* a cadenas de razonamientos silogísticos cuya validez o falsedad se estableciera a base de largas series de reservas y distingos. No quiero sugerir que el profesor Cilveti haya hecho así: él analiza argumentos cuyo carácter silogístico es obvio (pues los vocablos empleados por los personajes suelen mostrar que Calderón estaba pensando, en tales casos, precisamente en términos de la silogística formal). Pero algunos de sus lectores pudieran fácilmente concluir que toda la argumentación de las comedias de Calderón se pudiera – y debiera de – interpretarse así: ¡claro está que ningún lector letrado del Siglo de Oro, bien informado como lo estaría sobre las relaciones entre la Lógica y la Retórica, hubiese caido en tal confusión! Mas me ha parecido necesario subrayar el *carácter solamente persuasorio* de gran parte de la argumentación calderoniana (como se puede constatar muy fácilmente en el caso de este discurso) porque creo que sólo podremos apreciar la verdadera naturaleza de sus "estructuras lógico-retóricas" si reconocemos cuáles rasgos hubieran sido reconocidos como lógicos, y cuáles como retóricos, por sus compañeros de clase en el Colegio Imperial.

[61] Antes las tuvimos que separar, para que la *invocación* pudiese verse claramente como la primera de las tres secciones que constituyen (en su conjunto tripartito) juntamente la *narratio* y la *probatio* del discurso [v. n. 17]: secciones íntimamente relacionadas entre sí por aquella serie tan compleja de paralelismos y contraposiciones analizada en las dos secciones anteriores.

7.6 De los once, cuatro corresponden a puntos ya considerados [7.3–4]. La serie completa es la siguiente:

(1) La *designación específica* de aquel "Rey te llamé" [v. 408, véase 7.3], dirigida concretamente al Rey de Fez en la segunda persona del singular.

(2) El "aunque seas / de otra ley" [vv. 408–9] que también se refiere *específicamente* al Rey de Fez, al cual Fernando sigue hablando directamente.

(3) Aquella *regla general* de tipo sentencioso [vv. 409–12, véase 7.3–4], según la cual la "deidad" de los reyes es tan "augusta", "fuerte" y "absoluta" que "engendra ánimo piadoso".

(4) Su *aplicación al caso concreto* [vv. 413–15] cuyo comienzo "así es forzoso" – aunque falaz (véase 7.4) – cobra mayor fuerza persuasiva por recordar el "tan fuerte" del v. 411.

(5) Otra *afirmación general* [vv. 416–20] en *confirmación* del paso anterior, refiéndose a la operación de la misma regla del 3^r paso "aun entre brutos y fieras".[62]

(6) Una serie de cinco *ejemplos específicos* [vv. 420–67] aducidos en corroboración del 5° paso.

(7) La *recapitulación* de éstos [vv. 468–71, desde "Pues" hasta "piedad"], constituyendo una *reafirmación* implícita del 5° paso.

(8) *Aplicación* de la proposición reafirmada a todo el *género* ["los hombres", v. 472] al cual pertenece el Rey de Fez.

(9) *Aplicación personal* de dicha proposición a éste como *individuo*, hecha de modo implícito al nombrarle no Rey [véase 7.12] sino otra vez "señor" [v. 472, recordando el v. 407].

(10) *Reafirmación* rotunda de que el ser de "otra ley" no le libra de la regla general del 3^r paso [vv. 473–4, recordando los vv. 408–9 del 2°].

(11) *Confirmación* del paso anterior por indicar [vv. 474–5] que el *contrario* de lo que se solicita – o sea la *crueldad* [v. 474], que aquí se contrapone a la piedad – es una "en cualquiera ley".

Queriendo destacar la manera de encadenarse el razonamiento, se ha concentrado en esta lista sobre *la naturaleza de la relación* entre cada paso y el anterior, diciendo sólo lo indispensable sobre *la naturaleza intrínseca de los pasos individuales*. Tuvo que haber cierta indicación de su contenido, para que pudiéranse comprender los diversos tipos de ligazón empleados (y sobre todo para que resaltasen aquellas transiciones de lo particular a lo general y viceversa); pero evitóse en lo posible toda observación de tipo formal.

7.7 En esta categoría de *observaciones de tipo formal*, inclúyese el decir p. e. que el último paso tiene el carácter de *sentencia*, con todas las asociaciones de gravedad y de autoridad (asociaciones al mismo tiempo éticas y estéticas) de fórmulas de

---

[62] Afirmación que constituye la *proposición* inicial del *Summationsschema* argumentativo cuya estructura se sugiere en la sección siguiente (aunque su análisis detenida haya tenido que postergarse para la *Segunda Parte*, v. *Nota preliminar*).

esta naturaleza. Ahora, sin embargo, nos toca iniciar nuestras observaciones formales por hacer hincapié precisamente en este mismo punto concreto: la naturaleza de la *sentencia* y su función. Tales *sentencias* corresponden a los *apotegmata* de Aristóteles, cuyo significado dentro de su visión de la retórica se mirará en la Segunda Parte. Aquí nos vienen más a cuenta dos observaciones de la *Rhetorica ad Herrenium* seudo-ciceroniano, la primera tocante a sus orígenes, y la otra a su fuerza persuasiva: (1) "Una sentencia es un dicho sacado de la vida, el cual muestra concisamente o lo que ocurre en ella o lo que debiera de ocurrir": y (2) "No puede dejar de estar tácitamente de acuerdo, aquel que escuche la aplicación al caso de algo cierto sacado de la vida y las costumbres". Estas observaciones abren y cierran, respectivamente, el capítulo del *Ad Herrenium* dedicado a la *sententia* como una de las *figuras de la dicción (exornationes verborum)*.[63] Del hecho de hallarla colocada entre las figuras de la dicción (cuyo ornato consiste en la pulidez del lenguaje mismo) en lugar de aquellas del pensamiento (cuya dignidad se deriva de las cosas, no de las palabras) se colige la importancia del *aspecto estético*. Pero importa subrayar que mis dos citas fundamentales se refieren, sin embargo, más bien a su contenido, o sea al *aspecto ético*.

7.8 Según ellas, será evidente que las *sentencias* expresan, en su *aplicación al caso,* una de aquellas formas de aplicar lo general a lo particular cuya importancia se subrayara en aquella lista (y que ya se señalara anteriormente: 7.1): su *fuerza persuasiva* reside en que piden que el auditor reconozca la existencia de una norma de conducta y se conforme a ella, mostrando así su reconocimiento de lo que pudiérase llamar el *aspecto ético* del concepto del *decoro* (a la vez que la consecuencia implícita de que el no conformarse a ella sería *éticamente indecoroso*). Según mi propia manera de ver las cosas, yo quisiera añadir que gran parte de su *fuerza estética* me parece residir igualmente en este mismo hecho de que constituyan un *recurso al decoro*, considerándolo a éste como un concepto normativo que estructura las vidas de los individuos según modelos sacados inductivamente de la vida misma, con lo cual se establecen series de correspondencias entre el caso y la regla: correspondencias que son *relaciones de simetría*. Recuérdense las palabras de Gracián (citadas en la n. 49): "No se contenta el ingenio con sola la verdad, como el juicio, sino que aspira a la hermosura", cita que seguía "Poco fuera en la arquitectura asegurar firmeza, si no atendiera al ornato". Lo mismo puede decirse, creo yo, de la arquitectura de las vidas ejemplares que se viven bella y decorosamente. Pues me parece que la *verisimilitud* (cuya forma más primitiva reside precisamente en el concepto del *decoro* mismo: aquella doble noción del "Dulce et decorum est" horaciano)

---

[63] "Sententia est oratio sumpta de vita quae aut quid sit aut quid esse opporteat in vita breviter ostendit"; "Et necesse est animi conprobet eam tacitus auditor cum ad causam videat adcommodari rem certam ex vita et moribus sumptam" (*Ad Herrenium*, IV, XVII). La distinción entre los dos tipos de ornato viene al comienzo del cap. XIII del mismo libro: "Dignitas est quae reddit ornatam orationem varietate distinguens. Haec in verborum et in sententiarum exornationes dividitur. Verborum exornatio est quae ipsius sermonis insignita continetur perpolitione. Sententiarum exornatio est quae non in verbis, sed in ipsis rebus quandam habet dignitatem."

viene a ser no solamente *una condición de la "imitación" artística* sino al mismo tiempo *una norma para vivir la vida artísticamente* (¡si se me permite decirlo así!).

7.9 Pero para el autor del *Ad Herrenium,* es evidente que la *fuerza estética* de las *sentencias* estriba en su belleza formal – ¡en su *belleza verbal*! – y sobre todo en la concisión (el único aspecto formal subrayado en cualquiera de aquellas citas básicas). Trátase, por lo tanto, de la manera de formularlas en palabras memorables y citables, o sea en la belleza de su *estilo lapidario* (empleando este término, desde luego, en su sentido español o inglés, y no en su sentido alemán, el cual – ¡por razones que me escapan! – equivale más bien a "estilo llano y pedestre": *inmemorable* en lugar de *memorable*). De lo dicho en el *Ad Herrenium* puede colegirse, además, que la autoridad esencial de las *sentencias* residía en lo que yo me he permitido llamar su *verisimilitud* (estando bien consciente de la multiplicidad de asociaciones que la palabra lleva) y no en el haber sido formuladas anteriormente así por cierta persona determinada – como tal o cual filósofo o santo –, aunque sea frecuente que tengan la *fuerza persuasiva* adicional de venir de fuentes que se reconocerían, y que se aceptaban de hecho como autoritativas. Pero ya hay que regresar de nuevo de lo general a lo particular: de la función ético-estética de las *sentencias* en sí, al papel de la *sentencia* particular que constituía el undécimo paso de aquella lista.

7.10 Con esta *sentencia* sobre la *crueldad* ("la crueldad / en cualquiera ley es una", vv. 474-5) se da por terminado el largo razonamiento cuyo verdadero punto de partida fue otra afirmación general: la de aquella *sentencia* tocante a "la deidad" de los reyes, propuesta tantos versos antes [vv. 409–12] en el 3ʳ paso. Ambas son *sentencias* normativas, pero de signo opuesto: la del undécimo paso refiérese a algo que debemos evitar, y la del tercero a algo que debiera imitarse (no por todos nosotros, desde luego, pues no somos reyes, pero por cuántos pertenezcan a esta categoría limitada, y concretamente por el Rey de Fez allí presente). Esta se comentó al considerar la *captatio benevolentiae* [7.3], y no queda más que agregar que el señalar que aunque fuese el origen verdadero del cuerpo mismo del razonamiento, esta *sentencia* era dos pasos anterior a la *afirmación general* del 5° que originara de un modo más inmediato todo el proceso de su propia *confirmación*, la cual – discurriendo bellamente por sus seis pasos netamente distinguibles – había finalmente de abocar en aquella *sentencia* terminante y terminal sobre el carácter siempre represible de la *crueldad*. Teniendo estos seis pasos y los cinco que los precedieron todos aislados y numerados para nuestra mayor conveniencia, resultará más fructífero comentarlos empezando por el final del pasaje. ¡Y lo primero que hay que constatar es que este final quedó trunco, en la verdad!: en cierto sentido notablemente significativo.

7.11 Al confirmar la propiedad de la *piedad* en toda especie de rey por recurrir, en el 11° paso, a una consideración de su contrario la *crueldad,* se calló una conclusión sobremanera evidente: v. g. que el mostrarse cruel siempre sería por lo tanto un defecto en cualquier monarca. Pudiérase haber pensado que con haberla formulado abiertamente el argumento se hubiera redondeado mejor, por aludir así de nuevo a su verdadero punto de partida en el 3ʳ paso y – a través de éste – a su origen concreto todavía más remoto: aquel "Rey te llamé" del 1°. Aquí hay que tener dos cosas en cuenta, sin embargo, la primera siendo una consideración muy sencilla. Pudiérase suponer por un lado que fuese por ser tan obvia que se dejara de explicitar aquella conclusión: o sea que se omitiera porque hubiera resultado no sólo superflua sino aburrida, y por tanto contraproducente. La otra consideración es a mi ver de mayor peso, y es ésta: por no aplicarse aquella *sentencia* específicamente al campo regio – la materia concreta del pasa – nos queda grabada en la mente en forma mucho más general, refiriéndose no solamente a los reyes sino (tal como el 8° paso) a todo el género humano. Y de ahí coligiríase también, implícitamente, el argumento adicional que si la *crueldad* es mala en cualquier hombre, ¡cuánto peor será cuando la "majestad de rey" la emplea en lugar de la *piedad* que le es propia!

7.12 La importancia de esta última consideración salta a la vista cuando se la mira en su contexto inmediato, notando que Fernando, cuando se dirige otra vez directamente al Rey de Fez (en el 9° paso), lo hace llamándole no "rey" sino "señor" [v. 472]. O sea que lo hace volviendo entonces al *segundo término* de la fórmula exordial "mi Rey y señor" [v. 407] que comentamos antes [7.2], cuyo primer término había constituido el *Leitmotiv* de los últimos sesenta y seis versos. Con hacer esto al terminar su larga invocación de la *piedad real*, Fernando se ha vuelto a colocar (muy hábilmente) en la situación del primer *topos exordial*: el de la *fórmula de submisión* del humilde esclavo que mostraba cuánto debía "respetar ... a su señor" [vv. 401–2: 7.1]. Y es de notar que lo hiciera precisamente cuando estaba a punto de entrar en la parte más emotiva de su discurso [véase 5.16B] en la cual se habrá de esforzar para mover todo su auditorio a compadecerle [véase 5.20–21], a pesar de que la comenzara diciendo específicamente "No quiero compadecerte" a su señor el Rey.

7.13 Remontemos ahora de *lo que no se dijera*, al terminar la *invocación*, a lo que sí se dijo en su final explícito: el 11° paso. Ya hemos notado que recuerda, por lo sentencioso, el 3° (dando fin de modo general al largo razonamiento que empezara del mismo modo). Una sola cosa queda por agregar con respecto a su naturaleza formal: siendo una confirmación adicional de una proposición por "sacar una conclusión de su contrario", constituye otro ejemplo del *entimema del 5° tipo* (según la clasificación de los sentidos de dicho término que se ha hecho en el Apéndice "A"). Remontando un paso más, al 10° paso [vv. 473–4], notemos que aunque su *función lógica* sea la de prevenir cualquier tipo de objeción que pudiérase haber hecho a base de ser el Rey "de otra ley", su *función estructural* reside más bien en el hecho de que recuerde (como ya señalamos) la afirmación parecida en el 2°. Y si volvemos a remontar un paso, hasta el 9°, veremos que la *aplicación personal* del argumento al Rey corresponde formalmente no solamente al 4° paso (aplicación del 3° al Rey) sino también a su *designación específica* de "Rey" en el 1°. O sea que existe una correspondencia paralelística entre la serie de los tres primeros pasos y aquella de los últimos tres:$1° + 2° + 3° / / 9° + 10° + 11°$.[64]

7.14 Volvamos a los miembros centrales de aquellas dos series de tres pasos, o sea a la *correspondencia estructural* entre las dos alusiones a la religión del Rey. Es evidente que constituyen, por decirlo así, algo a manera de un marco formal dentro del cual se va desarrollando todo aquel argumento tocante a la propiedad de la *piedad* en los monarcas. Y no será por pura casualidad, creo yo, que ambas alusiones a la religión se hagan empleando el vocablo *ley,* cuando lo que encierran haya de ser precisamente un argumento basado sobre otro tipo de *ley* más fundamental todavía – la "ley de naturaleza" de los vv. 418–19 –, o sea lo que también se denomina el *derecho natural* (pero con las asociaciones adicionales del cuadro del mundo medieval y renacentista en que todos los niveles de la creación observaban la misma "ley de naturaleza", cada cual a su manera). Una de las definiciones más sencillas del derecho natural es la del *Diccionario de la lengua española:* "Primeros principios de lo justo y de lo injusto, inspirados por la naturaleza, y que como ideal trata de realizar el derecho positivo". Cuando lo vemos resumido como *primeros principios de lo justo y de lo injusto,* se echa de ver que tanto el argumento en favor de la *piedad* como el argumento en contra de la *crueldad* se sitúan claramente en el campo del *tema de la justicia* del cual ya se ha hablado tanto [5.7–11], estudiado a fondo por mi colega oxoniense R. W. Truman.

7.15 Ahora bien, todo el argumento tocante a "la ley de naturaleza" y su aplicación al caso (desde el verso 416 hasta la conclusión de que el usar la "majestad de rey" [v. 470] de *piedad* no sería "injusta" – ¡nótese el adjetivo escogido! – "entre los hombres", vv. 471–2) constituye un bello ejemplo de cierta estructura estilística, ya citada como típicamente calderoniana por el Doyen de este coloquio hace más de cuarenta años,[65] pero que hoy día suele identificarse por la designación de *Summationsschema* que lo diera Curtius en un artículo publicado en 1941, el cual (ampliado) pasó a formar parte de su gran tratado.[66]

8. El Summationsschema como estructura lógico-retórica

8.1 El análisis de esta estructura, tanto en general como en nuestro ejemplo concreto, requiere una sección aparte. Trátase, evidentemente, de un fenómeno esti-

---

[64] Estas correspondencias paralelísticas se entrelazan, desde luego, con muchas otras menos regulares, como p. e. las del 1°, 2° y 9° al 4° (por referirse todas ellas personalmente al Rey); las del 3° y el 7° también al 4° (por referirse todas ellas a la *piedad,* que también aparece explícitamente [v. 441] en el tercer ejemplo del 6° paso: o sea precisamente en *el ejemplo central de dicha serie de cinco); o* las del 5° y 11° al 3° (por su generalidad).

[65] H. Hatzfeld, *Don Quijote als Wortkunstwerk* (Leipzig 1927). No he podido consultar el texto original, y cítase por lo tanto siguiendo la traducción española *El Quijote como obra de arte del lenguaje* (Madrid 1949): "El poeta que ha llevado a su más alto punto esta técnica [de la *recapitulación o resumen*], en la línea gongorina, es Calderón" (p. 170).

[66] "Mittelalterlicher und barocker Dichtungsstil", en: *Modern Philology* 38, 1941, pp. 325–333; y después en *op. cit.* n. 1, p. 291.

lístico del género correlativo: uno de aquellos *sintagmas no progresivos* – o sea una *serie sintagmática* cuya "progresión sintáctica está detenida por varias plurifurcaciones, que a veces se subplurifican de nuevo" – que Dámaso Alonso definiera y analizara tan diestramente en la primera de aquellas *Seis calas* que salieron de su fructífera colaboración con Carlos Bousoño.[67] Más específicamente, trátase de cierta forma de *plurimembración correlativa* muy particular en que se combinan dos procedimientos distintos, constituyendo (y aquí cito el subtítulo de una sección de lo que sigue siendo el estudio fundamental sobre la parte que tales fenómenos han jugado en la poesía) *un tipo especial de correlación: "diseminación" y "recolección"*.[68] Gracias a la profundidad de sus estudios sobre los fenómenos correlativos, es evidente que gran parte de la terminología creada por Dámaso Alonso se nos impone de un modo necesario, aunque siga resultando más conveniente emplear la designación monoverbal de Curtius para el *Summationsschema* mismo.

8.2 Leo Spitzer, al reseñar el artículo original de Curtius en 1944, ya estableció una importantísima distinción fundamental entre el *Summationsschema* meramente enumerativo, y otro de tipo "más bien intelectual" – como el primer monólogo de Segismundo que citamos antes [2.2] el cual había sido uno de los principales ejemplos aducidos por Curtius mismo – en los cuales se "quiere probar una *tesis*", y cuya inspiración Spitzer llamara por lo tanto "silogística".[69] Es a este tipo que pertenece, como es obvio, nuestro ejemplo, pero prefiero llamarlo un *Summationsschema* de *tipo argumentativo*, pues me parece que la argumentación de tales estructuras suele ser de naturaleza híbrida, siendo lógica y retórica al mismo tiempo. En el texto de esta ponencia, tal como yo la di en Hamburgo, hablé por una parte de su aspecto lógico a la luz de las ideas de mi antiguo maestro W. J. Entwistle, el cual solía llamarlo un *silogismo distribuido*,[70] en el cual el término colectivo de la *premisa*

---

[67] *Op. cit.* n. 50 *supra*, las frases subrayadas vienen de la primera de las cuatro "calas" que son de Dámaso Alonso, en cuya p. 24 se halla la descripción citada entre comillas. Para la bibliografía fundamental sobre la correlación hasta entonces, v. la n. 4a su p. 48 (n. que sigue a pie de página hasta p. 50). Con respecto al *Summationsschema* en Calderón, debiéranse de agregar la tesis de O. K. Boring, *Structural Balance in Calderón's Dramas* (Diss. Phil., Chicago 1929: solamente consultable en microfilm) especialmente pp. 87–130; y K. A. Horst, *Die Metapher in Calderóns Comedias* (Bonn 1946, igualmente inédita y solamente consultable en microfilm), p. 21. Posteriormente, lo más notable es indudablemente el artículo de Angel L. Cilveti (v. n. 15), especialmente la sección sobre "Silogismo y correlación", pp. 484–491. La tesis de J. V. Bryans (v. n. 52) contendrá una sección importante sobre el *Summationsschema*. Para no 'anticiparle', me limito en la presente ocasión (como también lo habré de hacer en mi *Segunda Parte*, si es que ésta se presente antes de que la tesis de Bryans haya sido aprobada) a aspectos en que no nos duplicamos, aunque desenmarañar nuestras contribuciones respectivas resulta difícil por el hecho de que sus propias investigaciones nacieron de las mías (desarrolladas en mis conferencias de facultad, v. n. 14, a la vez que expuestas más detenidamente en las sesiones en que he dirigido sus propios estudios en el campo calderoniano, primero como su *tutor* en 1963 y luego como *supervisor* de su tesis a partir del octubre de 1966).
[68] "Versos plurimembres y poemas correlativos", en *Revista de la Biblioteca, Archivo y Museo* XIII, 1944, núm. 49, pp. 89–191. Hubo una tirada aparte "con ligeras variantes" (no vista por el presente autor) publicada en Madrid el mismo año.
[69] *Revista de Filología Hispánica* IV, 1944, pp. 89–91, v. p. 90.
[70] En sus conferencias sobre Calderón, las cuales tuve el privilegio de escuchar cuando yo era un estudiante en Oxford en los años de post-guerra. Desgraciadamente, no llegó a publicar ningún análisis detenido de lo que llamaba "a distributed syllogism". En el sucinto resumen de sus ideas dado

mayor "Todo A es B" se distribuía en una serie paralelística de *premisas menores* referentes a una serie de ejemplos de A (A_1, A_2, A_3, ... A_n), todos los cuales se mostraban ser efectivamente B, de modo que su *sumación* final confirmaba la *mayor*, justificando por lo tanto la aplicación de ésta a otro ejemplo más (A_p) – en nuestro caso el Rey de Fez – y justificando al mismo tiempo una protesta si este A_p violase la *mayor*, no siendo B. Esto es lo que sucede, p. e., en aquel monólogo de Segismundo, cuyo cautiverio resulta ser lo que llamé "un estado de excepción", en que se habían aparentemente suspendido las leyes de la misma naturaleza.

8.3 Hablé después, aunque solamente en forma abreviada, del modo en que Angel L. Cilveti nos describiera el mismo fenómeno básico como un *polisilogismo* del tipo "formado por una enunciación, seguida de diseminación, con recolección de los elementos de los conjuntos paralelísticos", y agregara que en tales construcciones lógicas "las pluralidades aparecen como premisas y conclusión, ya implícitas, ya explícitas".[71] Fue sólo después de esto que pasé a hablar de mis propias razones para rechazar este tipo de interpretación puramente silogística del fenómeno, insistiendo en los aspectos que me obligaban a considerarlo como constituyendo más bien una *estructura lógico-retórica* cuya fuerza persuasoria no pudiera reducirse por completo a una fórmula de orden estrictamente lógica. Pero esta parte de mi argumento tendrá que quedar, por ahora, para la *Segunda Parte* del presente estudio (véase la *Nota preliminar,* agregada cuando la mayor parte de lo que ahora se publica ya se había entregado a la imprenta).

8.4. Cuántos colegas escucharon mi ponencia en Hamburgo recordarán que fue a través del examen de los aspectos a la vez lógicos y retóricos del *Summationsschema* de los vv. 416–72 (y del *Summationsschema* truncado que se le contrapone en la *confirmación* de la tesis *positiva,* vv. 536–52) que llegué finalmente a la serie de consideraciones más generales sobre lo que yo había llamado las "resonancias cósmicas" del texto comentado, junto con las demás 'proyecciones' de mis conclusiones a otros niveles superiores (propuestas como parte del programa del presente estudio en el párrafo 2.2). Tales consideraciones, ya expuestas públicamente en nuestro segundo coloquio anglogermano sobre Calderón, hubiesen formado la novena sección de este trabajo, a no ser por la decisión anunciada ahora en la *Nota preliminar* – redactada más de un año después – que todos habrán leido antes de entrar en la lectura del cuerpo del presente estudio.

8.5. Los que estuvieron presentes en Hamburgo recordarán, quizás, que cuando me puse a dilucidar la estructuración lógico-retórica del *Summationsschema* de *tipo*

---

aquí, he modificado la notación empleada para que conformase con la de Dámaso Alonso, para evitar mayores complicaciones. Pero el hecho de que Entwistle lo describiera diciendo que la construcción silogística consistía en los siguientes pasos, "all X is Y, B is X, therefore B should be Y; developed by the distribution of X, and crowned by the recapitulation of X" (cito mis notas de sus conferencias textualmente), sugiere que su análisis fuese independiente de aquel de Dámaso Alonso.

[71] Art. cit., p. 489.

argumentativo, me sentí obligado a reemplazar espontáneamente – en plena sesión pública y sobre la pizarra – las representaciones diagramáticas que siempre había empleado hasta entonces para explicar la naturaleza de este esquema (como también de varias otras estructuras análogas)[72] por otro 'modelo' visible que me había sido sugerido por ciertas frases empleadas por Helmut Hatzfeld el día anterior. Este nuevo 'modelo' es el que aquí se representa visiblemente en la fig. 1: corresponde al procedimiento bipartito de la dispersión y recombinación de la luz blanca en un sistema óptico a base de dos prismas (con una serie intermedia de espejos cuyas imágenes específicas manifiestan, cada cual en términos de su propia naturaleza – o sea, en el modelo óptico, la serie de los distintos colores del espectro –, "los aspectos multiformes" de lo que se había enunciado inicialmente de un modo general, al introducirlo en el sistema). Limítase, en la figura, la serie de ejemplos al número de cinco (los del *Summationsschema* que se quería analizar) pero el modelo puede aplicarse, desde luego, a series o más cortas o más largas.

8.6. Este modelo, ¿de dónde me salió, tan de repente? El resumen de la ponencia de Helmut Hatzfeld ya había contenido la siguiente afirmación: "Su intercambio de metáforas [i.e.el de Calderón] no es jamás juego, . . . sino perspectivismo y prisma para reflejar los aspectos multiformes de una naturaleza unida en Dios pero que se ofrece al hombre sólo en forma de fragmentos." A pesar de haber leido esto meses antes, solamente fue al escuchar en la ponencia misma la frase "lo prismáticamente fragmentado" que me di cuenta abruptamente de las posibilidades de aquella imagen con respecto a la materia que yo había de exponer el día siguiente. No crei poder aprovecharme de ella en mi propia ponencia, sin embargo, temiendo que cambiar de imagen a última hora violentaría excesivamente la estructura de una exposición ya redactada de antemano. Pero las potencialidades de la imagen se me fueron imponiendo (cuanto más pensaba en ella) de tal modo que – cuando ya me encon-

---

[72] Art. cit. en la n. 48, v. pp. 281–282. Para la naturaleza de mis representaciones anteriores, v. *Segunda Parte*. Lo único que puedo indicar aquí es que todos habían concentrado sobre la representación del esquema (en todas sus manifestaciones) como una estructura arquitectónica, extraíble de la obra de literatura que lo manifestaba y que fluía a través de él, pero que se mostraba como simétrica tanto en la correspondencia entre su comienzo y sun fin como en aquella de las relaciones paralelísticas entre sus miembros centrales, de modo que la estructura misma sería *reversible* (aunque nos viésemos obligados, por nuestra propia naturaleza temporal y la naturaleza temporal de toda obra literaria, a experimentarla – incidentalmente por lo menos – en la misma dirección del Tiempo). Es que me parece que en el siglo que estudiamos, se esforzaban cuantos practicaban aquellas artes que son por su naturaleza temporales a darles una estructura intemporal (arquitectónica), mientras cuantos practicasen las artes intemporales se esforzaban para obligarnos a experimentar sus obras progresivamente (de un modo temporal): de ahí la dirección a la vez del consabido ilusionismo del Barroco y de la tendencia de las artes a confluir hacia una arte total (como en los *autos sacramentales*, o la *ópera*). Y creo que esta doble tendencia (hacia la intemporalidad en las artes temporales, y hacia la temporalidad en las artes intemporales) responde a la conciencia barroca de la presencia de algo paradójico en la naturaleza misma del universo en que vivimos: por una parte, su *aspecto arquitectónico* de "fábrica feliz", y por la otra el hecho de que esta misma "hermosa compostura" estaba sujeta sin embargo a ser *siempre diversa* (para citar frases del comienzo de *El gran teatro del mundo*, al cual pienso volver en la *Segunda Parte* prometida). Es lo que llamo "the flux-fabric paradox" en inglés; y es a raíz de mi conciencia de ella que siempre he huido de toda representación de tipo más bien puramente fluvial.

ESTRUCTURA
ARGUMENTATIVA:

REPRESENTACION
ESQUEMATICA:

PARTES Y APLICACION
DEL "MODELO":

Proposición

que se ha de confirmar
[todo A es B]
= *premisa mayor*
del argumento
silogístico

C: LUZ BLANCA

= la unidad original,
que deviene
"lo prismáticamente fragmentado"[1]
cuando se la descompone
por *difracción* en la

Diseminación

del *término medio* A
[A_1, A_2, ... A_n]

D: 1ª PRISMA

cuya *difracción* de la luz
separa los *colores del espectro*,
los cuales siguen divergiendo
hasta incidir en la

Ejemplificación

paralelística
o *hipotáctica*[3]
[E_1 : A_1 es B,
E_2 : A_2 es B,
E_3 : A_3 es B,
E_4 : A_4 es B,
E_5 : A_5 es B,
. . . . .
E_n : A_n es B]

E: SERIE DE ESPEJOS[2]

cuyas *imágenes específicas*
correspondientes manifiestan
(cada cual en términos
de su propia naturaleza)
"los aspectos multiformes"[1]
de la unidad reflejada,
convergiendo después
para recomponerla,
en su paso por la

Recolección

correlativa
o *paratáctica*[3]
[A_1 ... A_n son todos B]
de los diversos
ejemplos confirmantes

F: 2ª PRISMA

cuya *recombinación* de los
diversos *colores del espectro*
(la serie de *imágenes específicas*)
terminará por
reconstituir la

Reafirmación

de la *mayor*, cuya
aplicación al término medio cuando
sale como A_p en la *premisa menor*
conduce implícitamente (cuando
no de modo explícito) a
la *conclusión* del argumento.

G: LUZ BLANCA

en un solo rayo,
de dirección paralela
a la del rayo inicial.[4]

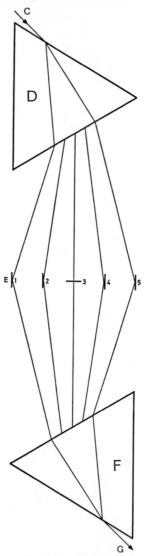

Fig. 1 Representación diagramática
del *Summationsschema* argumentativo.

traba en la mitad de la lectura – no pude sino proponer mis propias representaciones anteriores con el único fin de rechazarlas y sustituir por ellas el primer esbozo de este nuevo 'modelo', e indicar muy brevemente (ya en la discusión) algunas de sus posibles aplicaciones a estructuras análogas.

8.7 Hasta aquí: lo sucedido en Hamburgo. Cuando llegué de nuevo a este punto en la reelaboración de mi texto (reelaboración postergada por razones de salud) me di cuenta finalmente que ya no habría más remedio en la presente ocasión que limitarme a indicar la manera en que yo concebía la naturaleza de la estructura comentada, proponiendo esta figura del nuevo 'modelo científico' en forma algo mejorada. Como se verá, viene acompañada (tal como el texto básico del discurso calderoniano) de dos glosas marginales: a la izquierda, se ha resumido su aplicación a la estructura del *Summationsschema* de *tipo argumentativo* (siguiendo muy de cerca, como se notará en seguida, el análisis implícito en la descripción de W. J. Entwistle: 8.2); mientras en la otra margen se halla un breve análisis de las distintas "partes" del modelo mismo, junto con una indicación más breve todavía de su aplicabilidad a otras construcciones de estructura análoga. Bajo esta frase intencionalmente vaga *construcciones de estructura análoga*, yo incluiría toda una serie de fenómenos que me han interesado desde hace muchos años en la literatura y la cosmovisión del Siglo de Oro: algunos de ellos quizás 'puramente' estéticos, otros lógicos, o lógicoretóricos (como el *Summationsschema* que nos interesaba), otros hasta cosmológicos, pero todos ellos fundamentalmente conceptuales hasta cuando lo que satisfagan sean los deseos estéticos de la época.

8.8 Si he llamado esta figura un *modelo científico*, no es porque se derive de la dioptria (aquella parte de la óptica que trata de los fenómenos de la refracción) sino porque tiene la función de cierto tipo determinado de *modelo* en el campo de las ciencias. Hay, como es consabido (por lo menos entre nuestros colegas de las ciencias exactas), dos tipos de modelo conceptual en el campo científico: el que no hace más que disminuir el tamaño de lo representado, o destacar ciertos aspectos ya visibles por aislarlos del conjunto, para hacerlo más comprensible (lo que llamamos en inglés "scale model" o "picturing model"); y otro cuya estructuración profundamente analógica permite la exploración – bajo determinadas condiciones y dentro de ciertos límites muy importantes – de aspectos insospechados del fenómeno original, aspectos que en la verdad sólo se hayan logrado descubrir gracias a las propiedades del modelo mismo, de ahí su nombre de *modelo de descubrimiento* (en inglés, "disclosure model").[73] Pues bien: mientras mis propias representaciones anteriores no pasaban de ser modelos del primer tipo (meramente ilustrativos), el *modelo dióptrico* que me evocaron aquellas frases hatzfeldianas me resultó ser un

---

[73] El término es de Ian T. Ramsey (*Models and Mystery*, Oxford 1964, v. pp. 9–10) que lo prefiere al término "analogue model", usado por Max Black (*Models and Metaphors: Studies in Language and Philosophy*, Cornell University Press, 1962). Véanse también las Actas de un coloquio celebrado en Utrecht en 1960: *The Concept and the Role of the Model in Mathematics and Natural and Social Sciences*, ed. B. H. Kazemier y D. Vuysje (D. Reidel, Holanda, 1961).

modelo del segundo tipo, apto para dilucidar una serie de estructuras análogas en una pluralidad de campos (como sugerí con suma rapidez en la discusión).

8.9 Pero al empezar a explorar sus posibilidades metódicamente, me di cuenta muy pronto de dos cosas. Por una parte, tendríanse que reexaminar casi todos los aspectos del fenómeno lógico-retórico que hemos venido llamando el *Summations-schema*, mirándolos además a la luz de sus correspondencias analógicas con otras estructuras parecidas. Por la otra, era bien evidente que nada de lo que yo ya había establecido y expuesto en Hamburgo sobre las "resonancias cósmicas" del discurso comentado pudiera presentarse – lógicamente – antes de que yo hubiera expuesto dicha reexaminación radical del *Summationsschema*, ¡reexaminación que ya pasaba de otras treinta páginas y se me iba extendiendo más cada día! De ahí que ambas cosas tengan que quedar ahora para una segunda parte. Hoy, sólo me queda por agregar un punto más: que no se crea, a raíz de la perfección simétrica del modelo, que lo que tendré que decir entonces esté dirigido a reducir toda la estética lógico-retórica calderoniana a tales simetrías. Cuantos me escucharon en Hamburgo ya sabrán que estoy bien consciente de que la fuerza estética de las estructuras literarias calderonianas depende en gran parte – como es, desde luego, consabido – de la presencia de irregularidades asimétricas dentro de una estructura conceptualmente regular.

Oxford, 15 de octubre de 1971.

APÉNDICE "A" : TIPOS DE ENTIMEMA

Como se ha dicho en la n. 15 (v. p.   ), la palabra e n t i m e m a ha sido empleada en por lo menos siete sentidos distintos durante la larga historia de la Retórica. Ya que ejemplos de todos ellos ocurren en nuestro discurso, conviene poder referirnos a ellos como *entimemas del 2° tipo, del 5°, etc.* sin tener que considerar sus histo-rias en el momento de encontrarlos: de ahí la conveniencia de resumir lo esencial de la historia semántica del término en un Apéndice. Pero nótese que el llamarlos nosotros así no significa que Calderón hubiese empleado el mismo término e n t i-m e m a para designar todos estos fenómenos retóricos distintos, ya que varios de ellos tuvieron distintos nombres específicos en las Retóricas humanísticas de los Siglos XVI y XVII.

(1) En su *Rhetorica*, Aristóteles atribuye un sentido muy general a la palabra, em-pleándola para designar cualquier *silogismo* usado en un contexto retórico (o sea cuando se lo empleara *para persuadir*), y esto sin menoscabo de que siguiera cons-tituyendo – siempre que se tratara de un silogismo válido – una *demostración lógi-ca*: toda *demostración lógica* puede ser un modo de persuadir, aunque no todo *modo de persuadir* constituya una demostración lógicamente convincente. El filósofo afirma: "Cualquiera que consiga persuadir por probar [algo] lo hace, efecitvamen-te, empleando o entimemas o ejemplos: no hay otro modo de hacerlo; y ya que

cualquiera que pruebe algo tiene que emplear o silogismos o inducciones, . . . síguese que los entimemas sean silogismos y los ejemplos inducciones" [*Rhet.* I, 2 = 1356b]. De ahí que diga también: "Llamo el entimema un silogismo retórico, y el ejemplo una inducción retórica" [*loc. cit*], afirmando "con respecto a la persuasión conseguida por pruebas, o por pruebas aparentes," que "así como en la dialéctica hay por una parte la inducción y por la otra el silogismo o el silogismo aparente, lo mismo sucede en la retórica: el ejemplo es una inducción, el entimema es un silogismo, y el entimema aparente es un silogismo aparente" [*ib., cap. cit.* = 1356a–b]. A pesar de que Aristóteles haya empleado el término así, en el cuerpo del presente estudio se emplea el término *entimema* solamente en los diversos sentidos más restringidos que se exponen a continuación, excluyendo su empleo en este primer sentido para poder distinguir claramente entre *lo que quede demostrado lógicamente por un silogismo válido*, y *lo que no pase de ser un mero modo de persuadir*.

(2) E n t i m e m a = *argumento de tipo silogístico que consta de dos proposiciones solamente*. Teóricamente, la que se omite puede ser cualquiera de las tres, pero suele ser aquella de cuya verdad hay menos duda: suprimir la *conclusión*, p. e., puede añadir cierto énfasis dramático a una consecuencia tan obvia que el referirla constituyera una especie de anticlímax; pero es más común omitir una de las dos *premisas* (o por ser notoria, o porque sea deseable – por alguna que otra razón – no tener que formularla abiertamente), y lo más frecuente es que la omitida sea la *mayor*. Este sentido – el único admitido por Covarrubias [p. 524b] – parece tener su justificación en la *Rhetorica* de Aristóteles ["El entimema debe consistir en pocas proposiciones, y con frecuencia menos que las que forman el silogismo normal, porque si cualquiera de estas proposiciones es un hecho notorio, no hay siquiera necesidad de referirla: el oyente la añade por sí mismo", *Rhet.* I, 2 = 1357a]; muchas veces se la atribuye, sin embargo, a un malentendido ya presente en Boecio [*a* 524], habiéndose interpretado una descripción del *entimema* como *silogismo imperfecto* pensando que se refiriera a la forma, y no al contenido [v. Whately, *Logic*, p. 265]. La verdadera descripción aristotélica aludida es esta: "un entimema es un silogismo que parte de probabilidades o de signos" [*Analytica priora*, II, 27 = 70a], o sea que abarca dos sentidos parecidos pero distinguibles, que llamaremos *entimemas del 3° y 4° tipo*. Por el haberlos tratado simultáneamente Aristóteles, asimismo, resultará conveniente describir y distinguirlos en un sólo párrafo.

(3) E n t i m e m a = *silogismo que parte de probabilidades*, siendo la *probabilidad* "una proposición generalmente aprobada: algo que los hombres saben . . . que suele suceder así" [*Anal. priora, loc. cit.*]; y (4) E n t i m e m a = *silogismo que parte de signos* (o *señales*: el término empleado por Calderón, p. e. en el v. 452 de nuestro discurso), siendo el *signo* algo que "significa una proposición o necesariamente o generalmente aprobada, así que cualquier cosa tal que si se es pues tal otra ha de ser (o si ha venido a ser, la otra tiene que haber venido a ser o antes o después) es signo de que la otra o sea o haya venido a ser" [loc. cit.]. Este cuarto sentido tiene su fundamento, por lo tanto, en cosas particulares, que se cree que justifican o un *principio general* u otra cosa también *particular*, y procede *inductivamente:* mientras el anterior se basa sobre una proposición general la cual es habitualmente (pero no

necesariamente) valedera, procediendo entonces *deductivamente* por aplicarla al caso concreto del cual se trata. Ambos tipos de argumento podrán *persuadir*, pero no demuestran nada.[74]

Entre los latinos, el término se usó en dos sentidos más:

(5) E n t i m e m a = *sacar una conclusión de su contrario* [e. g. Quint., VIII, 5, 9]: entre los retóricos renacentistas este tipo de argumento llamábase también *contrarium* y *oppositio* [v. Lee A. Sonnino, *A Handbook to Sixteenth-Century Rhetoric* (Routledge & Kegan Paul, London 1968), pp. 62–3; libro útil, aunque demasiado simplista en su manera tajante de resolver – o pasar por alto como si no existieran – las muchas controversias terminológicas de la época]; y (6) E n t i m e m a = *terminar un período retórico con una antítesis chocante* [Cic., *Top.* XIII].

(7) E n t i m e m a = *cotejo detenido las circunstancias de un ejemplo con las circunstancias parecidas del caso.* Este es el sentido subrayado por uno de los mejores manuales de predicadores publicados en el s. XVII en España: la *Rhetorica cristiana o ídea de los que dessean predicar con espíritu, y fruto de las almas*, del P. Juan Bautista Escardo, S. J. (Mallorca, 1647). El P. Escardo, citando la *Rhetorica* de Hermógenes, lo describe llamándolo "un genero de argumento, que sube de punto la razon, y aprieta la dificultad que se ventila, tanto quanto se puede apretar: *Enthymema est, ad summum perducta ratio*"; y agrega que esto se consigue "cotejando las circunstancias de vn exemplo trahido en confirmacion de nuestro intento, con las circunstancias que concurren, en el caso de que hablamos." A continuación, el P. Escardo contrapone al *entimema* el *epentimema*, que es una forma de argumento construido sobre la base del mismo *entimema* (en este su 7° sentido) que uno acabara de emplear: "Epentymema es otro argumento que aprieta mas nuestra razon descubriendo alguna diferencia en las circunstancias del exẽplo trahido, y la cosa que se trata. Y quanto mas diferencias se descubrieren, o mas circunstancias se ponderaren en favor de nuestro intento, mejor será, y mas eficaz la persuasion" [cap. 14, f. 48v]. Hásele citado al P. Escardo *in extenso*, porque sus observaciones parecen resumir cierta orientación bien evidente en Calderón, y que se acentúa notablemente en la estética conceptista (v. 3.5, 6.2 y n. 52).

---

[74] Salvo en el caso de que el *signo* sea de aquellos que Aristóteles llama "infalibles" en la *Rhetorica*: "Entre los *signos*, el primer tipo se relaciona a la afirmación que apoya, tal cual lo particular a lo universal; el otro, tal cual lo universal a lo particular« [*Rhet.* I, 2 = 1357 b], pero entre *los del primer tipo* los hay *falibles* e *infalibles*: "Supongamos que se dijera *El hecho de que Sócrates fuera sabio y justo es un signo de que los sabios son justos*: aquí sí que tendríamos un signo, pero a pesar de que la proposición [referente a Sócrates] sea verdadera, el argumento puede refutarse ya que no constituye un silogismo [válido]; supongamos, en cambio, que se dijera *El hecho de que tiene fiebre es un signo de que está enfermo* . . . aquí tenemos un *signo infalible* (el único tipo que puede constituir una prueba completa) ya que es del único tipo que no podrá refutarse, siempre que la proposición [i. e. *tiene fiebre*] sea verdadera. El otro tipo de *signo*, relacionado a la proposición que apoya cual lo universal a lo particular, puede ilustrarse por decir *El hecho de que respira rápidamente es un signo de que tiene fiebre*: este argumento también puede ser refutado, a pesar de que la proposición tocante al respirar rápidamente sea verdadera, ya que un hombre puede respirar rápidamente sin tener fiebre" [loc. cit.]. Tocante a las probalilidades, Aristóteles agrega en la *Rhetorica* la aclaración siguiente: "Una *probabilidad* es algo que suele suceder: pero no (como ciertas definiciones sugieren) cualquier cosa que suela suceder, sino tan sólo si pertenece a la clase de lo *contingente o variable;* y se relaciona a lo que se afirma ser probable[i. e. el caso concreto al cual se aplica dicha *probabilidad*] como lo universal a lo particular" [*Rhet.* I, 2 = 1357 a].

Imágenes, símbolos y escenografía en
La devoción de la Cruz

Por J. E. Varey

La devoción de la Cruz, como ha dicho muy bien A. A. Parker, es una obra que ha merecido muchas censuras durante la época del realismo por haberse concentrado los críticos de entonces en la superficie de la acción. "Lo que ven los ojos en la escena – dice el crítico – no es sino la representación externa en forma irreal y hasta cierto punto simbólica, de una serie de ideas que, constituyendo el alma de la acción, se transparenta sólo en sus efectos visuales". La cruz a la cual Eusebio tiene devoción como objeto material "no tiene en realidad nada que ver con el tema. Es un recurso dramático, la proyección escénica de una idea, no es la idea misma. Porque la cruz es un símbolo: veneramos su figura no por lo que ésta es en lo material, sino por lo que representa" – en esta comedia, el tema de la clemencia.[1] No voy a hacer aquí hincapié en este símbolo por haberlo estudiado Parker en su artículo publicado en *Arbor,* como asimismo en su folleto, *The Approach to the Spanish Drama of the Golden Age* (London, Diamante VI, 1957). Sus ideas sobre esta pieza están formuladas definitivamente en "Towards a Definition of Calderonian Tragedy", *Bulletin of Hispanic Studies* XXXIX 1962, pp. 222–239. Además, doy por sentado la importancia de Curcio en la acción, figura de la cual emanan las acciones al parecer inverosímiles de los otros personajes, aunque no por eso están desprovistos del libre albedrío.[2] Trataré de demostrar cómo estas acciones suyas se reflejan en las imágenes poéticas de la obra, y cómo la escenografía está empleada para subrayar y reforzar el impacto de las imágenes y de los símbolos.

Empieza la obra con los personajes menores, Gil y Menga, aldeanos que parecen haberse escapado de las obras de Tirso. Para mí, esta obra nos revela al jóven Calderón, tratando de encontrar su propio estilo. El cuadro primero empieza con una caída de una burra, reflejo satírico del tópico de la caída de caballo, que al mismo tiempo inicia en la obra el tema de la caída. El cuento del coche "atascado", que nos ofrece Gil, es una sátira social que al parecer tiene poco que ver con el resto de la acción. Es posible que la diferencia de tono sea intencional: de todos modos em-

---

[1] Alexander A. Parker, "Santos y bandoleros en el teatro español del siglo de oro", en: *Arbor,* núms. 43–44, 1949, pp. 395–416.

[2] Merece estudiarse el agudo comentario de la posición de Parker que hizo R. D. F. Pring-Mill en "Los calderonistas de habla inglesa y *La vida es sueño:* métodos del análisis temático-estructural", *Litterae Hispanae et Lusitanae,* ed. Hans Flasche, München 1968, pp. 382–388.

pieza la acción de manera animada y serviría para captar la atención del siempre ruidoso público de los corrales de comedias. El elogio de la burra que hace Gil es también satírico, enlazando con lo que ha llamado Salomon la "assification" del labrador en unas obras teatrales de la época,[3] y sirve para introducir de manera burlesca el tema del honor:

> ¡Ay burra de mis entrañas!
> Tú fuiste la más honrada
> burra de toda la aldea;
> que no ha habido quien te vea
> nunca mal acompañada.[4]   (60–64)

Suena un ruido: son dos caballeros, hombres de ira, que se apean de los caballos y que van a introducir la violencia en la paz del campo. Lisardo, hijo de Lisardo Curcio y hermano de Julia, reprehende a Eusebio, amante de ésta y amigo suyo, por haber contraído amores secretos con su hermana:

> En fin, si vos la elegísteis
> para mujer, justo fuera
> descubrir vuestros deseos
> a mi padre, antes que a ella.   (167–170)

Julia estará encerrada en un convento, "por voluntad o por fuerza" (186), y "con resolución... ciega" (192) Lisardo devuelve las cartas que le ha escrito Eusebio a ella, y desenvaina la espada.

Antes de luchar, Eusebio le explica los misterios de su vida: son "... prodigios que admiran / y maravillas que elevan" (211–212). "Yo no sé quién fue mi padre", explica (215); de la situación comprendida en este verso y de sus implicaciones morales depende la acción entera de la pieza. Recién nacido, había sido abandonado al pie de una cruz en "la aspereza del monte" (233) y, hallado por un pastor que estaba buscando una oveja perdida, fue adoptado por Eusebio, quien le había dado el nombre de Eusebio de la Cruz. Otros portentos de sus primeros años revelan la crueldad de su naturaleza. Había mordido al ama que le daba de mamar, y ella, "de la cólera ciega" (264), le arrojó en un pozo, donde había sido encontrado a salvo,

> y cuentan
> que estaba sobre las aguas,
> y que con las manos tiernas
> tenía una formada Cruz
> y sobre los labios puesta.   (268–272)

En este pequeño episodio vemos cómo la violencia del crío trae como consecuencia inmediata la violencia del ama. Son cuatro los episodios que enumera, y se relaciona cada uno con uno de los cuatro elementos: el uso que el dramaturgo hace aquí

---

[3] Nöel Salomon, *Recherches sur le thème paysan dans la "comedia" au temps de Lope de Vega*, Bordeaux 1965, pp. 11–48.

[4] Cito por la edición de Angel Valbuena Prat, Calderón de la Barca, *Comedias religiosas* I, 3a ed., Madrid 1946, *Clásicos Castellanos* 106.

de los elementos es, sin embargo, muy distinto del que se suele encontrar en las obras maduras. Continúa Eusebio que, sin padre, privado de herencia y de ambiente familiar, "no sé quién soy" (339), pero por la nobleza que ha adquirido – por faltarle nobleza heredada – se ha demostrado digno del amor de Julia. Afirma a Lisardo que será suyo

> aunque su casa la guarde,
> aunque en un convento la tenga,
> de mí no ha de estar segura;
> y la que no ha sido buena
> para mujer, lo será
> para amiga.   (357–362)

Cegado por la pasión, promete profanar la clausura y también renegar del sacramento del matrimonio. La amenaza de una acción tan violenta trae como consecuencia la violencia del duelo y la realización por parte de Eusebio de otro crimen no premeditado, la muerte de su amigo. El moribundo Lisardo apela a la cruz, y Eusebio respeta su deseo de confesarse, llevándole a la cueva de unos monjes penitentes. Comenta Gil, que ha sido testigo de este encuentro, que el acto de caridad hubiera sido superfluo si no hubiera cometido primero el acto de violencia. En este cuadro primero, pues, se establece que Eusebio desconoce sus propios orígenes, no sabe quién es, y vamos a ver más adelante que por esta misma razón se ha enamorado de su propia hermana, situación tratada a la ligera en muchas novelas amorosas de la época, pero empleada aquí por don Pedro con fines morales. El misterio de su nacimiento, debido, como se revelará pronto, a la deliberada crueldad de su padre, le ha hecho apelar a sus propias fuerzas para conquistar la "nobleza" – en el sentido terrenal o, mejor dicho, el renombre – que siente intuitivamente que se le es debido. Desde el punto de vista temático ha tenido que apelar a la violencia para ganarse la nobleza que ya tenía por nacimiento; y hablando en términos de la trama de la pieza, vemos que el hecho de que no sepa quién es lleva a Eusebio a enamorarse de su propia hermana. En el cuadro segundo sale Julia lamentando "una libertad perdida" (426). Describe cómo un arroyo manso puede atropellar las mismas flores que suele regar:

> y cuando le juzgan falto
> de fuerza las flores bellas,
> pasa por encima dellas
> rompiendo por lo más alto.   (433–436)

De la misma manera el dolor suyo, reprimido en el pecho, se derrama por los ojos. Esta imagen de la falta de la armonía creada por el dolor, y debida al "rigor / de un padre" (441–442), vincula a Julia con Eusebio; aunque la imágen que emplea aquélla sea más poética, no carece sin embargo de la violencia que caracteriza las acciones de Eusebio. Julia explica a Arminda que Lisardo ha encontrado las cartas escritas a ella por Eusebio. Ya sabemos los tristes resultados de este descubrimiento, y es de notar que en esta pieza las explicaciones siempre siguen los acontecimientos dramáticos; claro está que el dramaturgo quiere que los momentos patéticos o violentos impresionen fuertemente al público por su novedad. Mientras tanto Eusebio desafiando a la cortesía y al sentido común, sale desesperado en "la casa del ofendido" (492), donde espera ver a Julia antes de que reciba la noticia de la muerte de su hermano. Mientras le urge que huya con él, sale Curcio y Eusebio tiene que esconderse. Curcio está vestido de "viejo venerable" (556, *acotación*), pero vemos muy pronto que hay muy pocas razones para que veneremos sus canas. Dice a Julia que tiene que meterse monja y contesta la joven que la autoridad del padre está limitada: "imperio tiene en la vida; / pero no en la libertad" (579–580). Curcio debía haberle consultado primero, y no debe tratar de atropellar su gusto de esta manera. Curcio se mantiene firme, queriendo violentar el libre albedrío de su hija:

> que sola mi voluntad
> en lo justo, o en lo injusto,
> has de tener por tu gusto.   (585–587)

Julia contesta con la idea del libre albedrío: "el hado impío / no fuerza el libre albedrío" (590–591), y dice que defenderá "la libertad que me dió / el cielo" (613–614) pero que no defenderá la vida que debe a su padre y que él mismo ha hecho imposible. Al contestar que la actitud suya es una ofensa contra su propio honor –

> a quien el sol no igualó
> en resplandor y belleza,
> sangre, honor, lustre y nobleza   (621–623)

– Curcio revela su soberbia infernal en su rango y en su reputación.

Aquí comienza su relato dramático que va a revelar la base de las acciones de Eusebio. La relación es larga y se divide entre los actos I y II, con dos interrupciones, invención dramática que va a emplear don Pedro con mayor efecto en dramas posteriores. No voy a examinar minuciosamente la relación, por haberlo hecho ya Parker en los estudios referidos. Curcio revela que sospechaba la virtud de su esposa, por razones que parecen muy ligeras. Pero la verdad no le importa tanto como la imaginación del delito:

> No digo que verdad sea;
> pero quien nobleza trata,
> no ha de aguardar a creer
> que el imaginar le basta.   (669–672)

Es casi como si estuviera posesionado por un deseo irresistible y destructivo de reconocer su propio deshonor. Se encontraba, dice, "entre confusiones tantas" (694) que son causadas evidentemente por sus propias acciones y sospechas. Decide vengarse, aprovechándose de

> una caza
> fingida, porque a un celoso
> sólo lo fingido agrada.   (710–712)

Lleva a su esposa

> a una secreta estancia
> deste monte, a cuyo albergue
> el sol ignora la entrada,
> porque se la defendían
> rústicamente enlazadas,
> por no decir que amorosas,
> árboles, hojas y ramas.　　　　　　　　(722-728)

La oscuridad más que los amorosos lazos de ramas y hojas tipifica este monte, que es el mismo donde su hijo acaba de perecer, y en este momento es interrumpido por las noticias de la muerte de éste: acto de violencia que se sigue necesariamente, con una lógica inexorable, del acto de violencia que está narrando. Son los labradores los que llevan el cuerpo de Lisardo, trayéndole los resultados de sus impiadadas acciones. "¿Quién fue homicida / de un hijo, en cuya vida yo animaba?" (773-774) se lamenta el padre; la única posible contestación es que, si la mano fué la de Eusebio, la culpa es del mismo Curcio. Pero no reconoce esta verdad, exclamando "Eusebio me ha quitado vida y honra" (780).

Se va, dejando a Julia con el cuerpo de Lisardo, y entra Eusebio. Aquí don Pedro hace uso de la agrupación escénica para reforzar el tema. Julia se halla entre el muerto Lisardo y el vivo Eusebio: son los tres hijos de Curcio, aunque no lo saben ni Julia ni Eusebio. Julia ataca a éste por haber causado la muerte de su hermano; habla de la sangre inocente de Lisardo que pide venganza, "desperdiciando claveles" (808), otra imagen del efecto de la violencia en términos de flores, aunque sean éstas flores de sangre viva. "... heridas y ojos / son bocas que nunca mienten" (811-812): lo difícil es saber interpretar lo que dicen. Se encuentra Julia entre "ciegas confusiones" (817), rendida entre la clemencia y el sentimiento: es decir, entre el amor por Eusebio, y el amor por Lisardo, ambos, aunque ella no lo sabe, amores naturales, por ser los dos sus hermanos. Habla en una serie de antítesis que estarán vivamente subrayadas por la agrupación escénica: bodas/obsequios, lutos/galas, tálamo/sepulcro, amor/muerte, amorosos placeres/iras. Pregunta:

> ¿Qué gusto tendré en tus brazos,
> si para llegar a verme
> dando vida a nuestro amor,
> voy tropezando en la muerte?　　　　　　　　(841-844)

Le aconseja a Eusebio que se escape por el jardín. Desde ahora será su vida una celda, si no un sepulcro; está hablando en metáforas aunque es verdad que estará encerrada en un convento (878-879). Vivirá, pero solamente para lamentar sus desdichas. Contesta Eusebio que seguirá siendo prisionero de su amor: habla en términos de delito, cárcel, cadenas, prisiones, verdugo, jueces, sentencia de muerte. Le pide a Julia que le dé muerte, o que llame a su padre para que él le mate; si vive, nunca dejará de amarla:

porque si vivo,
será imposible que deje
de adorarte, y no has de estar,
aunque un convento te encierre,
segura.   (929–933)

Suena un ruido, y se va cada uno por su puerta, subrayando así la separación de los
amantes debida a la muerte de Lisardo, cuyo cuerpo se queda solo en los tablados
hasta que lo lleven unos criados.

El Acto II empieza en el campo, y suena ruido de arcabuces. Salen varios bandoleros, que simbolizan el desorden a que ha sido impelido Eusebio por las acciones
de Curcio. Los tiros rompen la armonía del campo, y el cuadro empieza con otro
aparente homicidio. Empieza también con imágenes ya conocidas: la sangre que la
tragedia imprime en tierna flor (949–950), y las bocas que son las heridas (971).
Esta vez las bocas dicen la verdad: la persona que han atacado es Alberto, ermitaño que se ha retirado de los engaños de la sociedad para vivir "en estas soleda-
des / donde viven desnudas las verdades" (997–998), y no ha sido herido por la bala
del arcabuz por haber dado ésta contra un libro que llevaba en el pecho. El libro
se intitula *Milagros de la Cruz*. Eusebio le pide el libro a Alberto y le da su libertad,
y éste promete rogar a Dios que le dé luz "para que veas / el error en que vives"
(1023–1024). Sale otro bandolero, trayendo noticias de que se ha encomendado a
Curcio la persecución y matanza de Eusebio, y que Julia, su libre albedrío finalmente atropellado, ha sido metida en un convento por su padre. Otra vez la violencia del padre impele a Eusebio a otro delito aún mayor:

Asaltaré el convento que la guarda.
Ningún grave castigo me acobarda.
Que por verme señor de su hermosura,
tirano amor me fuerza,
a acometer la fuerza,
a romper la clausura,
y a violar el sagrado;
que ya del todo estoy desesperado.   (1073–1080)

El asalto se verificará esta misma noche. Aquí entran de nuevo los labradores,
empleados por el dramaturgo para llevar noticias de Eusebio, que se va, a Curcio,
que sale poco después. Es muy importante que los dos personajes no se vean en este
momento, pero es necesario que sepa Curcio que Eusebio se encuentra en este monte.
El uso hecho de los labradores es hábil; sirven además para sugerir la violencia con
que tratan los bandoleros a las mujeres (1233–1244). Cuando dice Blas:

¿Bartolo no se casó
con Catalina, y parió
a seis meses no cabales?
    Y andaba con gran placer
diciendo: ¡Si tú lo vieses!
Lo que hace otra en nueve meses,
hace en cinco mi mujer,   (1238–1244)

el mismo tema está tratado a la ligera, pero aunque sea deliberadamente cómico, hace un contraste evidente con las ridículas sospechas de Curcio. "No hay honra segura" (1245), comenta Blas, debido a las acciones de Eusebio que son tales que, como en *Fuenteovejuna*, las mismas mujeres se ofrecen para atacarle:

> Cómo destruirle piensa;
> que hasta las mismas mujeres
> tomaremos, si tú quieres,
> las armas para su ofensa.   (1249–1252)

Ahora Curcio emprende de nuevo la relación interrumpida en el Acto I. Es éste el mismo sitio – donde ahora se refugia Eusebio – adonde llevó a su esposa, en "lo más secreto / de todo el monte" (1258–1259), para que le escucharan tan solamente los sordos troncos y no las aves ni las fuentes:

> Ni las aves ni las fuentes
> sean testigos bastantes:
> que al fin las fuentes murmuran
> y tienen lenguas las aves.   (1293–1296)

"Muerte de amor son los celos" (1309), exclama, y la naturaleza entera – flor, hoja, piedra, tronco, peñasco y monte – le hace estremecerse al recordar su hazaña infame. La mató al pie de una cruz, pero al llegar a casa,

> halléla
> con más belleza que sale
> el alba, cuando en sus brazos
> nos presenta el sol infante.   (1375–1378)

Había dado a luz a niños gemelos: a Eusebio, que se dejó, como ya sabemos, en el monte, y ya vuelta milagrosamente a casa, a Julia. Otra vez se interrumpe el relato: ahora por la salida de un escuadrón de bandoleros, y porque se cierra la noche triste, acumulación de detalles que simbolizan su crimen, o que son los resultados de él.

Con el cuadro segundo de este acto llegamos al asalto del convento, ya sugerido en el Acto I y planeado en el cuadro anterior. Es de noche, y sale Eusebio con dos bandoleros, Celio y Ricardo, llevando una escala. Van a entrar en el convento por una ventana, empleando el balcón que corría a través del escenario, "lo alto del teatro", y por esto hace falta la escala. Eusebio dice que cuando haya subido, deben quitar la escala y esperar hasta que les dé una señal. Pero la razón verdadera por la cual don Pedro pone la entrada al convento en lo alto tiene que ver con el simbolismo de la pieza. Aunque sea de noche, Eusebio jura emular a Icaro y a Faetonte, subiendo hasta el sol que representa Julia (nótese que al final de la relación de Curcio en el cuadro precedente, se aplica el mismo símbolo a la recién nacida):

> Icaro seré sin alas,
> sin fuego seré Faetón.
>   Escalar al sol intento,
> y si me quiere ayudar
> la luz, tengo de pasar
> más allá del firmamento.   (1411–1416)

Pero aunque físicamente se está acercando al sol que ella representa, moralmente
está bajando:

> Quien subiendo se despeña,
> suba hoy y baje ofendido,
> en cenizas convertido;
> que la pena del bajar,
> no será parte a quitar
> la gloria de haber subido. (1421–1426)

Subir hasta el sol que representa Julia es cometer un crimen; es una subida aparente,
y un descendimiento moral hasta el infierno. Ha sugerido Entwistle que los imágenes de llamas y cenizas se derivan tal vez de la pasión intensa que representa el
incesto, aunque no sepa Eusebio que su amor es incestuoso.[5] Es un "vivo fuego" el
que le amenaza (1430); sube y entra:

> Ya llego.
> Aunque a tantos rayos ciego,
> por las llamas he de entrar. (1432–1434)

El cuadro es corto, pero introduce el tema de subir/despeñarse en términos visuales
y en metáforas poéticas. La subida que hace Eusebio es ilusoria; lo que arriesga es
la caída final al abismo. Aquí don Pedro emplea deliberadamente la escenificación
para reforzar y al mismo tiempo contrastar con el juego de las imágenes.

El cuadro tercero tiene lugar en la celda de Julia. Todo está a oscuras; pero hay
que acordarse de que todas estas obras de los corrales de comedias se representaban
siempre a pleno día, y que son la indumentaria, las palabras y sobre todo la actuación de los representantes los que dan la impresión de la oscuridad. Quizás por esta
misma razón el impacto simbólico sería más chocante que en una representación
realista a media luz. "¡Qué oscuridad tan funesta!" (1458) dice Eusebio, pero
dentro de la celda de Julia hay una luz (compárese la luz que se ve dentro de la
oscura prisión de Segismundo en el Acto I de *La vida es sueño*). Se descubre a Julia
dentro de su celda, y ve Eusebio "su peregrina beldad", objeto de su "torpe amor"
(1471–1472); si su hermosura llama a su apetito, su honestidad le manda que la
respete (1475–1476). Al verle Julia, cree que es la personalización de sus propios
deseos:

> ¿Eres, para pena mía,
> voz de la imaginación?
> ¿Retrato de la ilusión?
> ¿Cuerpo de la fantasía?
> ¿Fantasma en la noche fría? (1487–1491)

Eusebio le asegura que es de veras él, diciendo que su hermosura le ha hecho violar
la ley de la clausura:

---

[5] Véase E. J. Entwistle, "Calderón's *La devoción de la Cruz*," en: *BH* L, 1948, pp. 472–482.

De lo cierto o de lo injusto
los dos la culpa tenemos,
y en mí vienen dos extremos,
que son la fuerza y el gusto.   (1517–1520)

Julia le rechaza; habiendo hecho el voto religioso, ya no puede ser su esposa en el mundo. Contesta Eusebio que no es solamente el amor el que le impulsa, sino otra causa más oculta (1550). Le amenaza con dar voces, y, al oír pasos, ella tiene que ocultarle dentro de una celda.

En el cuadro cuatro ya se acerca la madrugada. Aparecen afuera los dos bandoleros: "El que goza su ventura", dice Celio, "/... en la noche oscura, / nunca el claro sol aguarda" (1568–1570), reminiscencia de los *aubades* medievales, donde el acto de gozar su ventura es, dadas las circunstancias, una violencia más. Salen Julia y Eusebio por lo alto, y habla Eusebio de su amor en términos de fuego, otro indicio de su pasión pero al mismo tiempo indicio del desprecio de ella hacia él:

Llamas arrojan tus ojos,
tus suspiros son de fuego,
un volcán cada razón,
un rayo cada cabello,
cada palabra es mi muerte,
cada regalo un infierno:
tantos temores me causa
la Cruz que he visto en tu pecho;   (1605–1612)

pero también aluden a la probable condenación de Eusebio por el impío acto que acaba de cometer. Son imágenes sacadas del vocabulario del amor cortesano; como otro Faetonte, el amante ha querido sobrepujarse, volar demasiado alto. Al bajar, cae.[6] El sol está saliendo, y comenta Eusebio:

¿No miras sangriento el cielo
que todo sobre mí viene?
¿Dónde estar seguro puedo,
si airado el cielo se muestra?   (1632–1635)

Julia ha sido protegida por la cruz que lleva al pecho, y ahora se da cuenta Eusebio que la caída puede que represente un castigo del cielo. Los bandoleros se van, dejando la escala en su sitio. Julia, sola, duda del amor que le ha jurado Eusebio: "antes de vencer, huiste", dice (1653). El amor es un veneno natural que la atormenta, y decide arrojarse tras él. Pero se encuentra con la escala; imitará las acciones de su amante: "Lo mismo haré yo en salir / que él en entrar" (1691–1692); y baja por la escala, los ojos, metafóricamente, vendados:

---

6 Es de notar que algunas de las acotaciones del texto citado no son las originales, sino las que añadió Vera Tassis. A pesar de esto, los versos revelan claramente las acciones de los personajes. Las acotaciones añadidas por Valbuena Prat carecen totalmente de validez, derivándose de la época del realismo decimonónico.

> Demonio soy que he caído
> despeñado deste cielo,
> pues sin tener esperanza
> de subir, no me arrepiento.   (1707–1710)

Es otro descendimiento moral, vinculado por las imágenes poéticas con la caída de Lucifer. Una vez fuera del convento se encuentra en la oscuridad de la noche:

> Tan deslumbrada camino,
> que en las tinieblas tropiezo,
> y aun no caigo en mi pecado.   (1715–1717)

No sabe adónde irse, y en su "muda confusión" (1719), habla en términos de sentencia, delitos, grillos y prolijo peso. Quiere volverse al convento, pero al intentar hacerlo, salen los dos bandoleros y se llevan la escala. Julia se encuentra sin posibilidad de volver sobre sus pasos y jura que se hará espanto del mundo:

> admiración a los tiempos,
> horror al mismo pecado,
> y terror al mismo infierno.   (1774–1776)

Su situación es idéntica ahora a la de Eusebio. Cegada por la noche y por sus acciones culpables (de que es símbolo poético la noche), no sabe interpretar la desaparición de la escala; todavía podía haberse arrepentido, a pesar de lo que cree ella ser la negación de la clemencia de Dios.

En el cuadro primero del Acto III estamos de vuelta en el monte. Haciendo uso de su albedrío, Eusebio se da cuenta de que las cruces que llevan Julia y él en el pecho son indicio de una suerte misteriosa. Sale ahora Julia, vestida de hombre; aquí don Pedro hace uso de lo que era ya una convención teatral – la mujer vestida de hombre – para fines simbólicos. La indumentaria masculina de Julia, que es no solamente mujer sino también monja, es indicio otra vez más de los resultados de las acciones violentas de los personajes. Habiendo sido hecha presa por los bandoleros, Eusebio le pide que descubra el rostro, a solas con él, donde "sólo árboles y flores / pueden ser mudos testigos / de tus voces" (1895–1897), versos que establecen un paralelismo con la relación de Curcio en el Acto I. Al descubrirse, la vista de su rostro le trae "confusos desvaríos" a Eusebio; está todavía más turbado que cuando la vió con rostro cubierto. ¿Qué hace ella, pregunta, en el monte, con su profano vestido, "dos veces violento en ti"? (1941). Contesta Julia, empleando un vocabulario que concuerda con el ambiente de bandolerismo, que la mujer que corre tras su apetito es flecha disparada, ardiente tiro, veloz rayo. El apetito trae como consecuencia el rompimiento de la armonía. Ya ha matado a un pastor y a un caminante; en una pobre cabaña dió muerte al marido y a la mujer, la cual había sido "liberal huéspeda" para con ella (1979). Estas tres acciones violentas la han llevado hasta donde está Eusebio, "despreciando inconvenientes, / y atropellando designios" (2005–2006). Ya le considera Eusebio con ojos horrorizados: "que eres al oído encanto, / si a la vista basilisco" (2009–2010), dice. Sale un bandolero con noticias de un ataque encabezado por Curcio contra el bando: todos los aldeanos se rebelan contra las feroces crueldades atribuidas a los bandoleros, debiéndose las últimas, como hemos visto, a las acciones de Julia. Eusebio anima a los suyos como general ante la batalla; la fortuna siempre está de parte del atrevido. Desde dentro habla Curcio:

> En lo encubierto del monte
> al traidor Eusebio he visto,
> y para inútil defensa
> hace murallas sus riscos.   (2061–2064)

La violencia de la guerra va a desolar el campo, grita Eusebio:

> Esperad, villanos;
> que, vive Dios, que teñidos
> con vuestra sangre los campos,
> han de ser ondosos ríos,   (2067–2070)

versos que, con una exageración que refleja el gran desorden que trae consigo la guerra, se vinculan con la imagen de la flor cubierta de sangre.

Empieza el cuadro segundo con un parlamento de Julia, describiendo los horrores de la guerra en el monte:

> De la pólvora los ecos,
> y del acero los filos,
> unos ofenden la vista,
> y otros turban el oído.   (2079–2082)

Viendo a los de Eusebio derrotados por Curcio, se ofrece para animarles:

> seré cuchillo
> de la parca, estrago fiero
> de sus vidas, vengativo
> espanto de los futuros,
> y admiración destos siglos.   (2092–2096)

Sale Gil, el labrador, vestido de bandolero, y le hacen preso otros aldeanos que persiguen a los que huyen. Les dice Gil que no es bandolero, y que "el traje les ha mentido" (2118), reflejo en tono cómico de la travestía de Julia, simbolizando ambos la engañosa naturaleza de las apariencias (aunque el vestido de Julia tiene también otro simbolismo). Salen Eusebio y Curcio, peleando: sienten los dos ya cierta atracción misteriosa, pero no por eso se niega Curcio a la venganza que anhela. Al luchar, se abrazan, y dice Eusebio:

> No sé que efecto has hecho
> en mí, que el corazón dentro del pecho,
> a pesar de venganzas y de enojos,
> en lágrimas se asoma por los ojos,
> y en confusión tan fuerte,
> quisiera, por vengarte, darme muerte.
> Véngate en mí; rendida
> a tus plantas, señor, está mi vida.   (2189–2196)

Se acercan los otros y Curcio le aconseja a Eusebio que se esconda, pero éste, desconociendo la cobardía, se presenta ante sus perseguidores. Todos atacan verbalmente a Eusebio, incluso Gil, el aldeano que se había convertido en bandolero, y a las palabras siguen las acciones. Eusebio, herido, entra en el monte y se despeña hacia el valle. Dice Curcio, dándose cuenta otra vez de cierto parentesco de sangre entre Eusebio y él:

> En el monte se ha entrado,
> por mil partes herido:
> retirándose baja despeñado
> al valle.
>
> (2252–2255)

Se va Curcio, y "baja despeñado Eusebio" (2261, *acotación*), acotación que recuerda las salidas de los personajes que se caen de caballo, como, por ejemplo, Rosaura al comienzo de *La vida es sueño*. El soliloquio de Eusebio recuerda el parlamento del Acto II antes de subir para entrar en el convento, y la acción del despeño refleja la de Julia al bajar por la escala desde lo alto hasta los tablados. Pero hay una diferencia notable; Eusebio ahora se da cuenta de la necesidad del arrepentimiento. Habiéndose entregado ya a Curcio — es decir, habiéndose entregado según las leyes del honor y de la justicia terrenal — va ahora a pedir la clemencia divina:

> pues no puedo quedar vivo,
> he de matar o morir:
> aunque mejor será ir
> donde al cielo perdón pida.
>
> (2273–2276)

Se apela a la cruz, con todo su simbolismo religioso — el árbol que lleva la fruta verdadera que es Cristo, la flor, el arco iris, la verdadera esperanza del mundo —

> Arbol, donde el cielo quiso
> dar el fruto verdadero
> contra el bocado primero,
> flor del nuevo paraíso,
> arco de luz, cuyo aviso
> en piélago más profundo
> la paz publicó del mundo,
> planta hermosa, fértil vid,
> arpa del nuevo David,
> tabla del Moisés segundo ...
>
> (2281–2290)

Aquí se recurre otra vez a símbolos e imágenes sacadas de la naturaleza — a través de las sagradas escrituras — pero que sugieren a la vez la armonía musical (con el arpa), el ciclo natural del año (flor y fruta), y los mandamientos que establecen las leyes dadas por Dios a la humanidad: es decir, que se refiere a las leyes divinas que establecen la armonía de la naturaleza, y a las que debe respetar la humanidad. Eusebio se confiesa ser pecador, que siempre ha demostrado una "natural devoción" a la cruz (2301). Así como el ladrón penitente de la Crucifixión, Eusebio se arrepiente de sus pecados en la cruz misma, y apela a la piedad del muerto Lisardo y de Alberto, el ermitaño, pidiendo plazo para confesarse. Rinde la espada a Curcio, el cual le registra la herida que tiene en el pecho y ve allí la cruz, por la cual reconoce que su víctima es su propio hijo, víctima no sólo ahora en el momento de la muerte sino desde el nacimiento por haberle negado el amor paterno. La muerte de Eusebio ocurre, además, en el mismo sitio donde Curcio mató a su esposa: "donde cometí el pecado, / el cielo me castigó" (2369–2370), se lamenta. La herida de Eusebio ha sido boca que por fin ha revelado la verdad escondida desde hacía tan largos años (otro eco de las imágenes de los Actos I y II). Muere Eusebio, sin confesarse; Curcio irrumpe en lamentaciones que amenazan todavía más violencia:

> Abrasen mis enojos
> este monte con llanto,
> puesto que es fuego el llanto de mis ojos
> ¡oh triste estrella! ¡oh rigurosa suerte!
> ¡oh atrevido dolor!   (2399–2403)

Todavía no se da cuenta de que la culpa primaria es suya. En este momento llegan las noticias de la huída de Julia del convento, y sale Gil para decir que los bandoleros vuelven al ataque, encabezados por "un demonio de hombre, / que encubre dellos mismos rostro y nombre" (2423–2424). No será posible sepultar a Eusebio en lugar sagrado por haber muerto descomulgado, y Curcio llora lo que le parece una venganza que ha traspasado "los últimos umbrales de la muerte" (2438). Van a dar al cuerpo rústica sepultura entre los ramos mientras baja la noche, "envuelta en esa lóbrega mortaja" (2446), pero en esto sale Alberto, que al volver de Roma se ha perdido otra vez en el mismo monte, "con la muda suspensión / de la noche" (2458–2459). Milagrosamente el difunto Eusebio le llama; Alberto descubre el cuerpo y el hombre muerto pide que le oiga su confesión, siendo sus pecados "más que del mar las arenas / y los átomos del sol" (2497–2498).

En el cuadro final salen los bandoleros: es ya de madrugada y "el sol descubre sus rayos" (2507). Se descubre al muerto Eusebio arrodillado, y a Alberto que oye su confesión; una vez absuelto, cae el cuerpo sin vida, las dos muertes haciendo juego con los dos arrepentimientos de Eusebio. Alberto explica el milagro, y Curcio se da cuenta de que

> no fue desdichado, no,
> quien en su trágica muerte
> tantas glorias mereció.   (2548–2550)

Julia ha podido oír lo que decía, y por fin se da cuenta de que Eusebio fue su hermano; se revela a Curcio y pide perdón. A pesar de haber presenciado el milagro, Curcio todavía se revela como hombre de ira, queriendo matar a su propia hija, pero la cruz le protege y, prometiendo volver al convento y hacer nueva vida, le lleva a lo alto, en apoteosis, "asida de la Cruz que está en el sepulcro de Eusebio" (*acotación final*), alcanzando así la gloria en una subida verdadera.

Ya he dicho que a mi parecer es ésta la obra de un escritor joven que está buscando su propio estilo. Muchos de los episodios se basan en convenciones teatrales generalmente aceptadas en la época, integradas hábilmente en la acción de la pieza.

Los aldeanos, por ejemplo, están empleados para vincular los episodios de la trama, pero también para establecer una serie de contrastes deliberados, paralelos cómicos que a la vez tienen una intención marcadamente seria. La caída de la burra de Gil, la manera en que el aldeano trata a su mujer preñada de otro, la salida de Gil vestido de bandolero (pero que sin embargo es reconocido por sus amigos por "ser quien es"), los valores del sentido común que manifiesta el gracioso en varias ocasiones: todos tienen un valor didáctico, además de un valor cómico. Los aldeanos están integrados en la pieza no sólo dramáticamente, sino también temáticamente. Podemos citar también otros tópicos parecidos: la entrada del galán en la casa de la amada, fuente de tantos enredos en las piezas cómicas, en las comedias de capa y espada, está reflejada aquí por la entrada de Lisardo en la casa de Julia, y por el asalto del convento. Los hermanos que, desconociéndose, se aman mútuamente, se encuentran en muchas novelas amorosas y comedias del mismo tipo; aquí el tópico tiene otra vez un valor temático. La mujer vestida de hombre, que en ciertos casos no habrá tenido otros valores que el de la taquilla, está empleada aquí con una seriedad impresionante.

Además de hacer uso de los tópicos dramáticos, don Pedro emplea también una serie de imágenes ya convencionales. El uso aquí de los cuatro elementos no demuestra el desarrollo que iba a adquirir en otras obras posteriores.[7] Las imágenes de la oscuridad y de la luz, sin embargo, están empleadas con gran habilidad técnica. Las oscuras confusiones de la noche tienen su paralelo en la oscuridad de lo intricado del monte. La imagen del sol está muy desarrollada, y podemos distinguir tres capas de imágenes que se derivan de este símbolo. En primer lugar, tenemos el sol falso del amor sensual, el sol de Icaro o de Faetonte, asociado también con las llamas del infierno y las cenizas del amor apagado. También vemos el falso sol del honor mundano; el mismo sol no puede igualarse a su honor, dice Curcio (621). Y por fin veremos el verdadero sol, el sol del amor religioso y de la clemencia divina, el que resplandece cuando nacen los hijos infelices de Curcio, y el que sale por fin, después de la oscuridad de las tristes confusiones, al final de la obra. Las imágenes del alba tienen sus paralelos en La vida es sueño, donde la misma metáfora se aplica al nacimiento del Segismundo regenerado. El amor, que puede – y debe – ser armonioso, puede ser también destructivo, y de ahí las imágenes de flecha, tiro y rayo, tan violentas como los tiros de los bandoleros mismos. La naturaleza también es fuente de muchas imágenes, unas veces basadas en antítesis deliberadamente chocantes, como la de la sangre derramada en la flor. La naturaleza puede representarse como violenta e inarmónica: las descripciones de la tempestad que relata Eusebio, por ejemplo:

> Cazando
> una vez por la aspereza
> deste monte, se cubrió
> el cielo de nubes negras,
> y publicando con truenos

---

[7] Véase el artículo de Edward M. Wilson, "The Four Elements in the Imagery of Calderón", en: *MLR* XXI, 1936, pp. 34–47.

al mundo espantosa guerra,
lanzas arrojaba en agua,
balas disparaba en piedras.   (313–320)

Aquí está asociada con la guerra y con la caza: la caza, como ya sabemos, es imagen de la guerra, y representa en las comedias de Calderón la irrupción del hombre en la tranquilidad de la naturaleza. Está asociada por un lado con los tiros, y por otro, con las sangrientas proezas de los bandoleros. Pero la naturaleza también puede ser armoniosa, puede representar la gracia divina, la armonía establecida por Dios en la creación. Es decir, que siempre hay cierta ambigüedad en las imágenes derivadas de la naturaleza: la naturaleza es, hasta cierto punto, lo que hacemos de ella. Puede ser el teatro de la violencia, de la caza, de la guerra o de los bandoleros, de la hazaña infame de Curcio, de la muerte de Lisardo; puede ser el "secreto seguro deleitoso" del ermitaño; o puede ser símbolo de la armonía establecida por Dios. Hasta cierto punto su interpretación depende de nosotros, de las acciones de la humanidad. Por fin, emplea don Pedro las imágenes de la subida y del descenso, desde la caída simbólica y cómica de la burra al principio del Acto I hasta la escena del asalto del convento y de la muerte de Eusebio, y hasta el apoteosis final.

Para reforzar el impacto de las imágenes y de las metáforas, don Pedro apela a los recursos técnicos de la escenografía. Las salidas y entradas de los personajes subrayan sus actitudes y sus palabras. La agrupación de los actores también refuerza las imágenes poéticas. La indumentaria misma concuerda con el tema de la obra. Pero lo más importante de esta pieza, desde este punto de vista, es la manera en que don Pedro emplea la escenografía para desarrollar la metáfora antitética de subir/bajar. Los movimientos simbólicos de este tipo no se emplean tan solamente en esta obra; se encontrará el mismo tópico por ejemplo en el auto sacramental de *La cena de Baltasar*, donde la torre que se alza representa la vanidad humana que quiere elevarse hasta el cielo, y la estatua que desciende es una imagen de la manera en que el hombre se rebaja cuando, en vez de adorar al verdadero Dios, se limita a adorarse a sí mismo. La caída de Lucifer está descrita por el Demonio en *El mágico prodigioso*, y sus dos disfraces de estudiante y de náufrago sirven para desarrollar el tema. La caída de caballo está vinculada también con la misma imagen, y podemos referirnos asimismo a la caída del criado del balcón en *La vida es sueño* y la caída de la luz, tan desastrosa para la protagonista de *El médico de su honra*. Todas estas caídas tienen su origen en la caída del Angel rebelde, la caída de Lucifer, y en la caída de nuestros primeros padres, expulsados del Edén. El uso en esta pieza es antitético: al querer alzarse hasta el falso sol del amor sensual, Eusebio está cayendo hacia el abismo. Cae moralmente Julia cuando baja del convento – "Demonio soy que he caído" (1707) – y aparece como demonio a la cabeza de los bandoleros: "un demonio de hombre" (2423). Ignora – o no quiere saber – al descubrir que la escala ya no está allí cuando quiere volver al convento al final del Acto II, que todavía es posible arrepentirse.[8] El libre albedrío, cuya existencia

---

[8] Es esto un ejemplo de la "ignorancia"; véase el comentario que hace A. A. Parker sobre *El*

Acto I, le deja siempre la posibilidad del arrepentimiento, así como
Eusebio arrepentirse de sus muchos pecados – o no cometerlos –. Los
cuentran en un marasmo de dudas y de dificultades creadas por el
o de su padre, pero existe siempre la posibilidad de escaparse merced
a la gracia divina. Después de varias tentativas, Eusebio por fin ve la luz verdadera, se arrodilla ante su padre, y se arrepiente de sus pecados ante Dios. Curcio,
ignorando el escarmiento, sigue controlado por su egoísmo en el nivel de las pasiones
humanas y del honor y no ha alcanzado al final de la pieza la visión religiosa de la
vida. También se arrepiente Julia, y la apoteósis con que la obra da fin representa
el verdadero ascenso de Eusebio y de Julia hacia Dios y el poder de la gracia, y
hace contraste obvio con el falso ascenso, y verdaderas caídas, del Acto II.

Para don Pedro Calderón la obra de arte es unitaria. La trama es una expresión
lógica del tema, y el dramaturgo emplea todos los recursos de la escena – indumentaria, tramoyas, movimiento y agrupación de los personajes en el tablado, gestos y
ademanes, colores y ritmos de actuación para subrayar el tema; y las metáforas
y símbolos forman un tejido complejo y variado que también desarrolla las mismas
ideas en forma poética. La importancia que da a la escenificación puede verse en
las detalladas *memorias de apariencias* que servían para guiar a los carpinteros y
pintores que construían y decoraban las máquinas teatrales para sus autos sacramentales. Las obras suyas reflejan la escenografía de la época, y por medio del
hábil uso de todos los recursos escénicos, el impacto temático de la obra está refor-
zado y subrayado. Concebía sus piezas no solamente como versos escritos en papel
blanco, sino como obra que iba a representarse en determinadas condiciones es-
cénicas, y, si no damos a esto su debida importanica, corremos el riesgo de perder
de vista un elemento muy importante en el logro del efecto total de la pieza.[9]

mágico prodigioso en "The Theology of the Devil in the Drama of Calderón", *Aquinas Paper*
No. 32, London 1958.

[9] Las ideas expresadas aquí se desarrollaron en primer lugar en un seminario dado en Westfield
College. Doy las gracias más sentidas a los miembros del coloquio, como asimismo a mi colega,
Dr. P. Halkhoree, por sus comentarios penetrantes que me ayudaron a perfilar el tema.

La imaginación de Semíramis

Por Daniel de W. Rogers

Un rasgo importante de la literatura europea del siglo diecisiete es la conciencia del poder de la imaginación humana, y de la posibilidad de una dicotomía entre la realidad exterior y las imágenes mentales que forman los hombres de esa realidad. El ejemplo máximo de la explotación literaria de este fenómeno sería *El Quijote*, pero en el teatro también abundan los ejemplos: *Hamlet, La vida es sueño, Le malade imaginaire*. Además de las obras que afrontan problemas de orden epistemológico, o que tienen por tema principal la locura, la alucinación o el engaño, hay otras muchas en las que la imaginación del protagonista desempeña un papel importante: *Macbeth*, cuyos temores presentes le importan menos que sus horribles imaginaciones; *El condenado por desconfiado* ("ya me parece que siento / que aquellas voraces llamas / van abrasando mi cuerpo" – ¡y por eso lo harán!); *El médico de su honra* ("hombres como yo / no ven; basta que imaginen...") o en una vena cómica *La verdad sospechosa*. Todas estas obras testifican al poder de la imaginación humana, no sólo por el poder creativo de la imaginación de su autor sino también por el poder destructivo de la de su protagonista. Pues entre los dramas de este tipo me parece que se debe colocar la tragedia de *La hija del aire*.

El tema fundamental de la obra, lo mismo que la pasión dominante de la protagonista es la ambición: la ambición insaciable, "hidrópica". Y esa hidropesía, esa insaciabilidad de la ambición de Semíramis depende precisamente de la fuerza y del alcance de su imaginación. Examinemos primero los versos donde se habla de la imaginación.

Antes de empezarse la acción de la Primera Parte, Semíramis, huérfana, "hija de un delito de amor" ha sido prisionera desde el nacimiento. Como Segismundo, ha sido encarcelada para evitar el cumplimiento del horóscopo y de los vaticinios que le prometen una vida llena de crímenes y horrores seguidos de un trágico fin. Durante largos años de cautiverio ha tenido tiempo para figurarse las magníficas posibilidades de la vida libre que se le ha negado. Explica después a la Infanta Irene, quien se asombra de ver en ella un espíritu tan altivo:

> como
> pude allí discurrir mucho
> no me contenté con poco.   (1035a[1])

---

[1] Cito según la ed. de Angel Valbuena Briones: Calderón, *Obras completas*, I Dramas, 4a. ed., Madrid [Aguilar] 1959.

Al principio de la jornada primera, cuando Semíramis está luchando por escaparse de la prisión, protesta contra el carcelero Tiresias que si la aprisionan para guardarla de los males pronosticados, ella prefiere los peligros de la libertad a la certidumbre de morir desesperada en el cautiverio:

> Y si ya me mata el verme
> desta suerte *¿no es mejor*
> *que me mate la verdad*
> *que no la imaginación?*
>
> (1012a)

Quiere, como dice luego, "morir del rayo, y de sólo el trueno no" (1012a). Despertados sus deseos por el ruido de las cajas y del dulce canto que inician la acción, tiene – cueste lo que costara – que salir en busca de la experiencia inmediata. Esta vez no se escapa, pero poco después, llega el general Menón, nuevo gobernador de la provincia, quien a pesar de todos los avisos, viola el secreto de la gruta y da libertad a la prisionera. El general se la lleva consigo a su quinta cerca de la ciudad de Nínive con la intención de guardarla allí mientras él asiste a sus deberes en la corte. La decepción de su protegida sale de pronto:

> ¿Luego no tengo de ir
> contigo a la Corte?
>
> (1021a)

Parece que Semíramis va a resignarse a la prudente determinación de su protector, pero luego que se queda sola con su "grande pensamiento", prorrumpen sus sentimientos de frustración:

> ¿En fin jamás
> más que un bruto no he de ser?
> ¡Cielos! *¿No tengo de ver*
> *sino imaginar no más*
> *cómo es el vivir?*
>
> (1022b)

Convencida, no sin razón, de que su fortuna, en la persona de Menón, "sólo la saca de una para darle otra prisión" (1022a), se desespera de la posibilidad de salir de la vida vicaria de la imaginación. Pero por intervención del Rey Nino, a quien Semíramis ha salvado la vida cuando a éste se le desbocó el caballo mientras iba de caza, las bodas de Semíramis y Menón quedan aplazadas. Manda el Rey a su hermana llevar a la jóven salvaje por las calles y plazas de la corte en su propio carro real. ¡Ahora sí que va a ver cómo es el vivir!:

> Altiva arrogancia (dice para sí)
> ambicioso pensamiento
> de mi espíritu, *descansa*
> *de la imaginación,* pues
> *realmente a ver alcanzas*
> *lo que imaginaste.*
>
> (1032b)

Pero aun antes de conseguirlo ha formado la sospecha de que esto no va a satisfacer-la del todo:

> pero
> aun todo aquesto no basta;
> que *para llenar mi idea*
> mayores triunfos me faltan. (1032b)

Y así es el hecho: al principio de la jornada tercera la vemos de vuelta de su paseo. El rey le pregunta qué le ha parecido de la famosa ciudad. La bella salvaje "en las entrañas nacida de un monte, en el seno bronco de unos peñascos criada" tiene que confesar que "todo cuanto hasta hora ha visto en ella . . . *le ha parecido poco.*" Pero no se espanta ni de esto porque

> *objeto es más anchuroso*
> *el de la imaginación*
> *que el objeto de los ojos.* (1034b)

Obligada, primero, a vivir en su imaginación, anhelaba la experiencia directa; ha descubierto ahora que su imaginación sobrepasa la realidad. Pero a pesar de esta conclusión desesperante sigue formándose grandiosos proyectos para el futuro:

> Es el desvanecimiento
> tal que en estas cosas pongo
> que pienso hacerlas mayores
> en siendo Menón mi esposo. (1036a)

Pero Menón no ha de ser su esposo. Al enterarse Semíramis de que el rey también anda enamorado de ella, cambia bruscamente de propósito. Abandona a su libera-dor cuando éste ha provocado la indignación del monarca. Semíramis ahora pica más alto. Atraída hacia la luz de grandezas todavía remotas, tiene que defender su honor contra los requiebros y aun contra las caricias del rey apasionado; pero termina por obligarle a éste a casarse con ella. En la Primera Parte Semíramis no vuelve a hablar de su imaginación – está ocupada con los acontecimientos reales – mas para nuestro tema los comentarios del gracioso Chatón hacia el fin de la jor-nada tercera son significativos. Al oirse la aclamación general de "la gran Semíra-mis bella, reina del oriente" dice el gracioso para sí:

> No hay cosa como ser loco,
> si es que da en buen tema; y ello
> es fácil que poco a poco
> *se va saliendo con ello.*
> *Semíramis dio en que había*
> *de reinar, y ya este día*
> *la van siguiendo su humor.* (1044b)

A diferencia del caso de otro loco – Don Quijote – los que a Semíramis le van siguiendo el humor no se burlan. Esto va de veras. La realidad se va conformando al tema, es decir a la imaginación desordenada, de una loca.

173

Por esta razón, en la Segunda Parte, como Semíramis va saliendo con sus am
biciones, se habla mucho menos de su imaginación. Sin embargo hay tres alusione
importantes. Al empezarse la jornada primera hace años que está muerto el Rey
Nino. Durante la infancia de su hijo Ninias, la viuda Semíramis reina en su lugar
Según la voz común el rey murió de los efectos de un veneno preparado sobre lo
órdenes de la reina. A ésta dice Lidoro en la jornada primera que es opinión genera
que

tu soberbio
espíritu *levantó*
máquinas sobre los vientos
hasta verte Reina sola.

(1049b)

Volveremos después sobre este punto. Luego en la jornada segunda, después de
la abdicación de la Reina a favor de su hijo, lo que dice Chato recuerda sus observaciones en la Primera Parte. Dice el gracioso que recela que a Semíramis

se le antoje reinar
otra vez

(1062b)

– lo que en efecto ha de pasar – y luego comenta:

que todo es que a ella
sin razón o con razón
se la ponga en la cabeza.

(1062b–1063a)

Se habla del deseo de reinar, que para Semíramis es todo su ser – "mi ser era mi
reino, / sin ser estoy supuesto que no reino" (1069b) – como si fuese un mero antojo.
Después, cuando Semíramis ha descubierto a Friso su atrevido proyecto para la
secuestración de Ninias para que la madre, disfrazada del hijo que tanto se le parece, pueda volver a reinar, pronuncia estas palabras curiosas:

cuando no consiga
el intento, me basta que se diga
que lo emprendí. *El concepto de mi idea*
escándalo de todo el mundo sea.

(1069b–1070a)

Consígalo o no, se hace alarde del atrevimiento de habérselo imaginado. Esta vez
el objeto de la imaginación no es más monstruoso que el de los ojos. Vemos a la
reina, vestida de hombre, reinando hasta que "hidrópica de victorias" muere asa-
eteada en una batalla totalmente innecesaria. En la hora de su muerte vuelve su
imaginación a atormentarla suscitándole fantasmas de sus víctimas: Menón, "de
sangre el rostro cubierto", Nino "el semblante pálido y macilento", Ninias "triste
y preso". Están vengados, pues muere arrancándose del pecho pedazos del corazón,
ese asiento de las pasiones y también, según Aristóteles, asiento de la imaginación.
Muere atormentada de fantasmas que ella misma se ha imaginado.

De este análisis puede concluirse que la imaginación de Semíramis es una fuerza que, sobre todo al principio, la impele hacia la acción; hacia el cumplimiento de sus deseos y al mismo tiempo hacia el cumplimiento de las profecías fatales que desafía. Si al final la mata el rayo de la verdad, simultáneamente se oye el trueno de la imaginación.

Esta conciencia del poder destructivo de la imaginación y sobre todo esta percepción de cómo la imaginación femenina puede conducir al fracaso por exceder siempre a toda realización posible, tiene un interés sicológico y hace de Semíramis una heroína patética al mismo tiempo que terrible. Anticipa de un modo tal vez inesperado a la Madame Bovary de Flaubert o a la Hedda Gabler de Ibsen. Además, comparándola con otra tirana del teatro español del Siglo de Oro, la Jezabel de Tirso de Molina, se ve como, a pesar de lo que suele decirse de los personajes femeninos de Tirso, Calderón es quien demuestra aquí más entendimiento y más compasión. Pero no quiero entrar ahora en el intrincado laberinto de la literatura comparada, sino considerar la imaginación de Semíramis bajo dos aspectos distintos.

Primero, desde el punto de vista de la moral, tratando de relacionarla con teorías éticas y sicológicas corrientes en la época de Calderón. Según el *De anima*[2] de Arsitóteles, que fue comentado por Santo Tomás[3], la imaginación pertenece al ánima sensitiva del hombre. Es decir que es una facultad que los hombres, seres racionales, comparten con los brutos que carecen de razón. Inferior a la razón, la imaginación no puede distinguir entre el bien y el mal (p. 382). Según Aristóteles, "los animales hacen muchas cosas conforme con sus imágenes; algunos, los brutos, por falta de razón; otros, o sea los hombres, *cuando tienen el intelecto velado por la pasión*, o por la enfermedad o por el sueño." (p. 395). "En tales casos", comenta Santo Tomás, "el intelecto deja de gobernar a la imaginación de suerte que los hombres toman por verdaderas sus representaciones imaginadas" (p. 399). En otra parte de su comentario afirma el santo que "en sus acciones muchos siguen a las alteraciones de su imaginación antes que al conocimiento racional, por ejemplo *los que obran impulsivamente y sin reflexionar*." (p. 471). El filósofo y el santo coinciden al reconocer que en la rebelión contra la razón las pasiones tienen por cómplice a la imaginación. Al salir de la cárcel, librada por Menón, Semíramis declara que ahora "va a ser racional, ya que hasta aquí bruto ha sido" (1020b); antes ha dicho que para vencer a su ambición tiene entendimiento (1012a); y que sabe que "el Cielo no avasalló la elección de nuestro juicio" (1020b). El cielo no, pero las pasiones sí. Saliendo en fin de la gruta donde tanto ha discurrido, Semíramis va acompañada de una traidora, enemiga del entendimiento y del juicio; una parte de su naturaleza sensitiva, o sea animal, la cual, como su amante, "sólo la saca de una para darle otra prisión".

Eso en cuanto a la moral. Quisiera pasar ahora a otro aspecto de la obra: el fondo mitológico. Ustedes se acordarán de que esta Semíramis es víctima, y hasta es en

---

[2] Aristotle's *"De anima"* in the version of William of Moerbeke and the commentary of St. Thomas Aquinas, trad. Kenelm Foster, O. P., y Silvester Humphries, O. P., Londres 1951; la traducción de las citas al castellano es mía.
[3] *Op. cit.*

cierto modo manzana de la discordia entre dos diosas. Diana la persigue para vengarse del ultraje hecho a la castidad de una de sus ninfas, Arceta, madre de Semíramis; Venus en cambio se hace protectora de esta "hija de un delito de amor". En efecto el padre de Semíramis había rendido sacrificios a Venus, quien "del culto obligada" había hecho que el amante pudiese hallar a la casta ninfa en un sitio despoblado. Luego al nacer Semíramis la diosa envió las aves a protegerla contra las fieras (criaturas de Diana); Venus también la ha dotado de su hermosura; Tiresias, sacerdote de Venus, la ha guardado en el templo para protegerla de la venganza de Diana. Al final de cada una de las dos Partes, se vuelve a hablar de la competencia entre Diana y Venus que da unidad a toda la obra. Ahora bien, como ha demostrado el libro de Jean Seznec sobre *La survivance des dieux antiques*[4], los mitos paganos guardaban en el renacimiento el sentido alegórico que habían adquirido durante la Edad Media. La diosa Diana representa por lo general la castidad, la razón, el refrenamiento de las pasiones. Venus en cambio suele representar la belleza corpórea y la pasión carnal. Entonces era de esperar que una alumna de Venus hubiera de ser una encarnación de la pasión venérea. Pero el Dr. Gwynne Edwards[5] ha puesto de relieve como la Semíramis de Calderón, a diferencia de la protagonista de las versiones anteriores, se caracteriza sobre todo no por la lujuria sino por la ambición. Pues ¿de dónde viene que la alumna de Venus sea más que nada una ambiciosa? Parece que viene del aire. Aunque en una ocasión Semíramis habla de sí como hija de Venus, es ante todo la hija del aire. Explica a Menón que "en la lengua siria, quien dijo pájaro dijo Semíramis" (1020b). Tiresias le puso este nombre por haber sido hija del aire y las aves, que son los tutores suyos. Pues la diosa del aire era – Venus. La diosa misma, citada por su alumna, dice en la Primera Parte que

> Las aves, como en efecto
> *diosa del aire,* la envío   (1020a)

En otra comedia mitológica de Calderón encontramos una explicación más amplia. En *Celos aun del aire matan* dice Pocris:

> Como Venus del agua
> nació para que sea
> fuego el amor, y el aire
> es de agua y fuego mezcla,
> los imperios de Venus
> que ambos extremos median,
> el aire son.   (2221b)

El fuego del amor nació de las aguas del mar; el elemento que combina las calidades primarias de calor y humedad es el aire. Así queda establecida la conexión entre Venus y el aire. Les confieso que abrigaba esperanzas de encontrar entre las teorías

---

4 Jean Seznec, *La survivance des dieux antiques*, Londres 1940.
5 "Calderón's *La hija del aire* in the light of his sources", en: *Bulletin of Hispanic Studies* XLIII, 1966, pp. 177–196. Véase en especial la p. 189.

de Huarte de San Juan por ejemplo alguna relación entre el aire y el temperamento imaginativo. Pero el humor que se asociaba con el calor y la humedad era la sangre, y tengo que admitir que el temperamento animoso de Semíramis tiene más de colérico que de sanguíneo. Pero hay otras asociaciones más sencillas. El aire es libre, tiende a subir, y es de poca substancia. Las asociaciones se multiplican si pensamos en la equivalencia de aire y viento:

> ¿Qué presta a mi contento
> si soy del vano dedo señalado?
> ¿Si en busca deste *viento*
> ando desalentado . . .?[6]

Pero no es preciso buscarlas fuera del texto de nuestro drama: la serie de ideas asociadas aire-viento-vanidad se encuentra dentro de la obra misma. En la Parte Primera el gracioso exclama, refiriéndose a la protagonista:

> ¡Ay tontilla, que no en vano
> *hija del viento* te llamas!   (1032b)

En la Segunda Parte dice el mismo

> ¡Con qué grande majestad
> vuelve a la ciudad triunfante
> esta altiva, esta arrogante
> *hija de su vanidad!*   (1054a)

Para Chato, quien funciona en cierto modo como el coro de la tragedia, "hija del aire" equivale a "hija del viento" o a "hija de la vanidad". *Fuera de eso*, la segunda jornada de la Primera Parte termina con estas palabras del desesperado Menón:

> ¡Ay hermosa, ay soberana
> hija del aire! ¡Llevóse
> *tu nombre* mis esperanzas!   (1034b)

es decir que "se las llevó el viento".

Resta por establecer la conexión entre el aire y la imaginación. La imaginación también es libre ("sola la imaginativa", dice Aristóteles, "es libre para imaginar lo que quisiera"[7]); por lo menos en los altivos, tiende a subir; y crea fantasmas sin substancia. En efecto, la fantasía forma ilusiones *en el aire*. Cuando Semíramis quita la daga al Rey, éste ve una visión profética de su propia muerte:

> Mi mismo cadáver, cielos,
> miro *en el aire* aparente
> ¿Qué ilusión, qué fantasía

---

[6] Fray Luis de León, "Vida retirada", vv. 16–20. *Obras completas castellanas* ed. P. Félix García, O. S. A., Madrid 1951, p. 1429.
[7] Citado por Huarte de San Juan, *Examen de ingenios para las ciencias,* cap. V, § 10, Buenos Aires 1946, p. 127.

> *formada en el aire leve*
> de mi muerte imagen triste
> ya en sombra se desvanece? (1043b–1044a)

Se dice de la misma Semíramis en unos versos que citamos antes que su soberbio
espíritu

> levantó
> *máquinas sobre los vientos*
> hasta verse Reina sola. (1049b)

Como el aire, la ambición, incitada de la imaginación, no guarda límites, aspira a
subir, se desvanece. El doble sentido del sustantivo *desvanecimiento,* y del verbo
desvanecer, desvanecerse, y de otra pareja *alentar, aliento* refuerza la asociación entre la evanescencia física y la vanidad moral. En más de una ocasión se habla
del "desvanecimiento", es decir de la vanidad, de Semíramis. Luego muere con
estas palabras:

> Hija fui del aire, ya
> *en él hoy me desvanezco.* (1082b)

En otro lugar[8] he defendido la hipótesis de que en el reparto original los papeles
de Semíramis y el de su hijo debieron de ser "doblados". En este caso, al salir en la
escena el Ninias verdadero después de la muerte de su madre, el príncipe contra-
hecho que era en realidad la hija del aire se ha desvanecido. Hay otro indicio curioso de la evanescencia de Semíramis. Al principio de la Segunda Parte el rey Lidoro
inicia su embajada a la reina con unas alabanzas efusivas. De los grandes hechos
de Semíramis dice que

> para haberlos de escribir
> coronista tuyo el tiempo
> da pocas plumas la fama,
> poca tinta los sangrientos
> raudales de tus victorias,
> *y poco papel el viento.* (1048a–b)

Hacia el final, al emprender su batalla postrera, Semíramis declara que

> hará que el tiempo esta victoria escriba. (1081b)

Si el coronista se toma el mismo papel que antes, la historia se escribirá *sobre el*
viento.

Insisto en esta idea de la insubstancialidad de la hija del aire por dos razones.
Primero, por lo que tiene que ver con la imaginación. Ella misma ha dicho que el
objeto de la imaginación es más anchuroso que el de los ojos. Es decir que no corresponde a la realidad. Pues cuando las ambiciones de Semíramis se realizan, ni la

---

[8] Daniel Rogers, "'¡Cielos! ¿Quién en Ninias habla?': the mother-son impersonation in
La hija del aire Part II", en: *Bulletin of the Comediantes* XX, 1, Spring 1969 pp. 1–5.

satisfacen ni son perdurables; no valen tanto como ella se había imaginado – son fantasmas vanos. Segundo, hay una relación posible entre esto y las ideas de Calderón sobre el mal. En su artículo sobre la teología del diablo en el teatro de Calderón[9], el profesor Parker ha puesto de relieve la importancia que tenía para el teatro religioso de Calderón la doctrina agustiniana y escolástica de la insubstancialidad, o del carácter negativo, del mal. Esta doctrina se refleja también en su teatro profano. En otro artículo fundamental sobre la tragedia calderoniana, el profesor Parker ha afirmado que, (además de *El pintor de su deshonra*) "muchos ejemplos podrían citarse para demostrar que en el teatro de Calderón todo mal moral consiste en un divorcio entre la imaginación y la realidad."[10] Pues yo diría que entre estos *La hija del aire* es un ejemplo capital. En la comedia más famosa de Calderón el protagonista, tirano potencial, aprende que una vida entregada al desorden de las pasiones es – un sueño. En la tragedia *La hija del aire* la protagonista, tirana de verdad, hasta la hora de su muerte apenas si aprende nada; pero nosotros aprendemos de ella que quien se desvanece, se desvanece; que la terrible tirana que quiere hacer que todo el mundo tiemble a su nombre, por terrible que sea, "sigue la vana sombra, el bien fingido"; entregarse a las incitaciones irracionales de la imaginación es "levantar máquinas sobre los vientos".

---

[9] A. A. Parker, "The theology of the devil in the drama of Calderón", Aquinas Society of London, *Aquinas Paper* no. 32, 1958, reproducido en *Critical essays on the theatre of Calderón*, ed. Bruce W. Wardropper, Nueva York 1965, pp. 3–24. Véase especialmente la p. 9.

[10] A. A. Parker "Towards a definition of Calderonian tragedy", en: *Bulletin of Hispanic Studies* XXXIX, 1962, p. 235.

El comienzo de los textos en el teatro de Calderón
(Contribución al estudio del imperativo en la lengua literaria)

Por Karl-Hermann Körner

"Mía ha de ser la corona"[1] "Merá por dó va la burra"[2], "Cantad aquí, que ha gustado"[3], "– ¡Jesús mil veces!"[4], "Otra vez, Don Juan, me dad / y otras mil veces los brazos"[5], Haced alto en esta parte"[6], "¡Nuestro heroico César viva!"[7]

Tales secuencias de palabras escuchamos al comienzo de la representación de las siete obras teatrales de Calderón de la Barca, a las que Uds. dedican conferencias y discusiones en estos días en Hamburgo: *La vida es sueño* (auto), *La devoción de la Cruz, El príncipe constante, El médico de su honra, El pintor de su deshonra, La hija del aire, El postrer duelo de España.* Cuando Paul Valéry propuso publicar una antología de comienzos de novelas, su proposición ha sido interpretada por André Breton en el *Manifeste du surréalisme* (1924, p. 19) como una intención de burlarse de las novelas y de ridiculizar el género y el arte de novelar. "El comienzo de los textos calderonianos" no parece, pues, un tema serio como "La exposición en el drama calderoniano" o "Las grafías iniciales en los autógrafos de Calderón".

Tal vez nuestro tema gane un poco de seriedad al tener en cuenta que el comienzo de un texto teatral, a pesar de contribuir a configurar la realidad artística "teatro", sigue siendo el comienzo de un texto oral, pronunciado y audible como lo es el comienzo de cualquier conversación cotidiana y que la configuración de la realidad artística "teatro" se realiza continuamente – y no sólo al comienzo – por medio de dos vehículos, el vehículo lingüístico y lo que pasa en la escena, el vehículo no-lingüístico. La posibilidad de combinación de los dos vehículos proviene de un rasgo que ellos tienen en común, su *linealidad*[8]: "Las unidades lingüísticas van

---

[1] Calderón de la Barca, *Obras completas*, ed. Aguilar, Madrid 1959–1967, III, p. 1387.

[2] ibid., I, p. 391.

[3] ibid., I, p. 249.

[4] ibid., I, p. 317.

[5] ibid., I, p. 868.

[6] ibid., I, p. 715.

[7] ibid., I, p. 1271.

[8] "El concepto "lineal" es metafórico (. . .), la comunicación lingüística se desarrolla en una sucesión temporal, no espacial", recuerda con razón V. E. Hernández Vista en su reciente examen del concepto: "Sobre la linealidad de la comunicación lingüística", en: *Problemas y principios del estructuralismo lingüístico*, Madrid 1967, p. 277.

pulsando de modo sucesivo, según se van articulando, en el oído y en el psiquismo del destinatario."[9] Lo mismo pasa con aquella parte de la representación teatral que es visible y que se sirve de medios no-lingüísticos. Permítaseme destacar aún más la linealidad, oponiendo este punto de vista a aquél, que cree que lo común entre los dos vehículos lingüístico y no-lingüístico sea el llamar simultáneamente la atención a dos *sentidos* (oído y vista). A. Martinet nos ha enseñado que esa analogía "sensual" no va muy lejos: "El pintor pinta, es cierto, sucesivamente los elementos de su cuadro, pero el espectador percibe el mensaje como un todo, o fijando la atención sobre los elementos del mensaje según un orden u otro, sin que el valor del mensaje sea afectado... Un sistema visual de comunicación no es lineal."[10] Mas, una representación teatral por lo general *no* es un cuadro (acabado antes) del cual se desprenden voces, sino un *movimiento continuo*. Aunque el arte calderoniano – mejor dicho el *mensaje* que recibe el espectador – es unitario, esto no impide el analizar la función de los vehículos por separado, también en su comienzo. Magistralmente ha demostrado esto el profesor Shergold en su conferencia de Exeter[11], centrando su análisis de la escenografía del auto sacramental no solamente en el aspecto de los carros sino también en el abrir de los carros, y no solamente en el aspecto de los personajes sino también en su entrada a la escena y su descender de los carros.

Hay dos rasgos distintivos de aquella parte del texto que llamamos "comienzo" (lingüístico): Sólo el comienzo de un texto puede ser considerado como contexto de cualquier otra unidad del texto. Más importante es el segundo rasgo: el comienzo de un texto cobra su autonomía por la ausencia de contexto (antecedente) explícito. Cuando hay contexto, ya no hay comienzo sino continuación: esto nos permite y obliga a considerar unidades *relativamente pequeñas* como comienzos de texto.

El hecho más destacado en la sinopsis de 182 comienzos de textos de Calderón que hemos realizado es un rasgo común de la primera palabra de 53 textos. En 53 obras teatrales, es decir en 27,5% o casi $1/3$, la primera palabra que se escucha es un imperativo verbal. Entre los 7 comienzos citados al inicio de esta ponencia, hay tres en los cuales la primera palabra es un imperativo (*La devoción de la cruz:* Merá; *El príncipe constante:* Cantad; *y La hija del aire:* Haced alto). En el caso de *La hija del aire* he leído *Haced alto* en vez del mero imperativo verbal como en el caso de *cantad* o *merá*. Las relaciones contextuales de la primera unidad textual, el imperativo, con las siguientes, son de diferentes tipos. La sola forma verbal *haced* conlleva el carácter de imperativo pero es incomprensible sin la palabra *alto*. En el momento de escuchar *alto* no se corrige o modifica o completa una información ya recibida antes, sino se recibe la primera información. Se puede suponer que antes de haber oído la palabra *alto*, todavía no pulsa ninguna unidad lingüística (es decir con significado completo) en el psiquismo del destinatario. Solo *haced alto* es una

---

[9] ibid., p. 277.

[10] *Éléments de linguistique générale*, Paris 1961², p. 21, citado en castellano por Hernández Vista.

[11] "'El gran teatro del mundo' y sus problemas escenográficos". *Hacia Calderón*, Berlin (*Calderoniana 6*) 1970, pp. 77–84.

forma verbal plena y no auxiliar. Al subrayar la linealidad del texto no debemos olvidar que hay otro principio constitutivo de textos, el de la jerarquía sintáctica. De las formas verbales plenas sabemos que determinan y rigen sintácticamente unidades compuestas y de diferentes dimensiones, a saber oraciones. El imperativo como forma verbal plena – sea una palabra como en la mayoría de los casos – sean dos palabras como en el caso de *haced alto* – también tiene esa fuerza regidora. Es una fuerza que domina también aquellas partes de la oración que *anteceden* al imperativo verbal. Este hecho nos permite incluir en el grupo de los 53 todas las oraciones iniciales cuyo verbo principal es un imperativo. Así aumentado, el número total de los miembros de este grupo oscila entre 120–150, es decir, más de los dos tercios de los textos calderonianos son comienzos de imperativo. La oscilación entre 120 y 150 no proviene de haber errado en la cuenta, sino de la dificultad de delimitar el concepto lingüístico de imperativo. Además de no existir un criterio fijo para saber cuáles son las formas imperativas en el paradigma verbal español, existe la dificultad de delimitar el concepto de oración imperativa. Dos ejemplos de las dificultades son los ya citados comienzos: "Nuestro heroico César viva", *(El postrer duelo de España)*. ¿Es un imperativo o no? "Mía ha de ser la corona", *(La vida es sueño)*. ¿Es un imperativo o no?

Antes de examinar el comienzo que contiene imperativo, tomándolo como el caso más típico de los comienzos calderonianos, debo hacer dos observaciones preliminares. Hay comienzos que evidentemente no permiten ser interpretados como imperativos, no sólo desde el punto de vista gramatical sino también desde el punto de vista semántico. En total no deben ser más de 30. Por no haber encontrado una característica lingüística común, tuve que clasificar estos comienzos según otra clasificación tradicional frecuente. Hay un grupo mayor de comienzos "auténticos" (auténticos en el sentido de que lo que se representa en la escena, la realidad transformada en arte, tiene carácter de comienzo ya en la realidad): El saludarse antes de una conversación p. ej. "Una y mil veces, señor / vuelvo a besarte la mano" *(Guárdate del agua mansa)*[12]; la presentación de una persona o otra p. ej. "Esta, (...) es Aura" *(Celos aun del aire matan)*[13]; el anuncio de una fiesta p. ej. "Al templo altivo de Marte, / hoy" *(Los tres mayores prodigios)*[14]. También para esos traslados de un comienzo *real* Calderón usa por lo general el imperativo, como en el caso de saludos: "Otra vez, Don Juan, me *dad* / y otras mil veces los brazos" *(El pintor de su deshonra)*[15] o "*Vengas* con bien, Enrique", *(De un castigo, tres venganzas)*[16]. El no-

---

[12] Calderón, ed. cit. II, p. 1291.
[13] ibid., I, p. 1786.
[14] ibid., I, p. 1548.
[15] ibid., I, p. 868.
[16] ibid., I, p. 37; otros comienzos de saludos imperativos: *Los cabellos de Absalón* y *Hombre pobre todo es trazas*. Con la presentación de una persona por medio de un imperativo comienza *La estatua de Prometeo*. Para el anuncio de una fiesta al comienzo de la obra se usa el imperativo en *Ni Amor se libra de amor:* "*Venid*, hermosuras felices, *venid*" (I, 1943) y en *La protestación de la fe*. Ejemplos de comienzos, en los que la *continuación* de una fiesta se comunica por medio de un imperativo: *La aurora en Copacabana:* "En el venturoso día (...) *prosiga* la fiesta" (I, 1315) y *Amar después de la muerte:* "(...) *No entre* nadie (...) y *prosígase* la fiesta" (I, 351).

empleo del imperativo en los 3 casos citados *(Guárdate del agua mansa, Celos aun del aire matan, Los tres mayores prodigios)* parece un poco recargado o artificioso y corresponde a una cierta gravedad de la realidad, por ejemplo a la gravedad de la etiqueta al saludar. Hay otro grupo, mucho más pequeño, de los relativamente pocos comienzos indudablemente no-imperativos, que son los comienzos de tipo *medias in res,* es decir en el drama, *mediam in actionem.* Aquí no hay marca lingüística de comienzo, muy al contrario, aparecen signos que indican que hay que suponer contexto antecedente callado, como el pronombre personal en el siguiente ejemplo, donde se sirve solamente del vehículo no-lingüístico, es decir, del presentarse físicamente, del salir de personajes, etc.: "V*il*a al dejar la carroza" *(Nadie fíe su secreto)*[17]. Es muy raro en el teatro calderoniano que el arte de comenzar quede tan *extratextual.* 2ª observación preliminar: al entrar en un examen de los comienzos con imperativo en los textos calderonianos, me parece necesario recordar antes que la mera frecuencia del imperativo inicial no debe ser considerada como una característica del teatro calderoniano. Es muy conocida y reconocida la elaboración de una dependencia entre las tres funciones del lenguaje (como las había diferenciado Bühler)[17a] y los géneros literarios tradicionales. Un difundido manual alemán resume las diferentes formulaciones de esta dependencia, desde Junker hasta Bruno Snell: "Ein kundgebender Ausruf, des Schmerzes, des Jubels, der Klage stellt demnach das Urphänomen des (sprachlich) Lyrischen dar: in der Interjektion Ach! wurzelt sozusagen alle Lyrik. Entsprechend kann man in einem *auslösenden Anruf* die Urzelle des Dramatischen sehen und in der hinweisenden Geste des Da... (Voilà! Eis!) die Urzelle des Epischen."[18] Esta dependencia no explica aún la necesidad de aparecer el imperativo ya en el comienzo del drama. Hay que añadir dos descubrimientos de la lingüística actual. Se ha descubierto que las unidades lingüísticas, si quieren ser entendidas, tienen que ser muy claras en su comienzo. Frecuentemente la comunicación no se perjudica por falta de claridad en los *finales* de las unidades.[19] Aplicando esta experiencia de la ciencia comunicativa y aceptando el imperativo como "Urzelle des Dramatischen" o mejor dicho como un rasgo distintivo del drama, podemos decir que la información "que se representa ahora teatro", se comunica más fácilmente si el imperativo no se hace esperar. Además, debe tenerse en cuenta que la lingüística de textos ha descubierto que el imperativo sirve frecuentemente para empezar cualquier texto oral ("Oiga, por favor, me puede decir...") y que tiene una fuerza iniciadora todavía poco investigada.[20] Si la liber-

---

[17] Calderón, ed. cit., II, p. 93.
[17a] En los modelos más elaborados y más recientes de la comunicación lingüística se han confirmado las tres funciones y analogías del modelo de Bühler (Die Axiomatik der Sprachwissenschaft, in: Kant-Studien 38, S. 19–90, Berlin 1933). Cf. R. Jakobson (Essais de linguistique générale, Paris 1963, p. 216) donde se subraya la representación primordial de la segunda función por el imperativo: "L'orientation vers le d e s t i n a t a i r e, la fonction c o n a t i v e, trouve son expression grammaticale la plus pure dans le vocatif et l'impératif, qui, du point de vue syntaxique, morphologique, et souvent même phonologique, s'écartent des autres catégories nominales et verbales."
[18] Wolfgang Kayser, *Das sprachliche Kunstwerk,* Bern/München 1961[7] p. 335.
[19] Cf. p. ej. A. Martinet, "Le Mot", en: *Diogène* 51, 1965, pp. 39–53; aquí pp. 44/45.
[20] Cf. R. Harweg, Textanfänge in geschriebener und gesprochener Sprache, in: ORBIS XVII,

tad creadora de cualquier dramaturgo no puede renunciar al dominio del imperativo inicial, lo original del comienzo calderoniano no puede hallarse en la frecuencia del imperativo, sino en la manera de usarlo.

Resumo los 5 rasgos más llamativos del imperativo calderoniano inicial que merecen ser separados y descritos más detalladamente. Una primera observación acera del contenido *semántico* de los imperativos: es relativamente raro el uso de los imperativos que expresen un requerimiento a "oir" y "decir". Sólo en 12 casos el imperativo inicial expresa un ruego o mandato para escuchar. Más adelante veremos el arte de sacar provecho del imperativo partiendo de dos medios típicamente calderonianos. Permítaseme ya dar ahora dos ejemplos de estos medios para demostrar de que manera los imperativos "prosaicos" de "decir" y de "esuchar" – aptos en *toda* clase de textos para iniciar un diálogo – pierden en el texto calderoniano ese carácter prosaico:

> Jasón: Argos, *oye*
> Argos: Soy Amor / Vigilante Argos seré, / y al mismo cielo
> daré / espanto con mi valor. / Fabricaré (...) (Comienzo de *El divino Jasón*).[21]

1968, S. 379 u. 376 ("Auslösung durch einen Befehls- oder Fragesatz").

Cf. también el resumen de las teorias lingüísticas del sicologo G. Révész (Ursprung und Vorgeschichte der Sprache) que el linguista B. Malmberg da en su libro "La lengua y el hombre" (Madrid 1966, p. 233):
"La llamada es, desde el punto de vista sicológico – aunque no lingüístico –, un estadio previo al auténtico acto de hablar. A partir de la llamada, siempre según Révész, se habrian desarrollado las formas más primitivas de lo que ya sería "lengua"; a saber, de la lengua imperativa. Pues la teoría que permite pasar del silencio a la comunicación lingüística me parece estribar en el carácter casi p r e - l i n g ü í s t i c o del imperativo, carácter puesto de relieve (contra ciertos malentendimientos) recientemente por el estructuralista É.Benveniste (Problèmes de linguistique générale, Paris 1971, p. 274–275):
"Il ne faut pas être dupe du fait que l'impératif produit un résultat, que *Venez!* fait venir effectivement celui à qui on s'adresse. Ce n'est pas ce résultat empirique qui compte. (...) Nous avons ici affaire à une modalité spécifique du discours; l'impératif n'est pas dénotatif et ne vise pas à communiquer un contenu, mais se caractérise comme pragmatique et vise à agir sur l'auditeur, à lui intimer un comportement. L'impératif n'est pas un temps verbal; il ne comporte ni marque temporelle ni référence personnelle. C'est le sémantème nu employé comme forme jussive avec une intonation spécifique. On voit donc qu'un impératif n'équivaut pas à un énoncé performatif, pour cette raison qu'il n'est ni énoncé ni performatif. Il n'est pas énoncé, puisqu'il ne sert pas à construire une proposition à verbe personnel; et il n'est pas performatif, du fait qu'il ne dénomme pas l'acte de parole à performer. Ainsi *venez!* est bien un ordre, mais linguistiquement c'est tout autre chose que dire: *J'ordonne que vous veniez.* Il n'y a énoncé performatif que contenant la mention de l'acte, savoir *j'ordonne*, tandis que l'impératif pourrait être remplacé par tout procédé produisant le même résultat, un geste, par exemple, e t n ' a v o i r p l u s d e r é a l i t é l i n g u i s t i q u e."
21 Calderón, ed. cit., III, p. 61.

Culpa: Villanos, hijos de Adán, [siguen 8 versos] (...) *oíd*
(Comienzo de *La hidalga del valle*)²².

La diferencia con un imperativo cotidiano inicial consiste en el primer ejemplo ("Argos, *oye*") en la reacción sorprendente (pero muy frecuente en Calderón) de la persona a la que se dirige el imperativo. Argos da un comentario del imperativo explicando que él es "Amor, pero que será Argos" etc. En vez de cumplir lo que se le manda (en nuestro caso *oir*), lo comenta. El segundo ejemplo es uno de los muchos casos que muestran la muy calderoniana *retardación* del imperativo. Aquí la retardación sirve para caracterizar a los personajes a quienes se dirige el imperativo y para caracterizar la relación entre el que habla y los que escuchan. La frecuente fórmula calderoniana "escucha – dí" con la que se inicia muchas veces una larga alocución con explicaciones históricas y didácticas en los autos sacramentales, no se encuentra casi nunca como comienzo de texto. El número de los imperativos con un verbo de decir al comienzo²³ es mínimo si no adoptamos la posición de unos lingüistas norteamericanos que clasifican toda pregunta como un imperativo, por exigir una contestación o pedir una respuesta.²⁴ Más frecuente que con los mandatos de "oir" y de "decir", se inicia el texto calderoniano con mandatos del campo semántico "huir", p. ej. "¡Huye Pedro!"²⁵ y "detenerse", p. ej. "Espera, sombra fría"²⁶, sin haber incluido en este grupo los comienzos con imperativos *marineros*, p. ej. "Amaina la vela"²⁷. El grupo mayor cae dentro del campo semántico "venir" (por lo general el verbo *venir*), p. ej. "Venid, mortales, venid, / venid, venid al certamen"²⁸. Los imperativos elegidos por Calderón para el comienzo, parecen por su contenido semántico más aptos para desencadenar acciones (visibles) que para iniciar diálogos (audibles).

2º rasgo. Sabemos que el teatro calderoniano es eminentemente lírico. Es el método de *retardar* el centro sintáctico de la oración, el verbo, en la cadena hablada, que permite a Calderón combinar lo lírico ya en el comienzo con la

---

²² ibid., III, p. 115.

²³ P. ej. *Cada uno para sí:* "*Di* al mozo que trate, Hernando,/ de dar un bocado presto," (ibid., II, p. 1663).

²⁴ J. Katz y P. Postal, *An Integrated Theory of Linguistic Descriptions*, The M. I. T. Press, 1965², p. 85, citado y rechazado por R. Harweg, p. 378/379. De los veinte comienzos calderonianos en preguntas, hay por lo menos cuatro que son únicamente contexto sintácticamente regido por un imperativo explícito (*La primer flor del Carmelo, Casa con dos puertas, mala es de guardar, Amar después de la muerte, La inmunidad del Sagrado*). La mayoría de las otras preguntas iniciales (alrededor de 15) empiezan con *donde* y *adonde* y ayudan así a fijar el lugar de la acción por exigir una respuesta locativa.

²⁵ Calderón, ed. cit., I, p. 281 (*Luis Pérez el Gallego*). Otros ejemplos: *Andrómeda y Perseo, El laurel de Apolo, Agradecer y no amar, El Año Santo en Madrid, Los alimentos del hombre, La púrpura de la rosa y Fieras afemina amor*.

²⁶ ibid., I, p. 71 (*La gran Cenobia*). Otros ejemplos: *El cisma de Inglaterra, La hija del aire, Amor, honor y poder, Gustos y disgustos son no más que imaginación*.

²⁷ ibid., I, p. 1724 (*El golfo de las Sirenas*), Otros ejemplos: *Argenis y Poliarco, El laberinto del Mundo, El mayor encanto, amor*.

²⁸ ibid., III, p. 776 (*El Sacro Parnaso*). Otros ejemplos: La *segunda esposa y triunfar muriendo, La vacante general, El) Año Santo en Roma, La protestación de la fe, El Sacro Parnaso, El orden de Melchisedech, Las espigas de Ruth, La estatua de Prometeo, La primer flor del Carmelo, La viña del Señor*.

necesidad de usar el, hasta cierto grado, inevitable imperativo. Además permite la retardación el incluir una presentación del que habla o del con quien se habla y permite otras informaciones, entre éstas, explicaciones históricas.

> Semiramis – En tanto que Lidoro, Rey de Lidia,
>   áspid humano de mortal envidia,
>   viendo que yo, por muerte
>   de Nino, el reino rijo, osado y fuerte,
>   opuesto a mis hazañas,
>   de Babilonia infesta las campañas:
>   Babilonia, eminente
>   ciudad, que en las cervices del Oriente
>   yo fundé, a competencia
>   de Nínive imperial, cuya eminencia
>   tanto a los cielos sube,
>   que fábrica empezando, acaba nube;
>   en tanto, pues, que ufano, altivo y loco
>   mi valor y sus muros tiene en poco;
>   porque vea su ejército supremo
>   que su venida bárbara no temo,
>   *cantad* vosotros, (...)[29]   (*La hija del aire*)

De vez en cuando se sirve Calderón del imperativo mismo para intensificar el lirismo del comienzo, agrupando varios imperativos. El caso más retórico es la *climax* de imperativos al comienzo de *La humildad coronada de las plantas*:

> Angel 1° – Arboles, plantas y flores
>   deste Universal Jardín
>   del Mundo, pues que con alma
>   vegetativa vivís.
> Angel 2° – *Sabed*, que hay entre vosotros
>   fruto tan dulce, y feliz,
>   que ha guarnecer su frente,
>   rayos de mejor Ofir.
> Música – *Venid, venid,*
>   a coronaros en la nueva Lid,
>   y formando lenguas las hojas
>   de acentos el aire, que hiere sutil,
>   para entrar al Divino Certamen,
>   *naced, brotad, creced, y vivid.*[30]

3° rasgo. El último ejemplo (*La humildad coronada de las plantas*) es un caso especial de otro proceder calderoniano en el dominio del imperativo inicial, a saber la *acumulación* de imperativos. En más de la mitad de los comienzos con im-

---

[29] ibid., I, p. 752 (El comienzo de *La hija del aire*, Segunda Partre). Otros ejemplos: Al imperativo inicial "cantad" de *El veneno y la triaca* anteceden 7 versos sintácticamente subordinados, al imperativo inicial "oye" de *El lirio y la azucena*, 16; al imperativo inicial "atiende" de *El nuevo hospicio de pobres*, más de 30. Hay muchos casos en los que una larga alocución inicial, que se compone sintácticamente de más de una oración, acaba en un imperativo, p. ej. *Sueños hay que verdad son, La inmunidad del Sagrado, Las ordenes militares.*

[30] Calderón, ed. cit., III, p. 389.

perativo, es decir mas de 70 comienzos, se da una agrupación de por lo menos dos imperativos. Puede ser una o más repeticiones del mismo imperativo (más de 20 comienzos). Muchas veces se trata en este caso del imperativo *cantad* o *venid:* encontré incluso 4 veces *venid:* "Venid, venid, peregrinos, / venid, venid, que este año (. . .)" (*El Año Santo de Roma*).[31] Frecuente es la agrupación de sinónimos parciales, como "rompe y rasga" en *El jardin de Falerina y El pastor fido*. Los comienzos más vivos son las esticomitías en las que cada personaje interviene con su imperativo, sea todos con el mismo imperativo, como en *Fortunas de Andrómeda y Perseo:*

> Riselo – *Huye*, Gilote
> Gilote –   *Huye*, Bato
> Bato – *Huye,* Ergasto
> Ergasto –   *Huye*, Riselo[32]

o sea todos con un sinónimo, caso más frecuente:

> Irene – *Dejadme* las dos
> Flora – Señora,
> *mira . . .*
> Silvia – *Oye . . .*
> Flora –   *Advierte . . .*
> Irene – ¿Que tengo
>   de *oír, advertir* y *mirar,*
>   cuando (. . .)[33]

Una secuencia de imperativos sinónimos en boca de la *misma* persona, interrumpida por su interlocutor constituye el comienzo de *La cena del rey Baltasar:*

> Daniel – *Espera*
> Pensamiento –   ¿Qué he de *esperar?*
> Daniel – *Advierte*
> Pensamiento –   ¿Qué he de *advertir?*
> Daniel – *Oye* [me]
> Pensamiento –   No quiero *oir*
> Daniel – *Mira*
> Pensamiento –   No quiero *mirar*
> Daniel – ¿Quien respondió (. . .)[34]

En oposición a la tendencia de intensificar el imperativo, encontramos muy pocas veces el imperativo inicial *suavizado.* Son casos en los que las formas verbales, por lo general consideradas como imperativos, aparecen sustituídas por otras formas verbales. Cipriano en *El mágico prodigioso* empieza a hablar, diciendo: "En la amena soledad / de aquesta apacible estancia, / bellísimo laberinto, de árboles flores y plantas, / *podéis dejarme*". El contexto lírico o la buena educación exigen

---

[31] ibid., III, p. 491.
[32] ibid., I, p. 1641.
[33] ibid., p. 645 (*Las cadenas del Demonio*). Otros ejemplos: *El purgatorio de San Patricio, La púrpura de la rosa, Llamados y escogidos.*
[34] ibid., III, p. 155.

de Cipriano un "podéis dejarme" en vez de "dejadme"[35]. La misma explicación vale para el "puedes descansar" de Doña Laura y Doña Jacinta al comienzo de *Saber del mal y del bien*[36]. En total hay unos diez imperativos iniciales, en los cuales la perífrasis de *poder* con infinitivo *(El mágico prodigioso, Para vencer amor querer vencerle, Saber del mal y del bien)*, la de *haber* con infinitivo (Con quien vengo, vengo; La vida es sueño – auto), y el futuro *(Las tres justicias en una)* deben ser considerados como imperativos. Son imperativos casi gramaticales si se tiene en cuenta la observación de E. Lorenzo, quien anota que el español de los siglos pasados, por falta de una palabra como *please, bitte, s'il vous plaît*, ha mostrado siempre una cierta resistencia al uso de las formas canónicas del imperativo, sustituyéndolas por perífrasis modales y el futuro.[37]

4º rasgo. Hemos dicho que el contenido semántico de los verbos en imperativo parece más apto para desencadenar acciones que diálogos o alocuciones. Sin embargo, los personajes continúan hablando después del imperativo. Una explicación de esto es la manía de *comentar* el imperativo escuchado, que se puede observar en más de 30 comienzos. No se trata solamente de graciosos, como en *Dar tiempo al tiempo* (Juan: *Sígueme y calla*. Chacón: Seguirte, sí haré; callar es mucho pedir)[38] o en *El maestro de danzar* o de otros criados como en *Amigo, amante y leal* o de hijos rebeldes como en el auto *Los alimentos del hombre* (Padre: *Sal* de mi casa, villano. Adamo: Tu hijo soy)[39]. Mencionamos una vez más el comienzo de *El príncipe constante*, donde los cautivos comentan el imperativo *cantad*, tres veces repetido por Zora, y el comienzo de *El divino Jasón*. Un subtipo frecuente es el comentario del imperativo por *Música*, por ejemplo por Lucero en *Las espigas de Ruth* o por Judaismo y Sinagoga en *El orden de Melchisedech*:

Música: Venid, venid al examen.
Venid los que pretendéis
ser sacerdotes, según
Orden de Melchisedech.

Judaismo: ¿Venid, venid al examen,
venid los que pretendéis?

Sinagoga: ¿Ser sacerdotes, según
Orden de Melchisedech?

Judaismo: ¿Qué nuevo pregón es este
que de lejos escuché?

Sinagoga: ¿Qué nuevo edicto, a lo lejos,
el que se publica es? ...[40]

---

35 ibid., I, p. 608.
36 ibid., I, p. 214.
37 "La expresión de ruego y de mandato en español", en: *El español de hoy, lengua en ebullición*, Madrid 1966, p. 86–87.
38 Calderón, ed. cit., II, p. 1933.
39 ibid., III, p. 1610. Otros ejemplos: *Apolo y Climene, Amigo, amante y leal, El escondido y la tapada, Mejor está que estaba, El Año Santo en Madrid* (Gracia comenta el imperativo de Pecado).
40 ibid., III, p. 1068. Otros ejemplos de este subtipo: *La protestación de la fe,* (Herejía), *El Sacro Parnaso* (Judaismo y Gentilidad), *La serpiente de metal* (Moisés), *La humildad coronada de las plantas* (Las plantas).

189

5° rasgo. La diferencia lingüística entre interjecciones y exclamaciones como el citado "Jesús mil veces" *(El médico de su honra)* y un imperativo no es muy grande.[40a] Unos 10 de los comienzos sin imperativo explícito empiezan con una interjección primaria (Ah! Oh!)[41] y otros 10 son exclamaciones más largas, como "Qué asombro – Qué confusión – Qué sobresalto – Qué pena – Qué angustia – Cielos piedad – Clemencia, Cielos, clemencia"[42]. Estos casos pueden ser interpretados como elípticos o como sustituciones de los imperativos "Ven" u "Oye" y "Mira". También hay conversaciones o alocuciones[43] sobre el acto de pedir o mandar, que expresan ruegos o mandatos que pueden ser expresados por un imperativo. Con esta observación acerca del imperativo *formalmente ausente* (caso relativamente raro en los comienzos calderonianos) y sus sustitutos semánticos, entramos en un tema literario que quisiéramos evitar, el de la exposición en el drama calderoniano.[44]

[40a] Cf. la indentificación del *vocativo* con el *imperativo* por R. Jakobson, en la nota 17a de este estudio.

[41] *El pastor fido, El nuevo hospicio de pobres, Apolo y Climene, Las ordenes militares, Amar y ser amado y Divina Filotea, El valle de la Zarzuela, El cubo de la almudena, La exaltación de la Cruz.*

[42] ibid., III, p. 1746 *(El cordero de Isaías).* Otros ejemplos: *El Santo Rey Don Fernando, El Alcalde de Zalamea, El gran teatro del mundo, El pleito matrimonial, Los dos amantes del cielo, La Sibila de Oriente, Lances de amor y fortuna.*

[43] *A secreto agravio, secreta venganza, Eco y Narciso, El socorro general.*

[44] Agradezco a mi colega Dr. Navarro Adriaensens la revisión del manuscrito.

Las formas de tratamiento en el teatro de Calderón

Por Manfred Engelbert

Aun las teorías dramáticas modernas no niegan que el teatro estriba en el diálogo. Así Peter Szondi nos afirma, en su *Teoría del drama moderno* del año 1956, que "la posibilidad del drama depende de la posibilidad del diálogo".[1] Por consiguiente las formas de tratamiento jugarán un papel importante en cualquier pieza. Para establecer la "relación interhumana" en cuya reproducción consiste, otra vez según Szondi,[2] el drama, el hombre tendrá que dirigirse a su prójimo usando una de estas formas, por lo menos en las situaciones más corrientes. Ya esta consideración muy general justificaría un estudio de las formas de tratamiento en el teatro de Calderón. Pero hay más.

Es un hecho conocido que gran número de lenguas europeas ofrecen dos posibilidades fundamentales de tratamiento, una formal y otra informal. Durante mucho tiempo las lenguas románicas tenían en común un sistema derivado del latín tardío en el cual la segunda persona del singular – *tu* – expresaba la informalidad del tratamiento y la segunda del plural – *vos* – dirigida a una persona sola, la formalidad.[3] Hoy en día este sistema se conserva en el francés. En español (como en italiano) el sistema ha cambiado. La introducción de nuevas fórmulas de cortesía causó el desarrollo, a lo largo de los siglos XVI y XVII, de una forma del tratamiento basada en el empleo de la tercera persona del verbo y de un pronombre nuevo (*usted*).

Los manuales de gramática y los artículos que se han escrito sobre este cambio no nos dan informaciones muy precisas ni acerca de sus causas ni sobre los detalles del empleo práctico de los tratamientos. Los datos más concretos y el ensayo más convincente de una clasificación detallada de sus matices psicológicos nos procura Hayward Keniston en su *Syntax of Castilian Prose* que desgraciadamente se limita al siglo XVI.[4] Además ha utilizado tan sólo obras literarias. Resumiendo sus in-

---

[1] Peter Szondi, *Theorie des modernen Dramas*, Frankfurt/Main 1956 = *edition suhrkamp* 27, p. 19. (He manejado la sexta edición de 1969, las traducciones son mías.).

[2] Ib., p. 15.

[3] Cf. Roger Brown – Albert Gilman, "The Pronouns of Power and Solidarity", en: *Style in Language*, edited by Thomas A. Sebeok, The M. I. T. Press, Massachusetts Institute of Technology, Cambridge, Massachusetts, Second Paperback Printing, January 1968, pp. 253–276.

[4] Hayward Keniston, *The Syntax of Castilian Prose, The Sixteenth Century*, Chicago 1937, pp. 42–44.

dicaciones se puede decir que *vos* sigue siendo el tratamiento formal, respetuoso aunque se pueda usar "when one person of humble station addresses another person of the same station in a mock serious fashion" (p. 44), mientras *tú* expresa la intimidad informal.

En el capítulo "Early history of 'vos'" de su *American-Spanish Syntax* Charles E. Kany hace el siguiente reparo a las observaciones de Keniston: "I think we may safely assume that such usage did not exactly reflect conversational style in daily life, which by the end of the century had become more and more divorced from literary style."[5] Corresponde esto a las observaciones de José Rufino Cuervo[6], de José Pla Cárceles[7] y Arturo Capdévila[8] los cuales basándose también en testimonios no-literarios afirman que "ya en el primer tercio del siglo XVI, *vosear* a una persona implicaba, cuando no un insulto, una íntima familiaridad o superior categoría social por parte del que hablaba."[9] Lo menos que se pueda decir es, con las conocidas palabras de Covarrubias, que *vos* "no todas vezes" era "bien recebido", y lo más que las cuchilladas las podía causar un *vos* como una mujer.[10]

Según Capdévila y Kany esta desvalorización tiene como consecuencia que el uso literario de los tratamientos ya no distingue entre *vos* y *tú*. Refiriéndose al teatro de la época Kany dice que en el siglo XVII *vos* "alternates with *tú* to the point where it is sometimes used indiscriminately in the same dialogue, sometimes denoting familiarity and again respectful consideration. This chaotic condition obtains in nearly every play of the time." Como ejemplo cita *Peribañez y el Comendador de Ocaña*.[11] Capdévila quien da algunas citas de Tirso y de Calderón llega a las mismas conclusiones: "... por los años de Lope, de Tirso y de Calderón, el *tú* que se eleva y el *vos* que rebaja se ofrecen como en un mismo plano al poeta dramático. El uno vale el otro." Ambos afirman además que el poeta dramático se sirve de *vos* o de *tú* "sin otro criterio que el de la conveniencia silábica."[12]

Los dramáticos franceses del siglo XVII tuvieron a su disposición un sistema de tratamientos "marvelously sensitive to feelings of approach and withdrawal". Esto se nos dice en un estudio reciente de los "pronouns of power and solidarity" incluido en el volumen *Style in Language* editado por Thomas A. Sebeok.[13] Las posibilidades estilísticas ofrecidas a los autores franceses por un sistema estable faltarían, pues, a los dramáticos españoles debido a un sistema en transición.

La pretendida inconsistencia del uso de los tratamientos que resultaría de este sistema naturalmente es un argumento barato para los detractores del teatro español del Siglo de Oro. Los resultados de Kany y Capdévila les comprobarán que lo que

---

[5] Charles E. Kany, *American-Spanish Syntax*, Chicago ²1951 (Fifth Impression 1967), pp. 59/60.

[6] Rufino J. Cuervo, *Apuntaciones críticas sobre el lenguaje bogotano*, Bogotá ⁷1939, § 332, pp. 221 ss.

[7] José Pla Cárceles, "La evolución del tratamiento 'vuestra-merced'", en: *RFE* X, 1923, pp. 245–280, sobre todo pp. 245–247.

[8] Arturo Capdévila, *Babel y el castellano*, Buenos Aires 1928, pp. 69 ss.

[9] Pla Cárceles, art. cit., p. 245.

[10] Cf. el artículo "vos" del *Tesoro* de Covarrubias y Capdévila, op. cit., p. 87.

[11] op. cit., p. 60; cf. Capdévila, op. cit., p. 88 y ss.

[12] Capdévila, op. cit., p. 92; cf. Kany, p. 60.

[13] art. cit. (nota 3), p. 276.

interesa a los dramáticos españoles es la rima y no el fondo, la superficie del tipo y no la profundidad del carácter.

En realidad nunca se ha estudiado el problema con la atención debida. Yo tampoco dispongo ni de tiempo ni de materiales para sacar de esta "nadería" todo lo que contiene "de historia española, política y moral".[14] Pero sí quisiera mostrar que por lo menos Calderón no ignora las posibilidades estilísticas que ofrece el uso diferenciado de los tratamientos. O dicho de otra manera: creo que, si no hay un sistema estable en la lengua corriente de su tiempo, sí lo hay en el teatro calderoniano.

Concedo desde luego que existen versos que parecen corroborar la tesis de la inconsistencia caótica. Baste citar un texto de *La vida es sueño*[15] que los participantes del coloquio de Exeter ya han examinado con Robert Pring-Mill teniendo en cuenta otros aspectos. Al comienzo de la Jornada Segunda, Clotaldo ruega a Basilio:

> ... sólo *te* pido
> (perdo*na* mi inadvertencia)
> que me dig*as* qué es *tu* intento,
> trayendo desta manera
> a Segismundo a Palacio. (1090–94)

Y Basilio le responde:

> Clotaldo, muy justa es esa
> duda que *tienes,* y quiero
> solo a *vos* satisfacerla. (1095–97)

vos ocurre otra vez en el verso 1100; pero después de haber explicado la experiencia que quiere hacer, Basilio continua:

> Agora preguntar*ás*
> que para aquesta experiencia
> ¿qué importó haberle traído
> dormido desta manera?
> Y quiero satisface*rte,*
> dándo*te* a todo respuesta. (1120–25)

Por el momento no voy a proponer una interpretación.[16] Sólo quiero indicar que la originalidad del texto no es segura, por lo menos en el verso 1097, donde Vera

---

[14] Capdévila, p. 84.

[15] Cito según la edición de Albert E. Sloman (Manchester ²1965).

[16] Durante la discusión del Coloquio de Hamburgo propuse enmendar el v. 1096 reemplazando "tienes" por "tenéis". Así el discurso de Basilio se divide, en cuanto al tratamiento, en dos partes. A la pregunta de Clotaldo la cual es, como Basilio lo reconoce muy bien, una duda, el Rey contesta como rey, protegiéndose a sí mismo con la autoridad de su estado. Pero después de haber explicado lo esencial de la "experiencia", pasa a explicar la organización de ésta, imaginando una pregunta de Clotaldo. Es decir que habla en lugar de éste, los dos no son más que uno. No hay distancia y el *tú* resulta "natural". El movimiento inverso lo hallamos en la Jornada Primera: Basilio comienza hablando como padre y termina mandando como rey; y pasa del *tuteo* al *voseo* (v. 880). – No parece improbable que la lectura de VS (= P₃) y de Vera Tassis sea una enmienda contraria a la mía, pero no teniendo en cuenta el v. 1100 [Hartzenbusch parece más consecuente: en vez de "(vos lo sabéis) . . ." su texto reza "(bien lo sabes) . . ."; cf. *BAE* 8, p. 6c]. No creo que se trate de una corrección del mismo Calderón. Cf. la introducción de Sloman, ed. cit., pp. XXXV/XXXVI.

Tassis y otro texto impreso del siglo XVII leen "solo a ti" (en vez de "solo a vos"), lo que naturalmente no resuelve la dificultad del v. 1100. Pero sí muestra cuán lejos estamos de tener una base textual indudable y cuán arriesgados y provisionales van a ser nuestros intentos de explicación.[17]

No se puede dudar que Calderón tenía alguna conciencia de los valores y matices actuales de los tratamientos porque hay versos que aluden a ellos. El más revelador es probablemente el verso conocido de *El gran teatro del mundo* en el cual el Labrador declara que es él "por quien el *él*, el *vos* y el *tú* se dijo" (*CC* 69, v. 1342).[18] Resulta de este verso que todos los tratamientos pronominales son susceptibles de expresar un matiz peyorativo, lo que parece corresponder al estado de la lengua hablada y a la introducción de *usted* vinculada con él.

Pero no por eso deja Calderón de emplear *vos* y *tú*. La formula "vuestra merced" y sus derivados populares (*vuesarced, vuste, usarced, usté*) aparecen muy pocas veces y los mencionados derivados todavía son exclusivamente populares y nada más – es decir que tan sólo los graciosos, los criados etc. los emplean.[19]

Otra fórmula más frecuente es "vuestra alteza" o "tu alteza" combinada con la tercera persona del singular. Siempre va dirigida a un príncipe o un rey. Así en *El médico de su honra*, Doña Mencía emplea la expresión mencionada cuando se dirige al Infante Don Enrique.[20] En la conversación que sigue aparece *vos*.[21] El Infante, por el contrario, casi siempre trata de *tú* a Mencía. Esto se nota ya en el primer encuentro de los dos después de la caída del caballo que inicia la pieza (OC I B, 319 a), donde Enrique reemplaza su *tuteo* del comienzo por el *voseo* al constatar que Mencía habla "muy de señora". Pero el ejemplo más impresionante lo hallamos al principio de la Jornada Segunda. Como sabe que Gutierre está preso, Enrique viene a ver a Mencía (OC I B, 328 b):

> D. Enrique.
> ....
> ¡Hermosísima Mencía!
> Da. Mencía. – *Despierta*
> ¡Válgame Dios!
> D. Enr. –   No te asustes.
> Da. Men. – ¿Qué es esto?
> D. Enr. –   Un atrevimiento,

---

[17] He examinado treinta piezas (20 comedias y 10 autos) basándome en las ediciones de Valbuena Briones (*Obras completas*, tomo I, Madrid 1966 [citado como OC I B] y tomo II, Madrid ²1960 [= OC II]) y Valbuena Prat (*Obras completas*, tomo III, Madrid 1952). En caso de duda en cuanto a la calidad del texto he consultado otras ediciones. Por ejemplo hay una inconsistencia en OC I B, p. 326a, al final de la Jornada Primera de *El médico de su honra*: "tuviste" no cuadra con el *voseo* del contexto; la edición de C. A. Jones (Oxford 1961) tiene "tuvisteis" (v. 876).

[18] Compárese un pasaje de *La desdicha de la voz*, OC II, p. 935b. Véase también el comentario de William E. Wilson en "Some Forms of Derogatory Address During the Golden Age" (*Hispania* XXXII, 1949, pp. 297–299, aquí p. 299).

[19] Cf. OC II, p. 239b ("vuesarced"); ib., p. 255a ("usted"); ib., p. 1523a ("ucé"); OC I, p. 693a ("uced"); ib., p. 613b ("vuesa merced", "usarced").

[20] OC I, p. 319a, 329a, 337b.

[21] OC I, p. 319b.

a quien es bien que disculpen
tantos años de esperanza.
Da. Men. – ¿Pues, señor, vos . . .?
D. Enr. –   No te turbes.
Da. Men. – De esta suerte . . .
D. Enr. –   No te alteres.
Da. Men. – . . . entrasteis . . .
D. Enr. –   No te disgustes,
Da. Men. – . . . en mi casa, sin temer
que así a una mujer destruye,
y que así ofende a un vasallo
tan generoso e ilustre?

Es evidente que aquí sí hay una diferencia muy clara entre el *tuteo* y el *voseo*
(este último combinado dos veces con la tercera persona del singular), diferencia
con la cual cuenta Calderón para sacar de ella un efecto digno, me parece, de las
alabanzas que se prodigan al hablar de Shakespeare o Racine. Enrique todavía
no puede comprender que el amor que unía a Mencía y a él ya es un amor
imposible. Quiere mantener la intimidad de las relaciones pasadas. Mencía, por otro
lado, sabe que "es quien es", y hace todo lo que puede para vencerse a sí misma
(OC I B, 318/319). Resume sus emociones diciendo

tuve amor, tengo honor   (ib., 323 a).

En conclusión podemos afirmar que, por lo menos en este ejemplo, *vos* sigue
siendo la expresión de un tratamiento formal, "a distancia", mientras *tú* expresa
el carácter inmediato, íntimo de las relaciones que existen o que se buscan.
Esta tendencia general que se puede abstraer del pasaje citado la podemos comprobar considerando otros ejemplos. Los he elegido con la intención de ilustrar
cuáles son las formas de tratamiento que se usan entre personajes unidos por ciertas
relaciones constantes. Son éstas las relaciones entre mujer y marido, padre e hijos,
señor y criado, rey y vasallo y entre señores iguales.
Normalmente mujer y marido se tutean en el teatro de Calderón. Vale esto tanto
para Mencía y Gutierre como para Serafina y Juan Roca de *El pintor de su deshonra*. Pero en *El médico* ocurren algunos cambios. Cuando Mencía y Gutierre se encuentran solos por primera vez, Gutierre se despide cariñosamente de su mujer. Esta
en cambio afecta tener celos y cuando Gutierre trata de justificarse en un discurso
lleno de metáforas, su mujer exclama:

¡Que lisonjero os escucho!
Muy parabólico estáis.   (OC I B, 323 a)

Inmediatamente también Gutierre pasa del *tú* al *vos*. La frialdad de Mencía cifrada
en el tratamiento – frialdad que resulta de la entrevista con Enrique porque ésta le
trajo a la memoria la arbitrariedad de su padre al casarla con Gutierre[22] – se ex-

---

[22] Nótese el efecto del "presente histórico" en el pasaje mencionado: "Nací en Sevilla, y en
ella/ me vio Enrique, festejó/ mis desdenes, celebró/ mi nombre . . . ¡felice estrella!;/ fuese, y mi
padre atropella/ la libertad que hubo en mí;" (OC I, p. 323a).

tiende inmediatamente a Gutierre. Ya comienza a hablar de "engaño", aunque, mediante un concepto, niega su posibilidad ("¿Puede en los dos/ haber engaño, si en vos/ quedo yo, y vos vais en mí?" – OC I B, 323 a). Ya comienza el alejamiento espiritual de los esposos que terminará en la catástrofe del homicidio. El empleo del tratamiento hace resaltar a la vez esta alienación y la sensibilidad de Gutierre.

Tan intencionados como el cambio descrito me parecen ser los cuatro restantes.[23] Pero tengo que dejarlos por ahora para pasar a otra pieza. En efecto no quiero dejar de mencionar *Las tres justicias en una*. Sabido es que una de las causas del desenlace trágico de este drama es el matrimonio infeliz – por desigualdad – de Don Lope de Urrea y Doña Blanca Soldevila. Pues bien: siendo ellos en gran parte responsables de la mala suerte de su hijo y "motores" de la acción, en toda la pieza no se hablan sino dos veces: la primera Don Lope se dirige a su mujer tuteándola. Le da una noticia sobre el huésped que van a tener y lo que dice sabe a imperativo. Blanca no tiene que replicar:

> . . . Tú, Blanca,
> sabrás que el señor Don Mendo,
> nuestro huésped (que esta es una
> de las dichas), es del reino
> Justicia mayor . . .   (OC I B, 685 a)

La segunda vez Blanca se dirige a su marido suplicándole que intervenga para detener a su hijo que está a punto de hacer una locura. Y le trata de *vos* (OC I B, 696 b): no se atiene al amor de su marido sino a la autoridad del padre.

Conque pasemos a considerar las relaciones entre padre e hijos.[24] Normalmente éstos también se tratan de *tú*. Cito como ejemplos a Basilio y Segismundo, Don Lope padre y Don Lope hijo de *Las tres justicias en una*, a Pedro y Juan Crespo, a Don Luis y Dorotea de *La niña de Gómez Arias* y Don Luis y Porcia del *Pintor de su deshonra*.

Pero otra vez nos hallamos frente a algunas excepciones. Así al reprender a su hijo en la escena ya citada de *Las tres justicias*, Don Lope padre pasa del *tú* al *vos*, considerando los hechos de su hijo desde la distancia de la autoridad paternal:

> Y por cosas tan livianas,
> ¿vos no os reportáis delante
> de Violante?   (OC I B, 696 b)

Todavía más revelador es el comportamiento de Pedro Crespo. Todo el cariño que el futuro alcalde de Zalamea tiene para con su hijo Juan se nos muestra ya en las primeras palabras con las cuales alude a él. Al ver a Juan dice aparte: "Mas Juanico viene aquí" (OC I B, 544 b). Hemos tratado en otro lugar de los valores

---

[23] Cf. pp. 330a, 332a, 337a/b y 338a.
[24] Hay muy pocas madres en el teatro de Calderón. Pero Liríope y Narciso (en *Eco y Narciso*) se tratan de *tú*.

estilísticos de los diminutivos calderonianos.[25] Baste decir que el sufijo _–ico_ es por varias razones el diminutivo que despierta la mayor atención y que es apto para subrayar un amor cariñoso. En el diálogo que sigue Crespo se muestra como hombre de firmes opiniones – siendo una de ellas la de tolerar las de otros y sobre todo las de su hijo (OC I B, 545 a). En este respecto es el contrario exacto de Don Lope padre.

Sobre este fondo el pasar al _voseo_ en una de las escenas siguientes resulta sobremanera sorprendente. El capitán don Alvaro ha logrado introducirse en el cuarto de Isabel gracias a la trampa preparada con Rebolledo. Crespo y su hijo la reconocen desde luego. Pero mientras el viejo logra dominarse – porque sabe que no habrá medio para probar la culpa del capitán –, el joven acusa abiertamente a don Alvaro. En este momento su padre le interrumpe:

> ¿Quién os mete en eso a vos,
> rapaz? ¿Qué disgusto ha habido?
> Si el Soldado le enojó,
> ¿no había de ir tras él? Mi hija
> estima mucho el favor
> del haberle perdonado
> y el de su respeto yo.   (OC I B, 548 b)

Y cuando su hijo porfía exclama más que pregunta:

> Pues, ¿cómo habláis vos
> así?   (ib.)

Para evitar el escándalo Crespo pone toda la autoridad que tiene en sus palabras. Su hijo debe aprender de refrenar sus pasiones, aunque sean justas las razones que le emocionan.

El mismo afán educativo combinado con el fin de proteger a su hijo aparece dos veces más, y las dos veces Crespo pasa del _tú_ al _vos:_ la primera no deja salir a Juan para reñir con los músicos importunos (OC I B, 553/554), la segunda tiene preso a su hijo como a don Alvaro – el _voseo_ es expresión de su autoridad de alcalde, de un alcalde además que trata de ser justo. Inmediatamente después, explicándole a Juan su comportamiento de alcalde, le trata de _tú_ (OC I B, 567 a).

El uso de los tratamientos entre señor y criado parece que se regla por una pauta muy parecida. En los casos en que el criado es un _alter ego_ del señor, los dos se tratan de _tú_, como por ejemplo Cosme y Don Manuel en _La dama duende_, Ginés y Gómez en _La niña de Gómez Arias_, Vicente y Lope hijo en _Las tres justicias en una_. La base de sus relaciones es la confianza de parte del señor y la identificación – sin olvidar, por supuesto, el interés propio – con los intereses del señor de parte del criado. Los ejemplos siguientes servirán a ilustrar estas aserciones.

Así en la comedia _La desdicha de la voz_ Beatriz tiene que trabajar como criada

---

[25] "Zur Sprache Calderóns: Das Diminutiv", en: _Romanistisches Jahrbuch_ XX, 1969, pp. 290 a 303.

en casa de Leonor. Al encontrarse por primera vez con Leonor, ésta trata a Beatriz empleando la tercera persona junto con la palabra "amiga" (OC II, 935 b), tratamiento que no le gusta del todo a Beatriz. Algo después, Leonor necesita a la nueva criada para poner en salvo a su amado. Dice entonces, pasando al *tú*:

> La confianza que tengo
> de tus buenas partes me hace
> fiar de ti el día primero
> que te conozco.   (OC II, 939 a)[26]

Por el contrario, al final de *La niña de Gómez Arias* el gracioso Ginés que había servido de criado a Gómez hasta venderle éste a los Moros, quiere subrayar delante de la Reina la distancia entre él y su amo de hace poco, y así confirma la sentencia de la Reina diciendo:

> Juro a Dios que habéis de ir
> a ahorcar, pues habéis sido
> Judas de amor, que besáis
> y vendéis.   (OC I B, 826 b)

Parecidas a las relaciones entre señor y criado son las entre rey y vasallo. Reinando la confianza, los dos se tratan de *tú*. Pero el desvanecimiento de ésta causa el cambio del tratamiento. Un ejemplo típico se puede ver en las relaciones entre Nino, rey de Siria, y su general y secretario Menón en *La hija del aire*. Al comienzo de la primera parte Nino afirma que prácticamente todo lo debe a Menón (OC I B, 718 a) y naturalmente los dos se tutean. Pero la pasión de ambos por Semiramis destruye la base de la confianza, y de repente surge el *vos*: Nino ha exigido de Menón, que olvide a Semiramis. Algo después, al comienzo de la Jornada Tercera, Menón, como secretario del rey, le trae una carta de un gobernador. Sigue entonces este diálogo:

> Nino: ...
>   El olvido que os propongo
>   quiero saber en qué estado
>   está.
> Menón: En el que estaba propio.
> Nino: ¿Qué es?
> Men.:   Que haré cuanto pudiere;
>   mas juzgo que podré poco.
> Nino: Pues habéis de poder mucho.
>   Dad la carta a Arsidas: todos
>   los despachos por su mano
>   lleguen a mí; que ya él solo
>   me acierta a servir.   (OC I B, 740 a)

Hasta ahora solamente hemos visto casos en los cuales el tratamiento normal es *tú*.[27] Pues bien, entre iguales que no son de la misma familia, el tratamiento más co-

---

[26] Obsérvense también los tratamientos que acompañan el desarrollo de la "amistad" entre Don Alvaro y Rebolledo en las primeras escenas de *El alcalde de Zalamea*.

[27] Es también el tratamiento normal entre criados o entre criados y criadas, por lo menos cuando no son casados. Los graciosos, cuando casados, parece que se vosean. En efecto siempre se trata

mún es *vos*. No importa que sean amigos o no. Siempre se mantiene una distancia respetuosa. Se tratan de *vos* los amigos Don Manuel y Don Juan en *La dama duende*, los amigos que acaban en ser enemigos Don Lope hijo y Don Guillén de *Las tres justicias en una* así que los enemigos Eusebio y Lisardo de *La devoción de la Cruz*.

Pero otra vez ocurren algunos cambios, a mi modo de ver significativos. Don Lope hijo y Don Guillén se tratan de *vos* aun después de notar que quieren a la misma mujer. Preparan un duelo, pero Don Lope padre quiere retenerlos. Don Guillén se deja convencer de que no es decorosa una riña pública. Entonces Don Lope hijo exclama:

> Eso es querer disfrazar
> el temor que me has tenido.   (OC I B, 697 a)

Esta sospecha de cobardía que efectivamente equivale a un insulto parece que no se puede dirigir al adversario usando el tratamiento formal. La pérdida de distancia corresponde a una pérdida de respeto.[28]

Sin embargo este matiz despectivo no es el único que el cambio descrito trae consigo. Como el *tú* se dirige directamente al interlocutor, sin tener en cuenta ni posición social ni convenciones de cortesía o de respeto, conserva naturalmente la posibilidad de caracterizar relaciones de intimidad. Así el herido a muerte bien puede rogar a su enemigo que se le permita la confesión, pasando del *vos* al *tú*. Así efectivamente ocurre en *La devoción de la Cruz* (OC I B, 395 a). Ante la muerte y ante la cruz las convenciones sociales y los problemas personales ya no cuentan.

Antes de terminar tenemos que ocuparnos de un caso particular del tratamiento: el apóstrofe de una persona ausente, de una cosa o de una idea. Casi siempre el apóstrofe se hace por la segunda persona del singular (tú, Fortuna; tú, Amor; tú, Granada; tú, Crotaldo etc.).[29] Eso parece normal si se tiene en cuenta que lo apostrofado siempre guarda una estrecha relación con los más íntimos pensamientos de un personaje. Pero aun en el caso del apóstrofe hay excepciones. Eusebio vosea la Cruz (OC I B, 416 b), Gutierre el honor (OC I B, 334/335), Segismundo la torre que es su prisión (ib., 521 b) y Semíramis, al rebelarse contra Menón y dando paso a la ambición que va a destruirla, dice:

> Ya,
> grande pensamiento mío,
> que estamos solos los dos
> hablemos claro yo y vos
> pues solo de vos confío.   (OC I B, 727 a)

Lo que se apostrofa es, en cada uno de estos pasajes, algo estrechamente ligado a los personajes que hablan. Es algo que en cierto sentido los define, algo que por un lado

---

de matrimonios malogrados (Chato y Sirene de *La hija del aire*, Perote y Gileta de *La señora y la criada*).

[28] Cf. el comentario de Covarrubias (*Tesoro*, s. v. "tú"): "De los que se han tratado descompuestamente, y esto de ordinario entre mugeres, dezimos que han venido a tú por tú."

[29] Cf. OC I, p 794a; ib., p. 792a; ib., p. 822b; OC II, p. 866a.

es inseparable de ellos. Pero por otro lado también es algo que los trasciende. Lo apostrofado es como la cifra de su destino, de un destino personal impuesto en última instancia por fuerzas exteriores a ellos. Me parece muy acertado que los personajes citados se dirigen a esta cifra de su destino empleando un tratamiento que normalmente es signo de distancia, de respeto. En la contradicción que existe entre el empleo del apóstrofe como expresión de un pensamiento íntimo y el empleo de un tratamiento formal se capta – ¿porqué no diríamos "marvelously"? – todas las posibilidades de conflicto a las cuales está expuesto un Gutierre, una Semiramis.

Resumo diciendo que no estoy conforme con los que afirman que los dramáticos españoles del Siglo de Oro empleaban *tú* y *vos* sin diferenciarlos, pasando del uno al otro tan sólo por comodidad cuando les faltaba una rima o una sílaba. Por lo menos hay lugares en Calderón, y muchísimos, donde los efectos estilísticos basados en la diferencia entre un tratamiento formal, "a distancia" y otro informal, de carácter inmediato, son evidentes. Parece, pues, que Calderón sigue manteniendo el uso literario del siglo XVI descrito por Keniston, uso que le ofrece un medio más de enriquecer su expresión dramática.

Nota de corrección:
A la literatura sobre las formas de tratamiento (cf. pp. 191/192 del presente artículo) hay que añadir ahora el artículo "Personas gramaticales y tratamientos en español" (*Revista de la Universidad de Madrid*, vol. XIX, núm. 74, tomo IV, pp. 141–167) de Rafael Lapesa. Sobre *vos* en Calderón véase la p. 151: "En las comedias urbanas de Calderón y su escuela damas y caballeros siguen tratandose de *vos*." Constata, pues, lo mismo que nosotros para una relación que no hemos tenido en cuenta en lo que precede (véase p. 195).

La sintaxis pronominal y la forma dramática en las obras de Calderón

Por Hans Flasche

A mi amigo
Luis María de Iturribarria,
que, llevado de noble entusiasmo y exquisita y fina sensibilidad, mostró sus relevantes condiciones de colaborador fiel en mis clases sobre Calderón, durante los años de 1953–1963.

Hay una relación entre la sintaxis pronominal y la forma dramática en las obras de Calderón, que no ha sido estudiada aún científicamente. Para realizar la labor investigadora, a este respecto, hay que tener en cuenta la magnitud múltiple y diversa de la obra calderoniana. Hemos estudiado aquí concienzudamente el uso del pronombre demostrativo en casi cada caso particular, y de un modo muy especial, en pasajes originales y característicos del célebre auto *La vida es sueño*. Claro es, que dicho estudio va orientado a investigar, lo más exactamente posible, el entrelazamiento del pronombre demostrativo, que precisamente se realiza en dicho texto. Nos sirve de base y fundamento de lo que vamos a exponer la edición del año 1677. La primera meta que pretendemos alcanzar es la realización de un análisis, en el que se considere el texto en conjunto, o sea, como unidad cerrada, y en el que se le preste al contenido la atención que merece. Teniendo en cuenta el texto calderoniano de que hablamos, resulta una tarea especial la comparación que se haga con el pronombre demostrativo en la comedia homónima, que nos llevaría seguramente a muy valiosos resultados.

Hace años insistí en la necesidad de que se hiciera un estudio científico sobre este particular, que hoy ocupa nuestra atención. No vuelvo sobre el tema por esta razón, sino porque, como ya lo enseñaba, hace 40 años, la Escuela de Praga, nunca deberá mezclarse indistintamente el lenguaje poético con el vulgar y corriente, en un estudio de crítica literaria. Siempre queda en pie el hecho de que la semántica de las palabras, oraciones y unidades de la composición no se halla, en cierta extensión, elaborada, y esto ocurre muy especialmente en el español. Nuestro estudio tiene lugar, por lo tanto, dentro del marco de una consideración literario-semántica, en la que se tienen en cuenta, ante todo, las connotaciones que se adjuntan o adhieren a los pronombres demostrativos, considerándose éstas, en cada caso, como un suplemento o añadidura individual del autor, sin que naturalmente se deje de prestar atención al significado semántico como núcleo central. Es decir, que la atención recaerá sobre la organización del significado y del significante. En esta relación, puede citarse también la tesis mantenida por Jean Cohen, en su libro *Structure du langage poétique*,[1] de que, en un texto poético, los pronombres demostrativos designan sin designar, pero que ellos, sin embargo, en el interior de una situación, por decirlo así, representan un índice. Teniendo en cuenta lo anteriormente expuesto, en Calderón será necesario, en vista de la carencia de un estudio extenso y abarcador del uso de los pronombres, presentar primeramente un cierto número de hipótesis razonables, para luego proceder a su argumentación científica.

Para darse una idea del uso de los pronombres demostrativos en el español y para conocer la posibilidad de una incorporación en la totalidad de los pareceres hasta ahora estudiados, reconoiendo tal vez, en nuestras hipótesis, una desviación de las mismas, tendremos que dar una somera visión sobre el uso que se hace de los demostrativos en el idioma español especialmente. Como ya se sabe, el célebre indólogo Jacob Wackernagel ha diferenciado, en su Gramática del Indú antiguo, la YO-deixis, la ESE-deixis, o sea la DEIXIS-LEJANA, así como también la EL-deixis, o sea la indicación indiferente. Según su opinión se añade una significación indefinida a la significación "demostrativa", o sea el oyente puede pensar en una idea cualquiera a voluntad. El latín, como se sabe, posee la YO-deixis – *HIC*, la TU-*deixis* – *ISTE*, la ESE-deixis – *ILLE*, y finalmente la EL-deixis – *IS*. Respecto al español se ha pretendido, en los últimos tiempos, perfeccionar la tripartita división, desde muy antiguo conocida, mediante los demostrativos *ESTE, ESE, AQUEL*, queriéndose formar así un sistema. Los estudios más conocidos sobre este particular son los de Mauricio Molho[2] y de Vidal Lamiquiz.[3]

Al analizar los textos escogidos de Calderón, podrá verse que estos esquemas pueden aplicarse muy bien como instrumentos auxiliares, pero nunca como elementos viables e idóneos para el logro de la labor que nos hemos propuesto. A este propósito quisiéramos citar aquí un trabajo que apareció precisamente el mismo año en el que Molho publicó el suyo. Una joven romanista de Francfort que había dirigido precisamente su atención a los problemas anafóricos nos ha presentado de nuevo el antiguo y sencillo sistema.[4] La división tradicional latina fué transpuesta o aplicada a la lengua inglesa por el lingüista americano H. A. Gleason[5] y nos sirve hoy para nuestro estudio por haber ampliado nuestros conocimientos por el criterio de la visibilidad.

Después de esta mención de los estudios modernos sobre los pronombres demostrativos y antes de que realicemos el análisis de los pasajes escogidos del texto calderoniano, vamos a dirigir nuestra atención al desarrollo de las consideraciones

---

[1] Paris 1966, p. 159.
[2] "Remarques sur le système des mots démonstratifs, en espagnol et en français", en: *Linguistique et langage* 1969, pp. 103–137.
[3] "El demostrativo en español y en francés. Estudio comparativo y estructuración", en: *RFE*, L, 1967, pp. 163–202.
[4] Birgit Scharlau, *Eine Darstellung der Anaphorik im Spanischen*, Diss., Frankfurt/M 1969.
[5] Cf. *An Introduction to Descriptive Linguistics*. 1970

gramaticales en las diferentes divisiones que aparecen entre Calderón y el tiempo moderno. Gonzalo Correas define, en su libro *Arte de la Lengua Española-Castellana*, 1626, *ESTE* como cerca de mí, *ESE* como cerca de tí y *AQUEL* como apartado de mí y de tí. Esta delimitación exacta, que conocemos ya por la *Gramática* de la Academia Española, nos llama la atención no solamente por las divergencias o desviaciones que se observan en los textos literarios, sino porque ya desde la época del latín tardío – basta pensar en la lengua de los autores cristianos – se observaban numerosas interferencias. También entre los gramáticos portugueses de aquella época no aparecen las equivalencias con el latín de ningún modo con ultima claridad y pone, por ejemplo, Amaro de Roboredo en su *Método Gramatical para todas as Linguas* como equivalente de *ESSE ISPE* y también *IS*. La equivalencia que hallamos en el antiguo español de demostrativos y artículos, por ejemplo en Berceo, es aceptada por Cornelius a Lapide en su comentario a Mateo III, 17. El *Diccionario de Autoridades* fija en 1726 el demostrativo *AQUEL* como correspondiente o equivalente del *ille* latino, refiriéndose al pronombre de la tercera persona (y también de la primera). El que cree encontrar aquí la ya mencionada y hoy tradicional división de la Academia cae en una inevitable confusión, pues en la misma obra del año 1732 se declara al demostrativo, *este*, como "pronombre demonstrativo de lo que está o se tiene presente" y *ese* como "pronombre demonstrativo de la persona o cosa que se significa como que está presente". Aquí tenemos que evitarnos el trabajo de penetrar a fondo en el estudio de las líneas de relación tan interesantes, que trazan los gramáticos portugueses de los siglos XVIII y XIX.

Vamos ahora a dirigir nuestra atención a los textos calderonianos. Creemos oportuno aclarar antes algunas perspectivas que pueden servirnos para considerar con más precisión algunos pasajes escogidos e interesantes, pero a veces de muy difícil interpretación. Hay que tener aquí muy presente no solamente el contexto lingüístico, sino también el no lingüístico. Las dificultades se acumulan por desconocerse, hoy en día, con exactitud cuál era la entonación que daban los actores teatrales a los versos que recitaban en su papel, ni tampoco podemos hacernos un juicio cabal de la labor selectiva del dramaturgo en los demostrativos, para poder medir preceptivamente los versos. De todas formas vamos a procurar tener en consideración en nuestro estudio la situación y la estructura comunicativa, la sintaxis del discurso, la oración como unidad lingüística, la relación entre las unidades lingüísticas, que pueden aparecer en el mismo texto. Tenemos que anticipar aquí la extrañeza que causará la unión de los demostrativos con determinados tiempos, entre los que predomina el presente en alto grado, todo lo cual exige una gran atención. Una tabla estadística, elaborada a este propósito, nos llevaría al resultado de que el grupo demostrativo *este*, frente al grupo demostrativo *ese* y *aquel*, es el que aparece más frecuentemente. También ante esto, uno se siente inclinado a aceptar que el demostrativo *este* significa proximidad y, por lo tanto, un conocimiento de lo que se indica más preciso y exacto.

Vamos a presentar seguidamente un ejemplo del uso del demostrativo *este*. Al comienzo del texto calderoniano habla El Agua diciendo lo siguiente (vv. 5–8):

"Este lazo de los cuatro, / nunca hasta aquí dividido, / no ha de romperse si yo / no reino." Es curioso, a este respecto, primeramente no solamente el uso del demostrativo *este*, sino también el hecho de que El Agua y El Aire hayan hablado antes de La Corona y de El Laurel. La relación de las personas hablantes, con el mismo objeto de que se habla, se ve en cada caso de un modo diferente, y uno puede recordar que, como se ha mencionado ya antes, el artículo determinado ha sido aplicado como pronombre demostrativo. En esta primera aplicación en *La vida es sueño* de *este* delante de un substantivo carente de adjetivo designa *este* naturalmente el objeto ubicado junto a la persona hablante y del cual se habla. En esta descripción precisa del "lazo" iniciada con *este* se incluye también la participación de los otros interlocutores, como indica ya "los cuatro" en lugar de nosotros. Se inclina uno ya, en este lugar o pasaje, a decir que resulta necesario desviarse un paso de la afirmación de que la posición de la persona yo sea expresada de modo fundamental con el demostrativo *este*.

Después de esta aclaración sobre el primer uso que se ha hecho de un demostrativo en el texto de que hablamos, nos parece conveniente escoger solamente una serie de ejemplos especiales que, porque no corresponden muchas veces a las ideas tradicionales, podrían ser la base de una documentación demostrativa. En el diálogo entre La Sabiduría y El Poder, la primera persona alegórica dice las palabras evocadoras de un pasaje del Viejo Testamento (vv. 326–330): "...no hay / en todo ese azul zafiro, / de quien el sol es registro, / ninguno que por su nombre / no llame adverso o propicio ...". (Cf. Baruch 3, 34–35) Sin que se tenga en consideración tan solamente una aclaración del empleo del demostrativo en este texto, se ofrece una posibilidad de explicación del demostrativo "ese" como palabra dirigida a la persona con quien se habla. De esta manera se implicaría, al mismo tiempo, una cierta disociación de la persona hablante. Pero esto nos parece improbable, si se tiene en cuenta que El Poder representa una de las Personas de la Trinidad. Naturalmente se podría argumentar contra un tal reparo diciendo que esa Persona de la Trinidad aparece aquí como una figura dramática. El "todo", que precede al demostrativo "ese" y que sólo aparece en este texto cuatro veces, precediendo a pronombres demostrativos, podría posiblemente servir aquí para acentuar la indeterminada lejanía (azul zafiro).

En el mismo discurso oracional, un pasaje que sigue poco después (comp. vv. 339 –341) nos ofrece a este respecto una nueva perspectiva. La misma Persona de la Trinidad dice: "...habiendo con mi presencia / en este dorado libro / de once hojas de cristal / previsto al hombre..." Es decir que aquí, si no nos engaña la temprana impresión del año 1677, en contra de la indicación hacia el Cielo Azul, que hace la misma Persona, la totalidad de las once esferas se caracteriza como un libro dorado, actualizado espacialmente, que pertenece al yo que habla, como se desprende ya de la palabra "presencia".

El intérprete del texto se encuentra enfrentado siempre de nuevo con problemas semánticos y sintácticos, precisamente en estos diálogos trinitarios, aparte de su profundo contenido. En el discurso de La Sabiduría se dice: "todo ese azul zafiro"; El Amor, sin embargo, dice a El Poder (v. 380): "Si todo este suntuoso / aparato, en

quien admiro / en el Fuego lo brillante, / en el Aire lo lúcido, / en el Mar lo prodigioso, / como en la Tierra lo rico, / para el hombre lo criaste . . ." Primeramente
dejemos a un lado el hecho (como también Molho ha observado) de que *ese* y *este*
pueden usarse promiscuados. Entonces, en un análisis que considere las relaciones
semánticas del texto, el uso del demostrativo que se halla en este lugar, aparecerá
como razonable y comprensible, porque se refiere a lo lejano y lo cercano, al hablante y a la persona pasiva que escucha y porque, al mismo tiempo, también se
designa mediante el "lo" cuádruple la Magnificencia: "este suntuoso aparato". (Sea
dicho de paso que un análisis comprensivo de todas las relaciones semánticas en
cuestión tendría que investigar el uso de los demostrativos delante de las oraciones
de relativo [cf. este . . . aparato . . . en quien] y de otra índole. En nuestro texto
habría que tener en cuenta unos 25 lugares: 13 con *este,* 7 con *aquel* y 5 con *ese*).

Un ejemplo muy impresionante de la función de los demostrativos respecto a la
cercanía o lejanía de lo que ya se ha expuesto, nos lo ofrece el principio del discurso
de El Poder (v. 415 y ss.): "Aquello (vuelvo al discurso) / la Sabiduría me dijo, /
y esto me dijo el Amor, / . . ." "Aquello" se refiere a lo que dijo el interlocutor
anterior al inmediatamente anterior, es decir a algo alejado en el pasado. Se indican
con "esto", sin embargo, las palabras dichas por la persona que habla inmediatamente antes, a saber Amor.

Una combinación interesante de esferas diferentes se encuentra en el siguiente
pasaje del discurso, considerado en momento presente (vv. 427–432). ". . . a sacar
me determino" – sigue diciendo El Poder – "de la prisión del no ser, / a ser este
oculto hijo, / que ya de mi mente ideado / y de la tierra nacido, / ha de ser príncipe vuestro." Este demostrativo delante del adjetivo más el substantivo se refiere
tanto al hijo descrito en dicho momento por El Amor (compárese "esto me dijo el
Amor") como también al hombre concebido por el Poder (o sea el hablante), a
saber al hombre formado de La Tierra y con ello aún más exactamente definido
(cf. vv. 425/26: / ". . . siempre inclino / más el Poder al Amor /").

Una unión que tampoco se ajusta con el sistema ya tan conocido aparece allí
donde los cuatro elementos ofrecen sus servicios al Poder Divino (vv. 461–469): La
Tierra ofrece, hablando de sí misma: "este polvo", El Agua: "ese limo" (haciendo
un regalo a su interlocutor diferenciando así, al mismo tiempo, lingüísticamente).
El Aire dice: "te daré el vital suspiro", El Fuego: "Y yo, aquel fuego nativo, / que
con natural calor / siempre le conserve vivo". Llama aquí la atención el hecho de
que se ponga en boca de la persona, que a sí misma se designa, el demostrativo
"aquel", en contra de lo que se ha dicho hasta ahora. Como nos hemos propuesto
desde el principio, para agotar todas las posibilidades en la labor investigadora,
vamos a tener en cuenta no solamente el contexto lingüístico, sino también el no
lingüístico. Si uno, en esta situación, se imagina la figura de El Fuego como una persona y si se piensa incluso que podría el fuego indicado por la mano hallarse situa-
do en un lugar apartado del escenario, entonces quedaría bien justificado – bajo
una perspectiva espacial – el uso del demostrativo "aquel". Vamos a intentar, sin
embargo, sin tener en consideración un contexto hipotético no lingüístico, llegar a
una aclaración satisfactoria. Las palabras preliminares del discurso "Y yo", que

podrían interpretarse como "Pero yo" o como "Por fin yo" y por lo tanto como situadas en contraposición a "este polvo" y "ese limo" o (mejor dicho) como destacadas respecto al texto anterior, justifican el tercer demostrativo "aquel" (este – ese – aquel). Aquí se superpone la sintaxis a la semántica. Parece inteligible, sin embargo, también la interpretación de que en la exclamación que hace El Fuego ("aquel fuego nativo") se ve un querer distanciarse de sí mismo, para poder acentuar así aún más lo que se dice. Se trataría, por lo tanto, de un énfasis.

Se descubre igualmente una relación muy especialmente extensiva a una persona allí, donde se da la respuesta de El Fuego (v. 477), a la pregunta que inmediatamente le precede: "¿Hágase no dijo el hombre?". En lugar de la respuesta "Ese es evidente indicio" podría ésta muy bien haber sido "Este es evidente indicio", si la persona hablante (El Fuego) se hubiera referido, en primer lugar, al espacio de su personalidad. Sin embargo, la respuesta se refiere a algo desconocido para la persona que interroga (El Agua), y la que responde (El Fuego) se refiere a lo que está alejado del preguntante (El Agua). Es decir que aquí se halla, en primer término, la persona que pregunta (El Agua) en una doble relación como persona a quien se habla.

En realidad, el matiz peyorativo, que a veces aparece en *ese,* es demasiado conocido, para que entremos aquí en más detalles sobre el particular. Pero como algunas palabras que dirige La Sombra a El Príncipe nos dan una buena idea de la significación negativa envuelta por el contexto, intercalamos aquí un paradigma: La Sombra dice a El Príncipe (v. 564): "No solamente esa disparidad . . . ". Y EL Príncipe le contesta: "Os tiene en interior enemistad . . .,". A lo que La Sombra replica: "Pero causa mayor / nos tiene en otra enemistad peor." Aquí p u e d e intercalarse entre el demostrativo "esa" y el substantivo "disparidad" mentalmente un adjetivo peyorativo, aparte de que la desigualdad juzgada negativamente y la doble aplicación de la "enemistad", que se hace luego, orienta el contexto en una dirección que permite la aplicación o uso del demostrativo "esa" como razonable. Hay que pensar también en la posibilidad (y talvez con más razón) de atribuir a "esa (disparidad)" un valor identificativo ("esa misma disparidad).[6]

En la interpretación de los pronombres demostrativos, intercalados por el autor, hay que tener en cuenta, como ya dijimos al principio, el contexto lingüístico y el no lingüístico. Para captar todos los matices que e dan en el diálogo o discusión de las figuras alegóricas teatrales, se debe de tener muy bien presente, aparte de las referencias que se hagan de las personas hablantes, habladas o que se hallen alejadas de las que mantienen el diálogo, el orden cronológico del acontecer dramático. Caso de que, a pesar de esto, no se obtenga claridad sobre el uso de este o aquel demostrativo, podrá, sin embargo, conseguirse una mayor comprensión de la relación coherente o del conjunto. Si, por ejemplo, La Sombra dice a El Príncipe (vv. 586–589): "Este principio asentado / a que Luz y Sombra son / Culpa y Gracia, mi pasión / pase a segundo cuidado", es porque la Sombra no quiere decir solamente "este (mi) principio", sino también que su principio es un producto o resultante de

---

[6] V. Vidal Lamiquiz l. c. p. 181–182, 184, 186, 187!

lo que la misma persona ha dicho anteriormente. Consecuencia de este enlace establecido por la frase "este principio..." es que, prosiguiendo la lectura, se nos ocurra examinar la frecuencia con que aparcen indicaciones inmediatas a determinadas personas haciendo uso de los pronombres demostrativos. El resultado que se obtiene me parece notable, tratándose de una obra teatral. Contra todo lo que se espera, sólo en cuatro casos se hace uso de un demostrativo para indicar a las personas. En todos los demás casos se hace uso de locuciones (por decirlo así) "apersonales".

Al verso correspondiente al discurso de La Sombra, que hemos citado antes, sigue este cuarteto (v. 590 y ss.): "Ese rey, cuyo Poder, / cuya Ciencia y cuyo Amor / le han ostentado señor / de cuanto se llega a ver, / tiene un hijo...". En este lugar nos parece útil hacer una observación sobre las diferencias de impresión en las varias ediciones (principales) de que disponemos. Tanto el texto del año 1677 como el del año 1717 (Pando)–como el manuscrito del año 1751 – muestran el demostrativo "ese". (Valbuena Prat, sin embargo, ha puesto en la edición de 1957 "este".) En vista de las diferencias, tantas veces acentuadas entre las tres formas pronominales, puede justificarse, en este lugar, particularmente bien el uso del demostrativo "ese", ya que el rey, del que se habla, no ha sido mencionado antes por la persona hablante (Sombra y sólo mucho antes han aparecidos los términos "reales" de "alcázar" y "virrey", por ejemplo (compárense los vv. 234, 244, 320, 411 etc.).

Uno de los pasajes más impresionantes de esta obra teatral es, sin duda, aquel en el que aparece El Hombre vestido con pieles, que sale de una cueva, llamado por La Gracia. El mandato de ésta (vv. 643–644) "de esa enorme cárcel dura / rompe la prisión oscura" está dirigido a El Hombre a quien se habla. El demostrativo "esa" integrado en el primer verso puede significar asimismo una expresión peyorativa, ocasionada posiblemente por la transformación de la idea "Rompe la prisión oscura de esa enorme cárcel dura". De la respuesta, que sigue, de El Hombre, que aquí aparece por primera vez, se desprende que él no sabe en qué situación se encuentra. La persona que le habla lo sabe. Ella habla para El Hombre y así se explica que emplee, en primer lugar, el pronombre correspondiente a la persona hablada.

En las palabras pronunciadas por la Gracia, que siguen poco después, se demuestra nuevamente la importancia de la observación de la tradición de los textos. Los elaboradores del texto posteriores al año 1677 han variado el mandato "Sigue esa luz" en "Sigue esta luz" (v. 652). Naturalmente pueden justificarse ambas expresiones de alguna manera. Siguiendo el esquema usual, se explicaría la expresión del año 1677, refiriéndose a la realización de un apóstrofe. Sin embargo, no parece esto suficiente. Si se imagina uno la figura alegórica de La Gracia, de la que se dice que tiene una antorcha en la diestra, como tal – y esto es seguramente justificable –, y que dirigiéndose a El Hombre la mantenga en alto, entonces se ha expresado así, con "esa luz", tanto la relación con la persona a quien se habla como la distancia, por muy corta que ésta sea, del hablante.

La forma neutral "esto", introducida en la forma moderna del texto y también ya en la de los años 1717 y 1751, es, aún en la del año 1677, "eso" y se explica fácilmente por el contexto que contiene el pronombre personal "tú" (vv. 655–656): "que eso tú sólo podrás / hacer que sea malo o bueno."

Hasta qué punto la semántica de los demostrativos es calderoniana o, por un determinado esquema, normativa, se muestra también en el célebre discurso – que sigue a los versos antes estudiados y que se hallan intercalados en la comedia homónima casi en la misma forma – de El Hombre que se queja de la diferencia del grado de libertad entre su persona y las cosas creadas de las que, por ejemplo, nombra el Sol llamándolo "ese hermoso luminar" (v. 663). Aquí no es solamente la relación con La Luz a quien se habla la causa de la definición así formulada y no de otra manera, sino el hecho de que, al mismo tiempo, juegue un papel la lejanía espacial. Si en la estrofa siguiente el texto reza "esa campaña bella" (v. 675), entonces se puede también interpretar, desde el punto de vista de las expresiones indeterminadas que aparecen en las estrofas siguientes (v. 689, 697, 698 – uno y otro labirinto – la vaga humedad – tan grande inmensidad), el demostrativo como de tipo indeterminado y no como específico.

La pregunta que aparece en la segunda estrofa del discurso de El Hombre es muy conocida y frecuentemente citada (v. 672 ss.): "¿Por qué, si es que es ave aquella / que ... / va con ligereza suma / ... / teniendo más vida yo, / tengo menos libertad?" Sin tener que renunciar a la incorporación en el esquema *este – ese – aquel*, (y abstracción hecha de la rima "aquella – bella") parece, en este lugar, como próxima la explicación en el sentido de que se trata de un ser indeterminado y lejano (aquella ave).

Pero en qué grado hay que tener en cuenta la libertad poética, nos lo muestran, por fin, las últimas palabras de la célebre querella de El Hombre, pues aunque en las 6 líneas finales aparezca hasta diez veces el yo hablante en la forma verbal o pronominal, se desea y anhela, sin embargo, en vista de la miseria sentida, el regreso en "ese risco" (no "este risco", v. 710). Ciertamente se ofrece la explicación de que un escuchante se halla delante, ya que poco después el interlocutor Luz hace uso de la palabra. ¿No podría también tenerse aquí en cuenta la posibilidad de que con "ese risco" se quiere sugerir la idea de una grieta rocosa enigmática y siniestra? Hay que añadir también la idea de que en aquel tiempo, por lo menos entre los gramáticos, se identificaba emocionalmente el demostrativo *este* y *ese* con *is*. La depresión de El Hombre se desvanece mediante el ánimo que le presta La Luz y de modo que El Príncipe de las Tinieblas tema la elevación de su rival, El Hombre.

Por esto El Príncipe de las Tinieblas se dirige a Dios, valiéndose de un texto del Libro de los Salmos (8,5–8) con el que expresa su incomprensión hacia una tal preferencia. El final de la descripción de esta preferencia, lo forman las palabras siguientes (vv. 745–749): "¡Y esto en trono soberano, / donde tan liberal obras, / que sobre todas las obras / de tu poderosa mano / rey le constituyes;". Aquí tampoco basta interpretar el demostrativo "esto" solamente como una indicación retrospectiva de lo que había sido dicho antes por el propio hablante. En el lenguaje de Calderón es necesario o por lo menos aconsejable indicar la forma de la conclusión iniciada con la conjunción "y" (y esto), para poder incluir así todo lo que antecede.

Después del mandato de La Luz a Los Elementos de que sirvan a El Hombre, éste exclama (v. 833): "¡Cielos! ¿Qué es esto que veo?". Para poder incluir aquí nuevamente la estructura del contexto en el sentido más amplio posible, hay que darse cuenta de que no ha sido resuelto aún el problema del empleo de los demostrativos en oraciones interrogativas. En nuestro texto aparece "este" (en oraciones interrogativas) en primer lugar, "ese" en segundo lugar, en una distancia considerable (solamente una vez aparece "qué es eso?") y "aquel" en tercer lugar.

Qué elementos el poeta puede verter en una palabra al parecer tan insignificante como lo es un demostrativo, nos lo muestra la pregunta siguiente que El Hombre hace después de la exclamación arriba citada – "¡Cielos!" – (vv. 841–843): "¿En este instante no era / del centro la masa dura / mi triste prisión oscura?" Parece que aquí se realiza la identificación del presente con el pasado que le precede inmediatamente, en la que el último adquiere expresión mediante la forma del tiempo (era).

El Entendimiento, que se desprende en toda la pieza de la figura de El Hombre, como potencia del alma, pretende responder a las preguntas con la frase siguiente: (vv. 851/852): "De eso a mí / me ha tocado el informar." Ningún esquema que yo conozca nos da una explicación del uso que presentamos aquí, si es que no se piensa solamente en la relación con la persona a quien se habla. Sin embargo, el análisis debe penetrar, como en la mayoría de los casos, más hondamente. "Eso" se refiere por un lado a la duda de El Hombre y sólo debe venir después una transformación en "esto". No creo errar, por otro lado, si en dicho caso designo al demostrativo como uno que se antepone acentuadamente.

En la pregunta de El Hombre (vv. 925/926): "En fin, ¿que heredero soy/de este imperio?" se muestra nuevamente el hecho notable y apenas observado de que el grupo *este* no se refiere solamente a lo que antecede de manera inmediata, pudiendo así estar en contraposición con el grupo *aquel*, sino que – a pesar de que separe, uno de otro, un gran espacio, en la representación – se siente como inmediatamente situada ante los ojos la relación a lo que se había mencionado antes. Así en el caso de que tratamos, la idea o concepto del "heredero" permanece viviente en casi sesenta versos. (Cf. v. 867 – Es muy improbable que se haya puesto en el platillo de la balanza una relación a lo inmediatamente precedente de El Príncipe y La Música, en las palabras: [vv. 923–925]: "Infestando las flores y frutos, / el uno en los frutos / y el otro en las flores".)

Frente a esto se halla, a veces, si es que se trata de un asunto que toque inmediatamente a lo precedente, por lo menos en la impresión temprana del año 1677, un demostrativo del grupo *ese*. Así, por ejemplo, El Albedrío, llamado por El Hombre, para que le socorra, dice (vv. 941–944): "Si el Albedrío en las penas / no es posible que concurra, / no le toca al Albedrío / responder a esa pregunta". El Albedrío no había participado en las penas causadas por las manifestaciones de El Entendimiento. Por esta causa no puede contestar tampoco a aquella "necia" pregunta que inmediatamente precede. (El pronombre posee aquí – por lo visto – un matiz peyorativo.)

En esa parte del auto, donde El Hombre, que antes se había quejado de la carencia de Libertad, cae tentado por Malos Poderes en la autoadmiración, se muestra, otra vez, la relación sumamente importante del demostrativo *aquel* y el relativo. Naturalmente, aparece con un matiz con el cual el cuadro del empleo de los demostrativos se nos muestra enriquecido por el poeta. El Hombre, cuando se ve retratado en el espejo del agua (Agua: En este cuajado vidrio... puedes verte... retratado.), pregunta (vv. 981–985): "¿Yo soy / aquel que allí se dibuja, / como aquellos que hasta aquí / no llegué a mirarlos nunca, / son los ojos que lo ven...?" Aquí, en este contexto, se muestra la expresión de la identidad y de la diversidad por la colocación, uno junto al otro, del "yo" y del "aquel", así como de "aquellos" y "llegué". Al primer "aquel" corresponde la forma verbal "se dibuja". Aparte de esta indicación sobre la antítesis entre el impersonal y distante "aquellos" y el personal "llegué" y aparte también de la antítesis entre "yo" y "aquel", resulta necesario llamar la atención sobre la palabra "allí" que refuerza el primer pronombre demostrativo colocándolo en el espacio correspondiente.

El hecho, ya mencionado, de que en este texto los demostrativos se refieran rara vez a las personas, resulta para una obra teatral muy especialmente notable; el hecho de que los demostrativos ubicadores sean también extraordinariamente raros, y que sólo aparezcan tres veces resulta igualmente notable. Esto nos conduce a la hipótesis, naturalmente aún no verficada, de que los demostrativos *est, ese y aquel* hay que interpretarlos en un determinado contexto como pronombres demostrativos referentes al espacio. En lo que se refiere a la deixis del tiempo, que aparece también raramente (tres veces se ha empleado en este sentido el *aquí*), tendremos que tener aquí en consideración el tiempo de los verbos para orientarnos.

Los Elementos prestan a El Hombre poseído de sí mismo un atributo. Así, El Fuego le da la espada diciendo (vv. 1017 ss.): "Esta, señor, es la espada / de aquellos dos cortes..." Puede preguntarse también aquí, pues la explicación encierra dificultades, si el demostrativo "aquellos" sirve al énfasis, a la acentuación poética. Hay que recordar además el hecho de que se dan muchas veces en Calderón los casos en que aparece un *aquel* seguido de una oración de relativo – aquí "*aquellos* dos cortes, / cuya cuchilla templada..." /. (El demostrativo sirve allí para indicar, en su sentido propio, donde El Aire entrega su atributo diciendo [v. 1051]: "Las plumas... son estas".). El Entendimiento que, como muy bien sabe el que conozca el texto, aparece en escena como figura alegórica separada de El Hombre, se vuelve contra los atributos que aumentan aún más el orgullo.

Cuando el Entendimiento expresa su admonición, El Hombre dice (vv. 1065–1066): "Este sabio Entendimiento / mucho mi paciencia apura." Se impone aquí una explicación, pues el demostrativo *este* es, muy a menudo, de compleja aplicación. Una vez, El Hombre que se dirige a aquel a quien habla podría haber empleado también el demostrativo *ese*; pero siendo la persona hablada una parte de sí mismo dice: "este" (mi) sabio Entendimiento. Hablando de El Entendimiento, El Hombre le presenta también a las otras personas y al público como una potencia suya. Finalmente, podría ser que, en este contexto, "este" tenga la función peyorativa de *ese*, ya que el *este* y el *ese* pueden cambiar.

En la disensión que sigue, en la escena que acabamos de describir, entre personas aisladas del drama, se arroga La Sombra una función para sí con las palabras siguientes (v. 1093): "Eso a mí toca", que recuerdan las del verso 851/52: "De eso a mí / me ha tocado el informar." La palabra "eso" aquí empleada, y que tan a menudo aparece al iniciarse una discusión, exige que se le preste atención, pues fuera de la función común de referirse a lo que se habla, implica aquí simultáneamente una contradicción y una acentuación; pues Sombra opina que La Tierra sólo puede dar "flores silvestres". Se ve que el número de aquellos lugares del texto, que no corresponden a una interpretación, según el esquema tradicional, es bastante elevado. Casi siempre es necesario dirigir la atención a las diferentes funciones del demostrativo para poder captar la riqueza del texto.

El Hombre que quiere librarse de su culpa dice a El Entendimiento (vv. 1150–1154): "¿Qué importará, si en disculpa / de esa culpa, mis sentidos, / por más que tú los acusas / en viendo sus bellos ojos, / quedan vanos de su culpa?" "Esa culpa" es naturalmente la que el interlocutor Entendimiento opina ("esa" es el pronombre correspondiente a la persona hablada), pero al mismo tiempo se consume la no aceptación de un delito o falta en que no se cree. Que se trata de la culpa de la persona hablante, se desprende por ejemplo de las palabras: "mis sentidos".

La contestación a las palabras antes citadas, que dice La Sombra, contiene el augurio o promesa de "esa augusta Majestad" (vv. 1166/1167), e incluye no solamente el volverse a la persona hablada, sino también lo que se habla o dice, es decir, también la relación con la persona hablante, que promete al hombre "esa augusta Majestad". (vv. 1166–1168: "... desa augusta / Majestad la acción, que hoy / no puedes decir que es tuya").

En un estudio amplio, sería necesario examinar el contexto, no solamente desde el punto de vista de la riqueza significativa de los pronombres o, por ejemplo, de los substantivos, sino también tener en cuenta las pequeñas unidades oracionales. Se llegaría a ver así, como un juicio acentuado y negativo aparece con el demostrativo *ese*, en las exhortaciones breves, por ejemplo (v. 1177): "*No*, / Albedrío, a eso le induzcas". Habría que ver un demostrativo *ese*, que haya podido considerarse a través de todo el contexto en cuestión como peyorativo, en relación coherente con la partícula *ya*, como iniciadora de la frase. Por ejemplo: El Hombre rechaza la intervención de su Entendimiento diciendo (vv. 1188–1190): "Ya ese es tema de locura / más que lealtad: quita, quita, / villano."

Después de la caída de El Hombre, El Poder se vuelve también contra él diciendo (vv. 1313/1314): "Dejádsele allí a esa fiera / poderosa Sombra injusta." Tales versos que expresan una posición o actitud negativa exigen, al mismo tiempo, una indicación especial, porque se hallan enlazados estrechamente como perspectiva espacial y de valoración. La segunda se muestra por el pronombre y la serie de palabras que a él se unen, y la primera por el ubicativo *allí*, referido a la "profunda tierra" (vv. 1310–1311) (que naturalmente *hubiera* convenido también a "aquella fiera poderosa Sombra injusta".)

Son de interés especial aquellos lugares del texto, que contienen simultáneamente dos demostrativos. En las palabras de El Hombre, que al despertar, después de su caída, pregunta (vv. 1388–1391): "¿Esta no es de mi fortuna / la primera prisión fiera? / ¿No es ésta aquella primera / bóveda que fué mi cuna?", la diferencia del tiempo se expresa no solamente por la diversidad de los tiempos (es – fué), sino también por la forma pronominal (esta – aquella). Puede decirse que la diferenciación de un sólo objeto tenga lugar, según su función en el tiempo, mediante la forma del tiempo y la forma pronominal. En el pronombre demostrativo que se refiere al presente, parece que se pone de relieve muy especialmente el lugar.

Como el artículo determinado, cuyo cambio por el demostrativo observamos ya, es empleado en una relación exactamente correspondiente a la antes ya mencionada, nos lo muestra la pregunta siguiente (vv. 1392/93): "¿No es ésta la desnudez / en que primero me ví?" En esta pregunta, como en otras, que aparecen en el mismo discurso, se reproduce una vivencia inmediata. Además la ausencia del pronombre "aquella" en el verso 1392 podría explicarse por el hecho de que el hombre no quiere caracterizar la desnudez de su propio cuerpo como una cosa lejana y ajena.

En el monólogo del discurso mantenido por El Hombre se nos ofrece también un ejemplo de pronombres demostrativos neutrales, que simultáneamente actúan como sumadores y peyorativos, en las palabras (v. 1420): "Y aún no para en eso mi fortuna". A esta conclusión nos lleva naturalmente el contexto (por ejemplo, entre otras cosas, la explicación válida de la palabra "fortuna" como desgracia).

Esta fortuna habla también en las palabras de La Sombra siguientes: (vv. 1456/ 1457): "Esa es tu pena más fiera, / y ésta mi astucia más rara". En tal lugar se puede conocer, con toda claridad, la línea que corre del grupo *ese* hacia la persona hablada y del grupo *este* hacia el hablante.

La congruencia, de que hablamos, entre la elección de los demostrativos por un lado y la de los tiempos por el otro lado se manifiesta nuevamente, con claridad especial, en las palabras de El Hombre desgraciado, que, esforzándose, toma la decisión de reformar su vida (vv. 1480–1485): "Y así, pues sé que es verdad / que, aunque en este estado estoy, / Príncipe heredero soy, / y que aquella majestad / no fué sueño, iré a cobralla." A esta oración fácil de comprender sigue una contestación un tanto confusa, a causa del demostrativo, del interlocutor Sombra que dice (vv. 1485–1486): "Sueño fué para ese empeño, / que toda la vida es sueño." La referencia que se hace a las palabras "... aquella majestad / no fué sueño" (vv. 1483–84) es clara. Respecto al demostrativo se podría asentar la hipótesis, fijándose bien en el núcleo de la significación de la oración y en el contexto ulterior, de que "ese empeño" significa *algo así* como "aquella conocida situación, comprensible para mí y para todos": "toda la vida es sueño".

A la conclusión de El Hombre (que ahora sigue) de que su vida desgraciada actual también es solamente un sueño, se le arguye por La Sombra, que le contradice (vv. 1494–1496): "No, que si para esos lazos / despertaste allá en mis brazos, / será aquí en los [sc. brazos] de la muerte." Con estas palabras, que excluyen toda evasiva, se quiere decir que El Hombre ha despertado en la Culpa. El demostrativo "allá" se refiere al despertar precedente, que siguió a la felicidad desaparecida como un sueño. El demostrativo "esos" comprende, por lo tanto, el estado del "allá", pero significa al mismo tiempo el lazo o vínculo que ahora actúa aún, que conduce a El Hombre a la muerte y que se designa por el empleo de la palabra "aquí". La réplica de El Hombre arriba señalada tiene, por lo tanto, su argumentación como sigue: En el estado de infelicidad, aparece la felicidad como un sueño. Como consecuencia de esto, la conclusión es, que también el estado de la infelicidad puede interpretarse como un sueño que conduce a un despertar.

Cuando El Entendimiento explica la posibilidad de interpretar la infelicidad como un sueño, por la intervencion de la Trinidad, La Sombra pregunta (v. 1547): "¿Quién ha dicho eso?". En ese demonstrativo "eso" se halla contenido, como ya lo hemos dicho repetidamente, un matiz peyorativo, y encierra, al mismo tiempo, también la no creencia de la figura alegórica que habla en el escenario. La traducción alemana que nos da Lorinser dice: "Und wer sagt denn das?", reproduciendo muy bien lo que el texto español quiere decir.

A la pregunta que expresa otra vez escepticismo y desprecio y que reza (v. 1548): "¿Y cuándo eso ("eso" se refiere a la satisfacción infinita) será?", sigue la respuesta (v. 1548–1550): "Cuando / en este valle que hoy ves, / ... digan edades futuras...". La *complexio* del demostrativo "este" puede explicarse por incluir a El Entendimiento que habla y, al mismo tiempo, a la persona hablada (en este valle que hoy ves), por hacer presente el verso latino "hac lacrimarum valle" y la antítesis entre el ver actual y la declaración futura (Gloria a Dios en las alturas).

El futuro y la aún existente *incertidumbre* respecto a aquella declaración aparece también en la selección de las palabras del hombre que habla y que hallan expresión en los versos siguientes (1607/1608): "Dime tú, que me consuelas, / ¿cuya aquella voz sería?" (Compárese también la relación entre pronombre y tiempo en los versos 1690–1692).

Un empleo muy singular y al parecer nuevo del pronombre *ese*, en este drama, lo hallamos allí donde El Hombre quiere librarse de los lazos que aún le sujetan. Cuando conmina a las potencias del alma, Entendimiento y Albedrío, a que huyan, habla aquí la voluntad libre que aparece como gracioso diciendo (v. 1675): "Esa palabra gozando está de Dios." La indicación a la relación con la persona hablada no parece suficiente en este caso. Como, por ejemplo, en el español moderno el demostrativo *eso es*, acentuado incluso, puede expresar un asentimiento cargado de afecto, parece ser que también en esta locución "esa palabra" vibra un cierto entusiasmo. Como puede verse nuevamente, los pronombres demostrativos abarcan mucho más de lo que se pueda expresar en el esquema sistemático usual.

En el deseo de La Sombra se dice (vv. 1701–1703): "Pues muera / en su prisión antes que/ese socorro le venga." Aquí se piensa en la salvación concreta *mencionada* por la persona hablada (Príncipe de las Tinieblas) y no en la salvación que *viene* de ella.

El deseo de El Príncipe de las Tinieblas se refuta por la figura El Agua. Esta sostiene que la culpa de El Hombre puede lavarse. El escepticismo hacia un tal aserto se expresa en la pregunta del Príncipe de las Tinieblas (vv. 1814–1817): "¿Cuándo esa primera mancha / lavarse con Agua pueda? / ¿Quien de la culpa actual / librarle podrá ...?" Aquí pueden observarse, tal vez, varias tendencias: la dirigida a la persona hablada (esa), la que incluye una hipótesis (cuándo – pueda), y la que encierra en sí la antítesis del presente (actual) con el pasado (primera mancha).

La Sombra, al preguntar (v. 1843): "¿Cuándo esa maravilla será?"expresa casi la misma complejidad. De nuevo se relaciona "esa" con una declaración del interlocutor Sabiduría; se puede nuevamente hablar del pasado, porque la declaración hecha anteriormente se halla ante la pregunta dubitativa que se refiere a la declaración. Y también se intercala el tiempo futuro (será). Al "cuándo será", que se acaba de pronunciar, corresponde la contestación doctrinal teológica (vv. 1844–1846): "Cuando / esa remota materia / sea próxima . . .". El hablante, al decir aquí "remota materia", se refiere a las antes mencionadas "vides y espigas", y con la "próxima materia" a la consagración eucarística (realizada). El pronombre demostrativo sirve aquí, como deixis lejana, de relación retrospectiva con una pregunta (¿Vides y espigas sustentan / más que el cuerpo? [vv. 1841–42]), seguida de una respuesta (Sí, que el alma sustentan también. [v. 1842]), a la que sigue otra vez nueva pregunta (¿Cuándo esa maravilla será?).

La transformación de "remota materia" en "próxima materia" se expresa en las palabras de La Sabiduria (vv. 1852/1853): "Esto es / mi Carne, y mi Sangre mesma!" Nos encontramos aquí con una aplicación del pronombre demostrativo que se halla, en cierto punto, fuera del texto escénico, ya que se traduce al español el conocido texto del Nuevo Testamento (v. Mat. 26, 26–28, Marc. 14, 22–24, Luc. 22, 19–20). Es curioso que las palabras *hoc* (hoc corpus) y *hic* (hic sanguis / Mat., Marc./, hic calix / Luc./), que aperecen en cada caso en la Vulgata, se traducen en español sólo por "esto". (En el texto griego encontramos siempre "τοῦτο")[7].

A la pregunta de por qué razón el aserto ahora citado no sea una proposición dura contesta El Aire (v. 1857): "Por ésta." (es decir, razón). La diversidad de los modos de aplicación de los demostrativos en Calderón se muestra también en este caso, pues el demostrativo no indica tampoco aquí, como frecuentemente, algo que se ha dicho antes, sino una palabra de Ambrosio, citada inmediatamente después por la persona que dice "Por ésta" (razón).[8]

Precisamente, en esta última parte de la pieza teatral, se expresa el arte idiomático calderoniano, de modo muy especial, también en este reducido sector escogido por nosotros. Varias veces hemos podido apreciar que a las palabras del grupo *aquel* sigue una oración de relativo. Aquí, en el punto culminante de la acción, se manifiesta este proceder lingüístico de un modo peculiar. A las palabras de El Amor (vv. 1870/1871): "y pues la forma preguntas, / la forma, Sombra, es aquella." sigue una frase complementaria, expresada por la figura alegórica substancialmente análoga, a saber El Fuego, pues al demostrativo "aquella" se enlaza la aclaración (vv. 1872–

---

[7] Hoy dia el sacerdote que celebra la misa dice: "*Esto* es mi cuerpo" – "*Este* es el cáliz . . ." En el Auto Sacramental calderoniano *El Orden de Melchisedech* encontramos los versos ". . . este es mi Cuerpo, que ha / de ser por vosotros mesmos / entregado . . ./ . . ./ Este Cáliz en mi Sangre / es el Nuevo Testamento, / "y también los versos: "Bien veis que presente tengo / aquel Cáliz con la Sangre, / en que se manchó aquel Leño, / y esta Hostia, que se hizo / del Pan de Joseph . . ./ "(Cf. E. Glaser, Calderón de la Barca's "*El Orden de Melchisedech*" (in: Calderón de la Barca = *Wege der Forschung* Band CLVIII. Herausgegeben von Hans Flasche. Darmstadt 1971, p. 416 y 421).

[8] Lib. de De mysteriis 9,52 (CSEL Vol. LXXII, 1955, p. 112): . . . qui potuit ex nihilo facere quod non erat ea quae sunt, in id mutare, quod non erant?" (En *La Vida es Sueño* El Aire canta: "Qué mucho de una cosa / que otra hacer pueda, / voz que de nada hizo/ cielos y tierra?" (vv. 1858–1861). Compárese, en cuanto a la cita de San Ambrosio la traducción al alemán de Franz Lorinser (tomo 15 de la segunda edición) Regensburg 1887, p. 106).

1875): "Debajo de cuya blanca / nube de cándida oblea, / el Fuego de Amor contiene, / . . . alma y vida;". Es muy difícil transcribir el contenido de este pronombre demostrativo "aquella" de una manera válida y completa. Se inclina uno a hallar expresado en él una señal o indicación, que se refiera de un modo posible, teniendo en cuenta la situación de la escena, a un objeto que se halle igualmente alejado de las dos personas dialogantes. ¿Habrá que pensar aquí en una evocación de lo que la Sombra espera y, al mismo tiempo, en una acentuación, ya que se trata de dos personas también en "aquella . . . cuya"? (¡Cf. los versos citados!)

Una relacion lógica entre el tema de la pieza teatral y la expresión lingüística en el campo de los pronombres demostrativos indican finalmente las palabras de El Hombre, que manifiesta de un modo inmediato su propia vivencia actual (vv. 1896/ 1897): "si esto también es dormir / a nunca despertar duerma."

Al recapacitar sobre esta interpretación de los lugares escogidos del texto calderoniano se mostró que, por una parte, era útil tener en cuenta los conocimientos y enseñanzas de la gramática tradicional (¡Cf. el último ejemplo!). Por otro lado, se ha mostrado también como de imprescindible necesidad un proceder, en el que, con cierta liberalidad, se pueda desviar uno del esquema acostumbrado. Muchas veces se han ofrecido, en nuestro estudio, varias posibilidades aclaratorias, sin que se hubiera querido excluir otras que aún pudieran presentarse. Cuán complicadas son las relaciones en este dominio reducido de la investigación lingüística, nos lo muestra, no en último lugar, la comparación o cotejo de los diferentes textos existentes. Esto prueba claramente la inseguridad de los diferentes editores, si es que no se quiere recurrir a las erratas de imprenta. Como especialmente fértil se mostró – si se exceptúa la consideración de las demandas formuladas al comienzo de nuestras explicaciones – entre otras cosas la referencia al curso total de la acción en el acontecer teatral de la escena y en el campo puramente lingüístico naturalmente el conjunto de las relaciones observadas dentro del contexto. Estas pudieron ser expresadas (v. el uso de los tiempos) o no (v. el problema de la acentuación y la de la inclusión tácita de los adverbios de lugar, o adversativos o de otra índole). Como, sin embargo, no pudieron captarse todas las relaciones sintáctico-semánticas, ni existía la posibilidad de investigar y analizar, para este estudio, más que un texto, quisiéramos que los resultados obtenidos, que aquí se exponen, sean primeramente considerados solamente como hipótesis, que se ciernen aún sobre un campo yermo de la investigación lingüístico-literaria.